Ueberreuter Großdruck

Jack Canfield
Mark Victor Hansen

Noch mehr Hühnersuppe für die Seele

Geschichten, die das Herz erwärmen

Aus dem Englischen
von Ulla Rahn-Huber

UEBERREUTER

ISBN 978-3-8000-9259-8
Alle Urheberrechte, insbesondere das Recht der Vervielfältigung,
Verbreitung und öffentlichen Wiedergabe in jeder Form,
einschließlich einer Verwertung in elektronischen Medien,
der reprografischen Vervielfältigung, einer digitalen Verbreitung
und der Aufnahme in Datenbanken, ausdrücklich vorbehalten.
Titel der Originalausgabe: »A 3rd Serving of Chicken Soup for the Soul«
Originalverlag: Health Communications
Copyright © der Originalausgabe 1996 by Jack Canfield and
Mark Victor Hansen
Copyright © der deutschsprachigen Ausgabe 2001 by
Wilhelm Goldmann Verlag, München, in der Verlagsgruppe
Random House GmbH
Aus dem Englischen von Ulla Rahn-Huber
Copyright dieser Ausgabe © 2007 by Verlag Carl Ueberreuter,
Wien, mit freundlicher Genehmigung der Verlagsgruppe
Random House GmbH
Umschlaggestaltung von Agentur C21 unter Verwendung eines Fotos
von Benelux/zefa/Corbis
Druck: Druckerei Theiss, A-9431 St. Stefan i. L.
Gedruckt auf Salzer EOS 1,3 x Vol., naturweiß, 80g
1 3 5 7 6 4 2

www.ueberreuter-grossdruck.com
www.ueberreuter.at

Die Geschichten, die Menschen erzählen, bewirken, daß man sich mit ihnen beschäftigt. Wenn Sie also Geschichten hören, gehen Sie sorgsam damit um. Und lernen Sie, sie dahin weiterzugeben, wo sie gebraucht werden. Manchmal hat ein Mensch eine Geschichte nötiger als Nahrung, um weiterzuleben. Das ist der Grund, weshalb wir diese Geschichten einander erzählen. Auf diese Weise befassen sich die Menschen mit sich selbst.
Barry Lopez

Als Zeichen unserer Zuneigung widmen wir dieses Buch den über achthundert Lesern des ersten Bandes, die uns Geschichten, Gedichte und Zitate für den zweiten Band *Hühnersuppe für die Seele* geschickt haben. Obwohl wir nicht für alles Eingesandte Verwendung hatten, waren wir doch sehr gerührt über Ihre liebevolle Absicht, uns und unseren Lesern Geschichten, die Ihnen am Herzen liegen, zukommen zu lassen. Haben Sie vielen Dank!

Wir widmen dieses Buch zudem unseren unentbehrlichen Mitarbeiterinnen Patty Aubery, Kim Wiele, Nancy Mitchell und Angie Hoover.

Danksagung

Wie beim ersten Band *Hühnersuppe für die Seele* nahmen das Schreiben, die Zusammenstellung und die Herausgabe dieses Buches fast zwei Jahre in Anspruch. Wir alle hatten viel Freude bei der Arbeit, und wir möchten folgenden Personen für ihre Beiträge danken, ohne die das Buch nie entstanden wäre:

Dave Potter dafür, daß er uns mehr Geschichten als irgend jemand sonst auf diesem Planeten vermittelt hat, und dafür, daß er uns zum Skifahren mitgenommen hat, eine notwendige Entspannung nach all dem Schreiben und Reden. Du bist ein echter Freund, Dave!

Peter Vegso und Gary Seidler von Health Communications, weil sie an uns geglaubt haben und unseren ersten Band *Hühnersuppe für die Seele* in die Hände von über einer Million Leser gelangen ließen. Danke, Peter und Gary. Wir lieben euch mehr, als ihr ahnen könnt!

Unseren Frauen Georgia und Patty und unseren Kindern Christopher, Oran, Kyle, Melanie und Elisabeth, die uns den Spielraum gelassen haben, das Buch zu schaffen, und die uns die erforderliche emotionale Unterstützung gaben, um diese scheinbar unlösbare Aufgabe zu bewältigen. Ihr seid nach wie vor Tag für Tag unsere Hühnersuppe für die Seele!

Patty Aubery, die viele hundert Stunden damit verbrachte, das Manuskript wieder und wieder abzutippen und die die frühe Produktionsphase des Buchs beaufsichtigte. Patty – ohne dich hätten wir's nicht geschafft!

Kim Wiele, die über tausend Geschichten und Gedichte las und uns viele Stunden wertvolles Feedback zukommen ließ.

Nancy Mitchell, die Woche um Woche damit beschäftigt war, bei Autoren und Verlegern die Genehmigungen einzuholen, die erforderlich waren, um diesen Band Wirklichkeit werden zu lassen.

Angie Hoover, die eine Menge der Verbindungen Jacks zur Außenwelt vermittelte und uns dadurch die Fertigstellung des Buchs ermöglichte – es würde nicht existieren ohne dich!

Larry Price und Laverne Lee, die die Foundation for Self-Esteem während dieser Zeit ohne Jacks Unterstützung geleitet haben. Danke, daß ihr durchgehalten habt!

Trudy Klefstad von Office Works, die den ersten Entwurf des Buchs in Rekordzeit getippt hat – und das mit sehr wenigen Fehlern! Du bist eine wahre Perle!

Peggy Paradise, die jede einzelne Geschichte, die durch Marks Büro vorgelegt wurde, gelesen und beurteilt hat.

Christine Belleris und Matthew Diener, unsere Redakteure bei Health Communications, für ihre Bemühungen, dieses Buch auf sein hohes Niveau zu bringen.

Dottie Walters, die uns fast jede Woche anrief, um uns von einer wundervollen Geschichte, die sie gerade gelesen hatte, zu erzählen oder um über eine Person zu berichten, die wir »unbedingt interviewen und deren Story wir im Buch bringen müssen«. Dottie, du bist eine wahre Freundin und Beraterin!

Den über achthundert Leuten, die uns Geschichten, Gedichte und anderes zugesandt haben – ihr wißt schon, wer gemeint ist. Obwohl vieles davon – wenngleich ausgezeichnet – einfach nicht in die Gesamtstruktur des Buchs gepaßt hat, habt ihr uns viele Stunden genußreicher Lektüre verschafft!

Folgenden Leuten, die den ersten Entwurf des Buchs gelesen, uns geholfen haben, eine endgültige Auswahl zu treffen und unschätzbare Beiträge zu seiner Verbesserung geleistet haben: Raymond Aaron, Steve Andreas, Kelle Apone, John Assaraff, Jeff Aubers, Christine Belleris, Michael und Madonna Billauer, Kyle Canfield, Taylor Canfield, Bill Cowles und Cindy Hancock in Skill Path, Matthew Diener, Mike Halle, Bos und Tere Harris, Jennifer Hawthorne, Lou Heckler, Eve Hogan, Sandy Holland, Norman Howe, Peggy Jenkins, Ruth A. Johnston, Kimberley Kirberger, Jeffrey Laign (die Herausgeberin des Magazins »Chances«, die im vergangenen Jahr unsere *Hühnersuppe* herausgegeben hat), Danielle Lee, Sandy Limina, Meladee McCarty, Ernie Mendez, Tomas Nani, Cindy Palajac, Dave Potter, Lee Potts, Dave Rabb, Brenda Rose, Marci Shimoff, Carolyn Strickland, Dottie Walters, Harold C. Wells und Maureen Wilcinski.

Und den Menschen, die auf andere wichtige Weise ihren Beitrag geleistet haben: Kathryn Butterfield, Michael Adamson, Ronald Dahlsten, Chuck Dodge, David Latimer und Martin Louw, die mehrere Beiträge für diesen Band eingesandt haben; Pam Finger, deren Rundschreiben eine nie versiegende Quelle der Inspiration für uns sind; Helen Fisher für ein wunderschönes Zitat Gandhis; Barbara Glanz für all die großartigen Zitate, die sie uns vorgeschlagen hat; Chuck Glover, Neil Glover, Susan J. Golba, Jerry Harte, Les Hewitt, Keith Howes, Doris Jannke, Michael Jeffries, Don Olivett, Peg Otsby, Bertie Synoweic, Dolly Turpin und Kim Weiss.

Es ist unmöglich, all die Menschen aufzuzählen, die uns unterstützt haben, aber wir danken euch allen für euren Idealismus, eure Fürsorge, euer Engagement und für alles, was ihr getan habt!

Lieber Leser

Ich bin für Sie da. Wenn Sie sich einsam fühlen, suchen Sie meine Gesellschaft. Wenn Sie von Zweifeln erfüllt sind und Ihr Selbstvertrauen abhanden gekommen ist, schauen Sie auf mein Licht. Wenn Verwirrung und Chaos in Ihrem Leben herrschen, hören Sie auf meine Weisheit. So wie schon Ihre Großmutter mit Hühnersuppe für Ihre körperliche Gesundheit sorgte, bin ich hier, um Ihre Seele zu heilen. Meine Einblicke in Familie und Liebe werden Sie aus Ihrer Einsamkeit herausführen. Meine Geschichten von Mut und Kraft werden Ihre Entschlußkraft stärken.

Ich enthalte eine starke Dosis Inspiration – dargeboten von Menschen, die scheinbar unüberwindbaren Hindernissen gegenübergestanden sind, nur um sie zu bezwingen und sich zu den Wolken und Sternen aufzuschwingen. Die Geschichten von Kämpfern, Siegern, Helden und Heldinnen werden Ihnen neue Energien für Ihre Vorhaben spenden und Ihren Träumen Vitalität verleihen. Große Gedanken, geäußert von weisen Menschen, werden die Fesseln der Furcht zerbrechen, die Sie gefangenhalten.

Über all das hinaus biete ich Ihnen eine Vision an – die Vision Ihrer eigenen Zukunft, erfüllt mit Freude, Erfolg, Glück, Gesundheit, Wohlstand, Freunden und Liebe. Ich *bin* die *Hühnersuppe für die Seele.*

John Wayne Schlatter

Inhalt

1. Über die Liebe

Dan Clark Der Zirkus	22
Bruce Carmichael Chase	24
Dan Clark Rettung auf hoher See	32
Harold H. Bloomfield Die zweihundertste Umarmung	34
Larry James Einmal Erdbeermalz und dreimal Händedruck, bitte!	38
Bettie B. Youngs Die Porzellanscherbe	41
Bill Sanders Es braucht Mut	49
Scott Shuman, Erik Oleson, Pam Finger, Muhammad Ali Sei du selbst!	55
Hanoch McCarty Ich verzweifle nicht an der heutigen Jugend	58
John R. Ramsey Die Blume	60
Adair Lara Übe dich auf gut Glück in Freundlichkeit und schaffe Schönheit ohne tieferen Zweck	63
Raymond L. Aaron Das Herz	68

Dennis E. Mannering Tut es jetzt! 72
Ben Burton Andys Martyrium 76
Ann Landers Himmel und Hölle –
    der eigentliche Unterschied 84
M. Scott Peck Das Geschenk des Rabbis 85
D. Trinidad Hunt Großmutters Geschenk . 89
Stan Dale Engel brauchen zum Fliegen
    keine Beine 93
Les Brown Jeder erntet die Früchte
    seiner Taten 96
Floyd L. Shilanski Die Zweidollarnote 98
Jack Canfield, Mark Victor Hansen
    Das äußerste Opfer 102

2. Über die Elternschaft

Avril Johannes Liebe Welt 106
Diane Loomans Wenn ich mein Kind
    noch einmal aufziehen müßte 109
Jack Canfield Vergiß nicht, wir ziehen
    Kinder auf, keine Blumen! 111
Bob Fox Er ist nur ein kleiner Junge 116
Stan Gebhardt Aber du tatest es nicht 117
Bettie B. Youngs Abschlußfeier,
    Erbe und andere Lektionen 119
Ann Landers Was mein Vater für mich war 130

Patty Hansen Der Geist des
   Weihnachtsmanns trägt keinen
   roten Mantel 132
Tony Luna Die kleine Dame,
   die mein Leben veränderte 137
Jim Rohn Zehnte Reihe Mitte 143
Raymond L. Aaron Die Jahresbriefe 146
Patricia Lorenz Der weite gelbe Kittel 149
John Catenacci Das Geschenk 159
Lisa Boyd Sie erinnerte sich 163

3. Über Tod und Sterben

Donna Loesch Geh ins Licht 168
Patty Hansen Suki ... Beste Freundin
   in allen Lebenslagen 175
Frederic E. Pulse III. Geschichte
   eines Helden 186
Beverly Fine Erinnerung an Miss Murphy ... 199
Phyllis McCormack Das junge Mädchen
   ist noch da 204
Mark Victor Hansen Ein letztes Lebewohl ... 207
Robert Reasoner Tu es noch heute! 211
Meladee McCarty Heilmittel für ein
   gebrochenes Herz 213
John W. Schlatter Also dann – bis morgen .. 216

Stanley D. Moulson Die Liebe verläßt
  dich nie 219
Ralph Archbold Der schönste Engel 224

4. Eine Frage der inneren Einstellung

Jack Canfield Entmutigt? 228
Carol Lynn Pearson Mutters rotes Kleid 228
Bob Harris Lebenseinstellung –
  du hast die Wahl 235

5. Über Lernen und Lehren

John Wayne Schlatter Die magischen Steine 242
Janice Anderson Connolly Wir sind
  die Blöden 246
Marlon Smith Was ist mit der Jugend
  von heute los? 253
Jean Tod Hunter Ein Nichts im Schnee 260
Nancy Moorman Eine einfache Berührung .. 265
H. Stephen Glenn Miss Hardy 270
Elizabeth Silance Ballard Drei Briefe
  von Teddy 276
Mike Buetelle Was der Mensch sät 280

6. Lebe deinen Traum

John Magliola Ein kleiner Junge 284
Jann Mitchell Traum eines kleinen
    Mädchens 285
Rob, Toni und Nick Harris Eines Verkäufers
    erster Verkauf 290
Raymond L. Aaron Komm, wir gehen im
    Garten spazieren 294
Larry Winget Die Geschichte des Cowboys . 297
Glenn McIntyre Warum warten? ... Tu es
    einfach! 305

7. Hindernisse überwinden

Jack Canfield Denken Sie einmal
    darüber nach 314
Willa Perrier Neununddreißig Jahre –
    zu kurz – zu lang – lang genug 323
Ken Blanchard Nichts als Probleme 329
Dottie Walters Engel sagen niemals: »Hallo!« 332
Lilly Walters Warum müssen solche
    Dinge geschehen? 340
John Wayne Schlatter Der beste Stahl wird
    im heißesten Feuer geschmiedet 344
D. H. Groberg Das Rennen 348

Veronica A. Shoffstall Nach einer Weile 354
Lisa Manley Gipfel Amerika 356
Charles A. Coonradt Ein unentdecktes
    Meisterwerk 365
Art Linkletter Wenn ich es kann, kannst
    du es auch! 371

8. Gesammelte Weisheit

Steve Andreas Napoleon und der Kürschner 376
Dee Dee Robinson Mit den Augen
    eines Kindes 378
Barry L. McAlpine Ich weiß, er ist im Krieg 382

Einführung

Das Universum besteht aus
Geschichten, nicht aus Atomen.
Muriel Ruckeyser

Von Herz zu Herzen – wir sind überglücklich, Ihnen den zweiten Band von *Hühnersuppe für die Seele* anbieten zu können. Dieses Buch enthält Geschichten, die, wie wir glauben, Sie dazu inspirieren und motivieren werden, mit mehr Leidenschaft zu leben und sich mit größerer Überzeugung der Erfüllung Ihrer Träume zuzuwenden. Es wird Sie in Augenblicken der Frustration und des Versagens unterstützen und Sie in Zeiten des Schmerzes und erlittener Verluste trösten. Es wird ein lebenslanger Gefährte für Sie sein, der Ihnen Hilfe und Weisheit bietet, wann immer Sie das brauchen.

Sie sind im Begriff, eine wundervolle Reise anzutreten. Dieses Buch unterscheidet sich von allen anderen, die Sie gelesen haben. Gelegentlich wird es Sie im tiefsten Ihres Wesens berühren, ein andermal mit nie gekannter Liebe und Freude erfüllen. Unser erster Band *Hühnersuppe für die Seele* hatte eine so starke Wirkung, daß auch »Nichtleser« berichteten, sie hätten das komplette Buch gelesen. Wir fragten, wie das möglich sei. Sie erklärten uns, daß die Liebe, die Inspiration, die Höhen und Tiefen in den Geschichten sie fasziniert und zum Weiterlesen bewogen haben.

Sie können dieses Buch auf einen Sitz durchlesen. Wir raten Ihnen aber: Nehmen Sie sich Zeit! Genießen Sie dieses Buch wie einen guten Wein – Schluck für Schluck. Jeder Schluck wird Ihnen ein gutes Gefühl vermitteln, Freude und Erkenntnis bringen. Jede der Geschichten in diesem Buch wird Sie auf ihre eigene Weise berühren; jede Geschichte enthält ihre eigene Botschaft, vermittelt Lebensweisheit und Erfahrung.

Lassen Sie sich darauf ein. Nehmen Sie sich Zeit, lernen und genießen Sie!

1
Über die Liebe

Das Leben ist ein Lied – singe es.
Das Leben ist ein Spiel – spiele es.
Das Leben ist eine Herausforderung –
stelle dich ihr.
Das Leben ist ein Traum – laß ihn wahr werden.
Das Leben ist ein Opfer – bringe es dar.
Das Leben ist Liebe – freue dich darüber.

Sai Baba

Der Zirkus

Der beste Teil im Leben eines guten Menschen – seine kleinen, unerwähnten, in Vergessenheit geratenen Gesten der Güte und Liebe.

William Wordsworth

Als ich noch ein Teenager war, standen mein Vater und ich einmal in einer Warteschlange, um Eintrittskarten für den Zirkus zu erstehen. Schließlich befand sich nur noch eine Familie zwischen uns und der Kasse. Diese Familie machte großen Eindruck auf mich. Es waren acht Kinder, wahrscheinlich alle noch unter zwölf Jahren. Man sah gleich, daß die Leute nicht viel Geld hatten. Ihre Kleidung war einfach, aber gepflegt. Die Kinder benahmen sich gut. Sie standen jeweils zu zweit hinter den Eltern, hielten sich an der Hand und plapperten aufgeregt über die Clowns, Elefanten und alles andere, was sie an diesem Abend sehen würden. Man merkte, daß sie nie zuvor in einem Zirkus gewesen waren, daß dieser Besuch sicher zu den Höhepunkten ihres jungen Lebens gehören würde.

Die Eltern strahlten Stolz aus. Die Frau hielt die Hand ihres Mannes und blickte zu ihm empor, als wollte sie sagen: »Du bist mein Ritter in schimmernder Rüstung.« Er lächelte selbstbewußt auf sie herab, als ob er das mit einem »Wie recht du hast« bestätigen wollte.

Die Frau hinter der Kasse fragte den Vater, wie viele Karten er haben wolle. Voller Stolz antwortete er: »Ich möchte bitte acht Karten für Kinder und zwei für Erwachsene, damit ich meiner Familie den Zirkus zeigen kann.«

Die Kartenverkäuferin nannte den Preis.

Die Mutter ließ die Hand des Vaters los und senkte den Kopf. Die Lippe des Mannes begann zu zittern. Er beugte sich etwas weiter vor und fragte: »Wieviel, sagten Sie?«

Die Frau hinter der Kasse nannte erneut die Summe.

Der Mann hatte nicht genügend Geld.

Wie sollte er sich nun umdrehen und seinen acht Kindern sagen, daß er nicht genügend Geld hatte, um mit ihnen in den Zirkus zu gehen?

Mein Vater, der sah, was sich abspielte, zog eine

Zwanzigdollarnote aus der Tasche und ließ sie vor sich auf den Boden fallen. (Wir waren selbst keineswegs wohlhabend!) Dann bückte er sich, nahm den Schein, tippte dem Mann auf die Schulter und sagte: »Entschuldigen Sie, Sir, das ist Ihnen aus der Tasche gefallen.«

Der Mann begriff sofort. Er wollte kein Almosen, aber eines war sicher – die Hilfe in einer verzweifelten, herzzerbrechenden Situation wußte er zu schätzen. Er blickte meinem Vater geradewegs in die Augen, ergriff seine Hand mit beiden Händen, umklammerte die Zwanzigdollarnote und sagte, während seine Lippen zitterten und eine Träne über seine Wange rann: »Danke, Sir, danke … Das bedeutet wirklich sehr viel für mich und meine Familie.«

Mein Vater und ich kehrten zu unserem Wagen zurück und fuhren heim. In den Zirkus gingen wir an diesem Abend nicht – aber wir gingen nicht leer aus.

Dan Clark

Chase

Chases Unterlippe zitterte merklich, als er seiner Mutter nach dem Zahnarztbesuch zum Wagen folgte. Dies würde der bisher schlimmste Sommer im Leben des Elfjährigen werden. Der Arzt war zwar freundlich und mitfühlend gewesen, aber nun war für Chase die Zeit gekommen, der Tatsache ins Gesicht zu sehen, daß ihm Zahnklammern angepaßt werden mußten, um eine Mißbildung seines Gebisses zu korrigieren. Die Korrektur war schmerzhaft, er konnte nichts Hartes oder Zähes kauen, und zudem war er überzeugt, daß seine Freunde sich über ihn lustig machen würden. Kein Wort fiel zwischen Mutter und Sohn, als sie zu ihrem Haus auf dem Land zurückfuhren. Das Haus stand auf nur siebzehn Morgen Grund, war aber eine Zufluchtsstätte für einen Hund, zwei Katzen, ein Kaninchen und eine Unzahl von Eichhörnchen und Vögeln.

Der Entschluß, Chases Zähne korrigieren zu lassen, war seiner Mutter Cindy schwergefallen. Seit fünf Jahren geschieden, mußte sie ihren kleinen Sohn selbst versorgen. Sie hatte lange sparen müssen, um die erforderlichen eintausendfünfhundert Dollar für die Zahnkorrektur zusammenzubekommen.

Und dann, an einem sonnigen Nachmittag, hatte sich Chase verliebt. Er und seine Mutter waren zu Besuch zu den Rakers gefahren, das waren alte Bekannte, die in fünfzig Meilen Entfernung auf ihrer Farm lebten. Mr. Raker führte sie beide in den Stall hinaus – und da war sie. Als die drei sich ihr näherten, hielt sie den Kopf hoch erhoben. Die helle Mähne und der Schwanz bewegten sich sachte im leichten Luftzug. Sie hieß Lady und war das Urbild einer schönen Stute. Sie war gesattelt, und Chase durfte auf ihr reiten – zum ersten Mal in seinem Leben. Lady übte eine unwiderstehliche Anziehungskraft auf ihn aus, und das schien auf Gegenseitigkeit zu beruhen.

»Sie ist zu haben, wenn Sie sie kaufen wollen«, hatte Mr. Raker zu Cindy gesagt. »Für fünfzehnhundert können Sie die Stute haben, inklusive Papiere und Transport.« Für Cindy wurde es eine schwere Entscheidung. Die eintausendfünfhundert Dollar, die sie gespart hatte, würden entweder die Kosten für Chases Zahnbehandlung decken oder sie konnte davon die Stute kaufen, zu beidem reichte es keinesfalls. Schließlich kam sie zu dem Schluß, daß die Zahnbehandlung auf Dauer gesehen wichtiger für Chase sein würde. Sowohl für die Mutter als auch für den Sohn war das eine tränenreiche Entscheidung. Aber Cindy versprach Chase, so oft wie möglich zu den Rakers hinauszufahren, damit er Lady sehen und auf ihr reiten konnte.

Widerwillig begann Chase mit der langwierigen und quälenden Behandlung seiner Zähne. Mutlos und wehleidig unterzog er sich der Anfertigung von Gebißabdrücken, dem Anpassen und den anschließenden endlosen Ausweitungen des Expanders. Er würgte, schrie und flehte, aber die Behandlung ging weiter. In diesem Sommer waren die einzigen Lichtblicke in Chases Leben die Fahrten mit seiner Mutter hinaus auf die Farm, wo er auf Lady reiten konnte. Dort fühlte er sich frei. Pferd und Reiter galoppierten über die großen Weiden, hinein in eine Welt, in der es keine Schmerzen und keine Leiden gab. Da war nur der rhythmische Aufschlag der Hufe auf dem Boden und der Wind in seinem Gesicht. Wenn er auf Lady ritt, konnte Chase John Wayne sein oder ein Ritter, der auszog, um die Jungfrau in Not zu retten, oder was immer ihm seine Phantasie eingab. Am Ende seiner langen Ritte rieben er und Mr. Raker Lady ab, säuberten ihre Box und fütterten sie, wobei Chase seiner Freundin Zuckerstücke gab. Cindy und Mrs. Raker verbrachten die Nachmittage damit, gemeinsam Kekse zu backen, Limonade zu bereiten und Chase beim Reiten zuzusehen.

Die Abschiedszeremonie zwischen Chase und seiner besten Freundin dauerte immer so lange, wie Cindy es nur zuließ. Chase umfaßte den Kopf des

Pferdes mit beiden Händen, rieb dann ihre kräftigen Schultern und fuhr ihr mit den gespreizten Fingern durch die Mähne. Das sanfte Tier schien die Zuneigung, die ihm entgegengebracht wurde, zu spüren und blieb geduldig stehen, um hin und wieder leicht an Chases Hemdärmel zu knabbern. Jedesmal, wenn er mit seiner Mutter nach Hause fuhr, befürchtete der Junge, dies könnte seine letzte Begegnung mit der Stute gewesen sein. Lady sollte ja verkauft werden, und für solch ein Rassepferd waren die Chancen auf dem Markt gut.

Der Sommer verging, und der Apparat in Chases Mund wurde regelmäßig erweitert. Immer wieder wurde ihm versichert, die ganze Tortur lohne sich, weil damit Platz für seine noch nicht herausgekommenen Zähne geschaffen würde. Trotzdem – da war die Quälerei mit den Essensresten in der Apparatur, und er litt unter dem ständigen Schmerz in den Backenknochen, die geweitet wurden. Die eintausendfünfhundert Dollar waren nun bald für seine Zahnbehandlung aufgebraucht, und nichts würde übrigbleiben, um die Stute, an der sein ganzes Herz hing, zu kaufen. Chase stellte seiner Mutter endlose Fragen, immer in der Hoffnung auf eine positive Antwort. Ob sie sich nicht das Geld für die Stute leihen konnten? Ob Großpapa ihnen nicht helfen würde, sie zu kaufen? Ob er, Chase, nicht irgendeinen Job annehmen und sich damit das Geld verdienen könne? Seine Mutter beantwortete die Fragen, so gut sie eben konnte. Und wenn gar nichts mehr half, zog sie sich zurück, um heimliche Tränen zu vergießen, weil sie den Wunsch ihres einzigen Kindes nicht erfüllen konnte.

An einem frischen Septembermorgen begann die Schule wieder, und der große gelbe Schülerbus traf am Ende der Straße vor Chases Haus ein. Die Kinder erzählten alle, was sie während der Sommerferien getrieben hatten. Als Chase an der Reihe war, berichtete er von allem möglichen, erwähnte aber die goldmähnige Lady mit keinem Wort. Das letzte Kapitel in dieser Geschichte war noch nicht geschrieben, und er hatte Angst vor dem Ende. Der Kampf mit dem knochenausweitenden Gerät in seinem Mund war ausgestanden, und es war durch eine weniger störende Zahnspange ersetzt worden.

Begierig wartete Chase auf den dritten Samstag des Monats, an dem ihn seine Mutter, wie sie versprochen hatte, zu den Rakers hinausfahren würde, damit er auf Lady reiten könnte. Er war an diesem Tag früh auf, fütterte Kaninchen, Hund und Katzen und fand sogar noch die Zeit, hinter dem Haus Laub zu rechen. Bevor er und seine Mutter losfuhren, füllte er noch seine Jackentasche mit Zuckerstückchen für die Stute, die auf ihn wartete. Chase schien es eine Ewigkeit zu dauern, bis seine Mutter mit dem Wagen von der Hauptstraße abbog und die Zufahrt zur Rakerschen Farm entlangfuhr. Angestrengt hielt er nach dem heißgeliebten Pferd Ausschau. Als sie sich dem Haus und den Ställen näherten, spähte er in alle Richtungen, aber Lady war nirgendwo zu sehen. Chases Herz klopfte, als sein Blick dorthin fiel, wo normalerweise der Pferdetransporter stand. Er war nicht da. Er und das Pferd waren verschwunden. Chases schlimmste Angstträume waren Wirklichkeit geworden. Ganz offensichtlich hatte jemand Lady gekauft, und er, Chase, würde sie nun nie wiedersehen.

Der Junge spürte eine Leere in sich, wie er sie nie zuvor empfunden hatte. Seine Mutter und er stiegen aus dem Wagen und eilten zur Vordertür des Farmhauses. Auf ihr Klingeln hin öffnete niemand. Nur die große Colliehündin Daisy begrüßte sie schwanzwedelnd. Während seine Mutter bedrückt dreinblickte, rannte Chase zum Stall hinüber, wo die Stute sonst stand. Ihre Box war leer. Auch Sattel und Decke waren verschwunden. Mit tränenüberströmtem Gesicht kehrte Chase zum Wagen zurück und stieg ein. »Ich hab' ihr nicht mal Lebwohl sagen können, Mom«, schluchzte er.

Die ganze Heimfahrt über saßen sowohl Cindy als auch Chase schweigend, in ihre Gedanken versunken, im Wagen. Die Wunde durch den Verlust seiner Freundin würde nur langsam heilen. Chase hoffte inbrünstig, daß die Stute ein gutes Zuhause und Menschen finden würde, die sie liebten und gut für sie sorgten. Er wollte für sie beten, und niemals würde er die gemeinsam verbrachte, herrlich sorglose Zeit vergessen. Chases Kopf war gesenkt, und seine Augen waren geschlossen, als Cindy in die Zufahrt ihres Hauses fuhr. Er sah nicht den glänzend roten Pferdetransporter vor dem Stall und ebensowenig Mr. Raker, der neben seinem blauen Lieferwagen stand. Als Chase schließlich den Kopf hob, hatte Cindys Wagen schon gehalten, und Mr. Raker öffnete die Tür an der Seite des Jungen. »Wieviel Geld habt ihr noch übrig, Chase?« fragte er.

Das konnte doch einfach nicht wahr sein. Chase rieb sich ungläubig die Augen. »Siebzehn Dollar...«, seine Stimme schwankte.

»Genau das, was ich für diese Stute und den Transport haben wollte.« Mr. Raker lächelte. Die nun folgende Transaktion hätte, was Schnelligkeit und Kürze betraf, jeden Rekord gebrochen. Nach wenigen Augenblicken kletterte der stolze neue Besitzer in den Sattel und saß dann auf seiner geliebten Stute. In Windeseile waren Roß und Reiter hinter dem Stall verschwunden und galoppierten dem offenen Weideland entgegen.

Sein Verhalten erklärte Mr. Raker hinterher lediglich mit der Bemerkung: »So gut hab' ich mich seit Jahren nicht mehr gefühlt!«

Bruce Carmichael

Rettung auf hoher See

Vor vielen Jahren bewies in einem kleinen Fischerdorf in Holland ein Junge der Welt, daß Selbstlosigkeit belohnt wird. Da sich im gesamten Dorf alles um den Fischfang drehte, gab es für eventuelle Notfälle eine freiwillige Rettungsmannschaft. Eines Nachts tobte nach einem Wolkenbruch ein wilder Sturm und brachte draußen auf dem Meer ein Fischerboot zum Kentern. Auf Grund gelaufen und in höchster Not, sandte die Crew SOS-Signale aus. Der Kapitän der Rettungsmannschaft schlug Alarm, und die Einwohner versammelten sich auf dem Dorfplatz, von dem aus man die See überblicken konnte. Während das Rettungsteam sein Ruderboot aussetzte und sich dann seinen

Weg durch die hohen Wellen erkämpfte, warteten die Dorfbewohner nervös und beunruhigt am Strand und hielten Laternen hoch, um den Männern für den Rückweg zu leuchten.

Erst eine Stunde später tauchte das Rettungsboot wieder im Nebel auf, und die Dorfbewohner drängten sich jubelnd vor, um es zu begrüßen. Die Retter fielen erschöpft auf den Sand und berichteten, sie hätten nicht mehr Passagiere aufnehmen können, und ein Mann habe zurückbleiben müssen. Ein einziger weiterer Mensch hätte das Rettungsboot mit Sicherheit zum Kentern gebracht, und alle wären verloren gewesen.

Verzweifelt bemühte sich der Kapitän um eine weitere freiwillige Rettungsmannschaft, um auch den letzten Überlebenden an Land zu holen. Der sechzehnjährige Hans trat vor. Seine Mutter umklammerte seinen Arm. »Bitte, geh nicht!« flehte sie. »Dein Vater ist vor zehn Jahren bei einem Schiffbruch umgekommen, und dein Bruder Paul wird seit drei Wochen auf hoher See vermißt. Hans, du bist alles, was ich noch habe.«

»Mutter«, erwiderte Hans, »ich *muß* hinaus. Was, wenn jeder sagen würde: ›Ich kann nicht, das sollen doch andere tun‹? Mutter, das ist jetzt einfach meine Pflicht. Wenn sie ruft, sind wir eben an der Reihe und müssen unseren Teil beitragen.« Er küßte seine Mutter, ging zur Rettungsmannschaft hinüber, stieg ein, und das Boot verschwand in der Nacht.

Eine weitere Stunde verging, die Hans' Mutter wie eine Ewigkeit erschien. Endlich tauchte das Rettungsboot aus dem Nebel auf, und Hans stand vorne am Bug. Der Kapitän legte die Hände um den Mund und schrie hinüber: »Habt ihr ihn gefunden?« Und Hans, kaum fähig, sich zurückzuhalten, schrie zurück: »Ja, wir haben ihn. Sag Mutter, es ist Paul!«

Dan Clark

Die zweihundertste Umarmung

> Liebe heilt Menschen – den, der sie gibt, und den, der sie erhält.
> *Dr. Karl Menninger*

Die Haut meines Vaters war gelblich, als er da so an Monitore und intravenöse Schläuche angeschlossen auf der Intensivstation des Krankenhauses lag. Normalerweise ein stattlicher Mann, hatte er über dreißig Pfund an Gewicht verloren.

Die Krankheit meines Vaters war als Pankreaskrebs diagnostiziert worden, eine der bösartigsten Krebserkrankungen. Die Ärzte taten ihr möglichstes, aber sie teilten uns mit, daß er nur noch drei bis sechs Monate zu leben hätte. Bauchspeicheldrüsenkrebs reagiert nicht auf Strahlen- oder Chemotherapie, also gab es nur wenig Hoffnung.

Ein paar Tage später, als er wieder im Bett aufsitzen konnte, kam ich zu ihm und sagte: »Dad, was dir da zugestoßen ist, berührt mich sehr. Ich habe dadurch gemerkt, wie ich immer Distanz gehalten habe – und wie sehr ich dich in Wirklichkeit liebe.« Ich beugte mich über ihn, um ihn zu umarmen, aber seine Schultern und Arme wurden steif.

»Komm schon, Dad, ich möchte dich wirklich umarmen.«

Einen Augenblick lang sah er schockiert drein. Liebesbezeugungen gehörten nicht zu den gewohnten Formen unseres Umgangs. Ich bat ihn, sich noch ein bißchen mehr aufzurichten, damit ich die Arme um ihn legen konnte. Dann versuchte ich es erneut. Aber diesmal war er noch verspannter. Ich spürte, wie die alten Ressentiments in mir aufstiegen und ich zu denken begann: »Na schön, ich habe es nicht nötig. Wenn du sterben und mich wie immer in der Kälte zurücklassen willst – nur zu!«

Seit Jahren hatte ich auf all diese Zeichen des inneren Widerstrebens und der Starrheit meines Vaters so reagiert, daß ich ihm jegliche Schuld in die Schuhe schob, ihm seine Haltung verübelte und zu mir selbst sagte: »Da siehst du's wieder, es ist ihm alles egal.« Diesmal jedoch überlegte ich, und mir wurde plötzlich klar, daß die Umarmung mir ebenso zugute kommen würde wie ihm. Ich wollte damit einfach ausdrücken, wieviel mir an ihm lag, ganz gleich wie schwer es ihm fiel, mir den Zugang zu ihm zu gewähren. Mein Vater war immer sehr »deutsch« und pflichtorientiert gewesen; schon in seiner Kindheit mußten ihm seine Eltern beigebracht haben, wie man seine Gefühle in sich verschließt, um als Mann dazustehen.

Nachdem ich diese alte Gewohnheit, ihn allein für die Distanz zwischen uns verantwortlich zu machen, ad acta gelegt hatte, empfand ich plötzlich tatsächlich den Wunsch, ihm mehr Liebe zu zeigen. »Komm schon, Dad«, sagte ich. »Leg deine Arme um mich.«

Ich beugte mich am Bettrand so weit zu ihm hinab, daß er die Arme um mich legen konnte. »Nun drück mich an dich. Ja ... noch einmal. So ist es gut.«

In gewisser Weise lehrte ich meinen Vater das Umarmen, und als er mich an sich drückte, geschah etwas. Für ein paar flüchtige Sekunden erfaßte uns beide eine Welle von Zuneigung. Seit Jahren hatte unsere gegenseitige Begrüßung in einem kühlen und formellen Händedruck bestanden, der nicht mehr besagt hatte als: »Hallo, wie geht's?« Aber nun warteten sowohl er wie ich darauf, daß dieser Moment von Nähe wiederkäme. Doch genau in dem Augenblick, als er sich dieses Gefühls der Liebe bewußt wurde, bewog ihn irgend etwas in seinem Innern, seinen Körper erneut erstarren zu lassen; unsere Umarmung bekam etwas Unbeholfenes und Fremdartiges. Es dauerte Monate, bevor diese Starrheit verschwand und er in der Lage war, mir seine innersten Gefühle in einer Umarmung mitzuteilen.

Bevor mein Vater mich aus eigenem Antrieb umarmte, lag die Initiative lange Zeit bei mir. Ich konnte es ihm nicht verdenken, ihn nur unterstützen; schließlich mußte er die Gewohnheiten eines ganzen Lebens ändern – und das braucht seine Zeit. Ich wußte, daß wir uns beide innerlich weiterentwickelten, weil wir uns immer näherkamen. Und es war so ungefähr die zweihundertste Umarmung, als ich zum erstenmal, seit ich zurückdenken konnte, hörte, daß er spontan die Worte »Ich habe dich lieb« aussprach.

Harold H. Bloomfield, Doktor der Medizin

Einmal Erdbeermalz und dreimal Händedruck, bitte!

Meine Mutter liebte Erdbeermalzsaft. Es war immer ein Vergnügen für mich, bei ihr hereinzuschauen und sie mit ihrem Lieblingsgetränk zu überraschen.

In ihren späteren Jahren lebten sowohl Mom wie Dad in einem Pflegeheim. Meine Mutter litt an Alzheimer, und mein Vater, der sie lange betreut hatte, war nun selbst gebrechlich geworden und nicht mehr in der Lage, sie weiter zu versorgen. Sie wohnten in getrennten Zimmern, aber sie waren so oft zusammen wie nur möglich. Die beiden waren einander sehr zugetan. Hand in Hand spazierten sie durch die Korridore, besuchten ihre Freunde, strahlten menschliche Wärme aus. Die zwei waren das »romantische Liebespaar« des Pflegeheims.

Als mir klar wurde, daß sich der Zustand meiner Mutter verschlechterte, schrieb ich ihr einen Brief, in dem ich ihr sagte, wie sehr ich sie liebte. Ich entschuldigte mich dabei für meine Aufmüpfigkeit als Heranwachsender und versicherte ihr, sie sei eine großartige Mutter gewesen und ich sei sehr stolz darauf, ihr Sohn zu sein. Auch sonst schrieb ich Dinge, die ich ihr schon seit langem hatte sagen wollen. Aber ich war zu starrsinnig dafür gewesen – bis mir klar wurde, daß sie vielleicht nicht mehr lange in der Lage sein würde, all dies zu begreifen. Es war ein sehr ausführlicher und liebevoller Brief. Mein Vater erzählte mir, daß sie oft Stunden damit zubrachte, ihn immer wieder zu lesen.

Später bedrückte es mich, daß meine Mom mich nicht mehr als ihren Sohn erkannte. Oft fragte sie: »Ach – wie heißen Sie doch noch?« Und ich erwiderte dann immer voller Stolz, daß ich Larry hieße und ihr Sohn sei. Dann lächelte sie und griff nach meiner Hand. Ich wollte, ich könnte noch einmal diese ganz spezielle Berührung spüren.

Bei einem meiner Besuche brachte ich meinen Eltern je eine Flasche Erdbeermalz mit. Zuerst besuchte ich meine Mutter, stellte mich ihr erneut vor, plauderte ein paar Minuten mit ihr und ging dann mit der anderen Flasche ins Zimmer meines Vaters.

Als ich wieder zu ihr zurückkehrte, hatte sie den Saft beinahe ausgetrunken und sich aufs Bett gelegt, um auszuruhen. Sie war wach. Wir lächelten uns zu, als ich eintrat.

Ich zog einen Stuhl ans Bett, setzte mich, griff nach ihrer Hand und hielt sie fest. Es bestand eine intensive Verbindung zwischen uns. Schweigend beteuerte ich ihr meine Zuneigung. In der friedlichen Stille empfand ich das Wunder unserer bedingungslosen Liebe, auch wenn mir klar war, daß sie nicht wußte, wer ihre Hand hielt. Oder hielt *sie meine* Hand?

Nach ungefähr zehn Minuten spürte ich, wie sie sie zärtlich drückte ... dreimal. Es war jedesmal nur ein kurzer Druck, und ich wußte auch ohne Worte sofort, was sie damit mitteilen wollte.

Es war nicht zu fassen! Zwar konnte sie ihre Gedanken nicht mehr wie früher zum Ausdruck bringen, aber es bedurfte gar keiner Worte. Es war, als wäre sie für einen kurzen Augenblick zurückgekehrt.

Vor vielen Jahren, als sie und mein Vater sich kennen- und liebengelernt hatten, hatte sie diese ganz besondere Geste erfunden, um ihm »Ich liebe dich« zu sagen, wenn sie nebeneinander auf der Kirchenbank saßen. Und er drückte dann als Antwort sanft ihre Hand zweimal, was bedeutete: »Ich dich auch!«

Also drückte ich zweimal zärtlich ihre Hand. Sie wandte mir das Gesicht zu und lächelte mich auf eine Weise an, die ich nie vergessen werde. Alles an ihr strahlte Liebe aus.

Ich erinnerte mich an ihre Äußerungen vorbehaltloser Zuneigung meinem Vater, unserer Familie und ihren zahllosen Freunden gegenüber. Und diese Liebe hat bis heute tiefsten Einfluß auf mein Leben.

Wieder verstrichen ungefähr zehn Minuten. Kein Wort fiel zwischen uns.

Plötzlich wandte sie sich mir erneut zu und sprach leise diese Worte: »Es ist so wichtig, jemand zu haben, der einen liebt.«

Ich weinte. Aber es waren Freudentränen. Ich umarmte sie voller Wärme und Zärtlichkeit, sagte ihr, wie sehr ich sie liebte, und ging.

Kurze Zeit später starb meine Mutter.

Nur wenige Worte waren an jenem Tag gesprochen worden; aber die, die Mom geäußert hatte, waren aus Gold. Ich werde diese besonderen Augenblicke immer wie einen Schatz bewahren.

Larry James

Die Porzellanscherbe

Häufig wies mich meine Mutter an, den Familientisch mit dem »guten Porzellangeschirr« zu dekken. Weil dies so oft geschah, stellte ich nie irgendwelche Fragen. Ich hielt es einfach für ein Bedürfnis von ihr, eine belanglose Marotte, und so tat ich, worum ich gebeten wurde.

Eines Abends, als ich gerade den Tisch deckte, platzte unerwartet Marge, eine Nachbarin, bei uns herein. Sie klopfte an die Tür, und Mutter, am Herd beschäftigt, rief: »Herein!« Marge trat in die große Küche, warf einen Blick auf den schön gedeckten Tisch und sagte: »Oh, ich sehe schon, ihr erwartet Besuch. Also komme ich ein andermal wieder, ich hätte sowieso vorher anrufen sollen.«

»Nein, nein, schon gut«, erwiderte meine Mutter. »Wir erwarten keinen Besuch.«

»Na, aber – warum habt ihr dann euer gutes Porzellangeschirr herausgeholt? Ich benutze meines höchstens zweimal im Jahr – wenn überhaupt.« Marge sah verblüfft drein.

Meine Mutter lachte leise. »Weil ich heute das Lieblingsessen meiner Familie gekocht habe. Wenn man schon für besondere Gäste und Außenstehende den Tisch schön deckt, warum nicht auch für die eigene Familie? Die ist schließlich erst recht was Besonderes.«

»Na ja, aber dein gutes Geschirr geht dann doch auf die Dauer kaputt«, wandte Marge ein, die nicht begriff, daß meine Mutter ihrer Familie auf diese Art ihre Zuneigung zeigte.

»Ach was«, erwiderte meine Mutter gelassen, »ein paar herausgebrochene Porzellanstückchen sind ein kleiner Preis für die Freude, die es uns macht, wenn wir uns um den Eßtisch versammeln und das schöne Porzellangeschirr benutzen. Außerdem«, fügte sie mit einem verschmitzten Augenzwinkern hinzu, »hat ja jede dieser kleinen angeschlagenen Stellen ihre eigene Geschichte, oder nicht?« Sie sah Marge an, als müßte diese Frau mit ihren beiden erwachsenen Kindern das doch wissen.

Meine Mutter ging zum Schrank, holte einen Teller heraus und hielt ihn in die Höhe. »Siehst du die Stelle hier? Als das passierte, war ich siebzehn Jahre alt. Den Tag werde ich nie vergessen.« Ihre Stimme wurde weich, und sie schien plötzlich weit weg. »An einem Herbsttag brauchten meine Brüder Hilfe beim Hereinholen des letzten Heus. Also stellten sie einen jungen, kräftigen, hübschen Burschen an. Meine Mutter hatte mich angewiesen, in den Hühnerstall zu gehen, um frische Eier zu holen. Da sah ich unseren neuen Helfer zum erstenmal. Ich blieb stehen und beobachtete eine Weile, wie er große, schwere Ballen frischen Heus aufhob und mühelos über die Schulter weg auf den Heuboden hinaufwarf. Ich kann dir sagen, er war ein Prachtkerl: schlank, sehnig, mit starken Armen und glänzendem, dichtem Haar. Irgendwie mußte er gespürt haben, daß ich da war, denn er hielt inne, einen Heuballen in den erhobenen

Armen, drehte sich um, sah mich an und lächelte. Er sah so unglaublich gut aus«, fügte meine Mutter ganz langsam hinzu und strich mit dem Finger sachte über den Rand des Tellers. »Na ja, vermutlich mochten ihn meine Brüder, denn sie luden ihn ein, mit uns zu Abend zu essen. Als mein älterer Bruder ihm den Platz neben meinem Stuhl anwies, wäre ich fast gestorben. Du kannst dir vorstellen, wie verlegen ich war, weil er mich dabei ertappt hatte, wie ich dastand und ihn anstarrte. Und nun saß ich direkt neben ihm. Ich war so durcheinander, daß ich kein Wort hervorbrachte und nur vor mir auf den Tisch starrte.«

Plötzlich wurde Mutter bewußt, was für eine Geschichte sie da vor ihrer Tochter und der Nachbarin erzählte. Sie wurde rot und brachte die Sache schnell zu Ende. »Na, jedenfalls reichte er mir seinen Teller und bat mich, ihm eine Portion zu geben. Ich war so nervös, daß meine Handflächen ganz feucht wurden und meine Hände zitterten. Als ich seinen Teller nahm, rutschte er mir aus den Fingern und schlug gegen den Schmortopf, so daß ein Stückchen herausbrach.«

»Hm«, bemerkte Marge, völlig unberührt von der Erzählung, »ich finde, das klingt wie was, das man schleunigst wieder vergessen sollte.«

»Ganz im Gegenteil«, erwiderte meine Mutter.

»Ein Jahr später heiratete ich diesen wundervollen Mann. Und bis heute erinnere ich mich jedesmal, wenn ich den Teller sehe, voller Zärtlichkeit an den Tag, als ich ihn kennenlernte.« Sie stellte den Teller vorsichtig zurück in den Schrank – auf seinen eigenen Platz hinter dem übrigen Geschirr. Und als sie sah, daß ich sie anstarrte, blinzelte sie mir kurz zu.

Da sie merkte, daß die Geschichte, die sie gerade erzählt hatte, bei Marge keinerlei Empfindungen hervorrief, holte sie hastig einen anderen Teller heraus. Dieser war zerbrochen gewesen und danach sorgfältig wieder repariert worden, wie man an einigen Stellen sehen konnte. »Der Teller zerbrach damals, als wir unseren neugeborenen Sohn Mark aus dem Krankenhaus heimbrachten«, sagte Mutter. »Was für ein kalter und stürmischer Tag das doch war! Meine sechsjährige Tochter wollte helfen und ließ ihn fallen, als sie ihn zum Ausguß hinübertrug. Zuerst regte ich mich darüber auf, dann sagte ich mir aber: ›Ach was, es ist doch nichts weiter als ein zerbrochener Teller, und das ändert nichts an dem Glück, dieses neue Kind jetzt hier in unsere Familie aufnehmen zu können.‹ Und ich erinnere mich daran, daß wir hinterher oft über die ungezählten Versuche lachen mußten, die nötig waren, um *diesen* Teller wieder zu kitten!«

Ich war überzeugt, daß meine Mutter noch weitere Geschichten über das Porzellangeschirr hätte erzählen können.

Mehrere Tage vergingen, und die Geschichte des ersten Tellers ging mir nicht aus dem Kopf. Ich fand, es müßte irgend etwas Besonderes an ihm sein, wenn vielleicht auch nur deshalb, weil Mutter ihn so sorgfältig hinter das übrige Geschirr geschoben hatte. Irgend etwas an diesem Teller faszinierte und beschäftigte mich.

Ein paar Tage später fuhr meine Mutter zum Einkaufen in die Stadt. Als der Wagen die Zufahrt verlassen hatte, tat ich das, was ich immer in den ersten zehn Minuten tat, wenn sie in die Stadt gefahren war – ich schlich ins Schlafzimmer meiner Eltern (was mir verboten war), zog einen Stuhl heran, öffnete die oberste Kommodenschublade und durchstöberte sie wie schon so oft zuvor. Ganz hinten, unter den weichen und wunderbar riechenden Kleidungsstücken der Erwachsenen, befand sich eine kleine, rechteckige Schmuckschatulle aus Holz. Ich nahm sie heraus und öffnete sie. Sie enthielt das Gewohnte: den roten Rubinring, den Tante Hilda – ihre Lieblingstante – meiner Mutter vererbt hatte; ein Paar zarte Perlenohrringe, die ihre eigene Mutter an ihrem Hochzeitstag von ihrem Mann bekommen hatte, und den zierlichen Ehering, den sie häufig abnahm, wenn sie mit meinem Vater draußen arbeitete.

Erneut entzückt über diese kostbaren Andenken tat ich das, was kleine Mädchen eben gern tun: Ich legte alles an und gab mich wunderbaren Vorstellungen davon hin, wie es sein würde, wenn ich erwachsen und eine so schöne Frau wäre wie meine Mutter und mir dann diese herrlichen Dinge gehörten. Ich konnte es nicht erwarten, endlich alt genug zu sein, um selbst solch eine Schublade zu besitzen und anderen verbieten zu können, daran zu rühren!

Heute aber hing ich derartigen Gedanken nicht lange nach. Ich entfernte das feine rote Filztuch im Holzkästchen, das den Schmuck von einer ganz gewöhnlich aussehenden weißen Porzellanscherbe trennte, die – zumindest bis dahin – für mich völlig bedeutungslos gewesen war. Ich nahm das Stückchen heraus und hielt es ins Licht, um es genauer betrachten zu können. Dann rannte ich hinaus zum Küchenschrank, zog einen Stuhl heran, stieg hinauf und nahm den hinter dem übrigen Geschirr verborgenen Teller heraus. Es war genau so, wie ich vermutet hatte. Die kleine Porzellanscherbe, so liebevoll aufbewahrt neben den drei einzigen kostbaren Andenken, die meine Mutter besaß, paßte genau in den Teller, den sie am Tag, als sie meinen Vater zum erstenmal sah, am Rand zerbrochen hatte.

Weiser und respektvoller geworden, legte ich das geheiligte Stückchen Porzellan vorsichtig zurück an seinen Platz neben dem Schmuck und bedeckte es mit dem schützenden roten Filztuch. Nun war ich mir sicher, daß das Porzellangeschirr für meine Mutter mit einer ganzen Reihe von liebevollen Erinnerungen an Familienereignisse verbunden war – aber keine davon so kostbar wie die, die mit *diesem* Teller zusammenhing. Mit einer kleinen Scherbe hatte die Liebesgeschichte aller Liebesgeschichten begonnen – heute bei ihrem dreiundfünfzigsten Kapitel angelangt, denn meine Eltern sind nun seit dreiundfünfzig Jahren verheiratet!

Eine meiner Schwestern hat meine Mutter gefragt, ob der alte Rubinring eines Tages ihr gehören würde, und meine andere Schwester beansprucht Großmutters Perlenohrringe. Ich möchte, daß die beiden diese schönen Familienerbstücke bekommen. Was mich betrifft – nun, ich hätte gern das Erinnerungsstück, das den Beginn eines ungewöhnlichen Lebens voller Liebe einer ungewöhnlichen Frau symbolisiert: Ich hätte gern die kleine Porzellanscherbe.

Bettie B. Youngs

Es braucht Mut

> Man gewinnt an Stärke, Erkenntnis und Selbstvertrauen durch jede Erfahrung, bei der man innehält, um der Angst ins Gesicht zu sehen ... Man muß das tun, was man eigentlich nicht tun kann.
>
> *Eleanor Roosevelt*

Sie heißt Nikki und wohnt weiter unten in meiner Straße. Schon seit vielen Jahren bin ich von dieser jungen Frau fasziniert. Ihre Geschichte hat mich tief berührt, und wenn es mir nicht gutgeht, denke ich an ihre Geschichte und ihren Mut.

Das Ganze begann mit einer Diagnose des Arztes, als Nikki in der siebten Klasse war. Was ihre Familie schon befürchtet hatte, traf zu: Nikki hatte Leukämie. Die nächsten paar Monate waren mit Besuchen im Krankenhaus ausgefüllt. Sie wurde unzählige Male untersucht, erhielt Injektionen, und Blutproben wurden ihr entnommen. Dann folgte die Chemotherapie, wodurch sie ihre Haare verlor. Dies scheint ein geringer Preis für die möglicherweise lebensrettende Behandlung.

Doch wenn einem Teenager so etwas zustößt, ist es verheerend. Das Haar wuchs nicht mehr nach, und die Familie machte sich große Sorgen.

In diesem Sommer, bevor Nikki in die achte Klasse kam, bekam sie eine Perücke. Die fühlte sich unangenehm an und kratzte, aber Nikki trug sie. Sie war bis dahin bei ihren Mitschülern sehr beliebt gewesen, hatte in der Klasse eine führende Rolle gespielt und war stets von anderen Kindern umringt gewesen. Das war jetzt anders. Sie sah seltsam aus, und jeder weiß, wie gedankenlos und brutal Kinder sein können – so wie auch Erwachsene. Manchmal macht man irgendwelche Späße und tut gewisse Dinge, auch wenn sie andere zutiefst verletzen. Während der ersten beiden Wochen in der Schule wurde Nikki die Perücke mindestens ein halbes dutzendmal vom Kopf gerissen. Dann blieb sie stehen, bückte sich, hob sie auf und setzte sie sich zitternd vor Angst und Verlegenheit wieder auf. Sie wischte sich die Tränen ab und ging weiter, während sie sich fragte, warum eigentlich niemand für sie eintrat.

Das ging zwei entsetzliche Wochen lang. Nikki erklärte ihren Eltern, sie könne es nicht mehr ertragen, und die beiden sagten, sie könne zu Hause bleiben, wenn sie das wolle. Verstehen Sie, wenn Ihre Tochter wahrscheinlich bald sterben wird, ist es Ihnen gleichgültig, ob sie die nächste Klasse noch erreicht oder nicht. Das einzige, worauf es dann noch ankommt, ist, daß sie sich wohl fühlt und möglichst ihren Frieden hat. Nikki versicherte mir damals, der Verlust ihres Haars sei für sie belanglos. »Damit kann ich fertig werden«, meinte sie. Sie behauptete, nicht einmal die Aussicht zu sterben sei so schlimm. »Auch damit kann ich fertig werden«, sagte sie. »Aber wissen Sie, wie es ist, wenn man seine Freunde verliert? Wenn du den Korridor entlanggehst und sie weichen zur Seite wie das Rote Meer bei Moses, nur weil du kommst? Oder wenn du in eine Cafeteria gehst, um eine Pizza zu essen, und alle verschwinden, obwohl ihre Teller noch halb voll sind? Sie behaupten zwar, sie seien nicht mehr hungrig, aber man weiß doch, daß sie weggehen, weil du gekommen bist. Wissen Sie, wie es ist, wenn in der Klasse niemand neben dir sitzen will, und wenn die, die den Spind rechts und links neben dir hatten, dort alles ausgeräumt haben? Sie legen ihre Bücher lieber bei jemand anderem hinein, bloß weil sie nicht neben dem Mädchen mit der Perücke sein wollen, neben der mit der scheußlichen Krankheit. Dabei ist sie nicht einmal ansteckend, sie können sie gar nicht von mir kriegen. Wissen die anderen denn nicht, daß ich meine Freunde und Freundinnen jetzt am allermeisten brauche? O ja«, fügte sie hinzu, »das Leben zu verlieren ist gar nichts, wenn du, weil du an Gott glaubst, genau weißt, wo du die Ewigkeit zubringen wirst. Das Haar zu verlieren ist auch nicht schlimm – aber alle Freunde und Freundinnen zu verlieren, das ist entsetzlich.«

Sie hatte vorgehabt, aus der Schule ganz wegzubleiben, aber am Wochenende geschah etwas Entscheidendes. Sie hörte von zwei Jungen, der eine in der sechsten, der andere in der siebten Klasse, und deren Geschichten gaben ihr den Mut, weiterzumachen. Der Siebtkläßler stammte aus Arkansas, und obwohl so etwas nicht üblich war, nahm er sein Neues Testament in der Hemdtasche mit in die Schule. Es wurde berichtet, drei Jungen hätten sich ihm genähert, nach dem Buch gegriffen und gesagt: »Du Schlappschwanz. Religion ist was für Schlappschwänze. Gebete sind was für Schlappschwänze. Bring bloß das Ding nicht mehr mit in die Schule.« Und dann wurde weiter berichtet, er habe die Bibel dem größten der drei Jungen hingehalten und gesagt: »Da ... versuch mal, ob *du* den Mut aufbringst, das hier auch nur einen Tag lang in der Schule mit herumzutragen.« Angeblich habe er hinterher drei Freunde gehabt.

Die nächste Geschichte, die Nikki inspirierte, war die eines Jungen in der sechsten Klasse, der aus Ohio stammte. Er hieß Jimmy Masterdino und war neidisch auf Kalifornien, weil es dort ein staatliches Motto gab, nämlich »Heureka!« In Ohio gab es so etwas nicht. Er ließ sich einen Satz einfallen, der das Leben verändern kann. Ohne Schwierigkeiten bekam er eine Menge Unterschriften zusammen. Als sie für eine Petition ausreichten, schickte er das Gesuch an das Abgeordnetenhaus. Und dank dieses entschlossenen Sechstkläßlers heißt heute der offizielle Wahlspruch für Ohio: »Mit Gott ist alles möglich.«

Nikki, erfüllt von neuem Mut, setzte am darauffolgenden Montag ihre Perücke auf und zog sich so hübsch und chic an wie möglich. Ihren Eltern erklärte sie: »Ich gehe heute doch wieder in die Schule, weil ich dort was tun muß. Es gibt etwas, das ich herausfinden will.« Die beiden verstanden nicht, was sie damit meinte, machten sich Sorgen und befürchteten das Schlimmste, aber sie fuhren das Mädchen in die Schule. Während der vergangenen paar Wochen hatte Nikki immer, bevor sie aus dem Auto stieg, ihre Eltern umarmt und geküßt. So unüblich das war und obwohl viele ihrer Mitschüler darüber die Nase rümpften und sich über sie lustig machten, hatte sie sich nicht davon abhalten lassen. Aber heute war alles noch einmal anders. Sie umarmte und küßte die beiden, und als sie aus dem Wagen gestiegen war, drehte sie sich um und sagte: »Mom und Dad, ratet mal, was ich heute tun werde?« In ihren Augen standen Tränen, aber es waren Tränen der Freude und der Entschlossenheit. O ja, da war auch Furcht vor dem Ungewissen, aber sie hatte ein Ziel. »Was denn, Liebes?« fragten die Eltern. »Heute werde ich heraus finden, wer meine besten Freunde sind – meine wirklichen Freunde.« Und damit zog Nikki sich die Perücke vom Kopf und legte sie auf ihren Sitz. »Entweder nehmen sie mich so an, wie ich bin, oder sie nehmen mich gar nicht an. Ich habe nicht mehr viel Zeit. Ich muß *heute* herausfinden, wer sie sind.« Sie wandte sich ab, ging zwei Schritte, drehte sich noch einmal um und sagte: »Betet für mich.« Und die Eltern sagten: »Das werden wir tun, Liebes.« Und während Nikki auf sechshundert Mitschüler zuging, hörte sie noch, wie ihr Vater sagte: »Was haben wir für eine Tochter!«

An diesem Tag geschah ein Wunder. Nikki ging über den Hof zur Schule hinüber, und kein einziger machte sich über das mutige kleine Mädchen lustig.

Nikki hat Tausende von Menschen gelehrt, daß die einzige wahre Art zu leben darin besteht, man selbst zu sein, seine von Gott gegebenen Gaben einzusetzen und für das, was recht ist, auch inmitten von Ungewißheit, Schmerz, Furcht und Schikanen einzustehen.

Nikki hat inzwischen ihre Schulbildung abgeschlossen. Ein paar Jahre später hat sie, womit niemand gerechnet hatte, geheiratet, und heute ist sie die stolze Mutter eines kleinen Mädchens, das sie, nach meiner eigenen Tochter, Emily getauft hat. Jedesmal, wenn etwas bevorsteht, das zu bewältigen mir unmöglich scheint, denke ich an Nikki und bekomme dadurch Kraft.

Bill Sanders

Sei du selbst!

> In einer künftigen Welt werde ich nicht gefragt: »Warum warst du nicht Moses?« Sondern ich werde gefragt: »Warum warst du nicht Zusya?«
>
> *Rabbi Zusya*

Seit ich ein kleines Kind war, wollte ich nicht ich selbst sein. Ich wollte wie Billy Widdleton sein, und Billy Widdleton mochte mich noch nicht einmal leiden. Ich ging so, wie er ging; ich redete so, wie er redete; und ich trat in die gleiche High-School ein wie er.

Und dort veränderte sich Billy Widdleton. Er begann, sich an Herby Vandeman zu orientieren; er ging wie Herby Vandeman; er redete wie Herby Vandeman – er brachte mich völlig durcheinander. Ich ging und redete wie Billy Widdleton, der ging und redete wie Herby Vandeman.

Und dann dämmerte mir, daß Herby Vandeman ging und redete wie Joey Haverlin. Und Joey Haverlin ging und redete wie Corky Sabinson.

Da bin ich nun, gehe und rede wie Billy Widdletons Imitation von Herby Vandemans Version von Joey Haverlin, der versucht, so zu gehen und zu reden wie Corky Sabinson. Und wie, glauben Sie, versucht Corky Sabinson zu gehen und zu reden? Ausgerechnet wie Dopey Wellington – dieser lästige Zwerg, der geht und redet wie ich!

Autor unbekannt, erzählt von Scott Shuman

Präsident Calvin Coolidge lud einmal Freunde aus seiner Heimatstadt zum Abendessen ins Weiße Haus ein. Unsicher ob ihrer eigenen Tischmanieren entschlossen sich die Gäste, all das zu tun, was auch Coolidge tat. Diese Strategie funktionierte bis zu dem Zeitpunkt, als der Kaffee serviert wurde. Der Präsident goß seinen Kaffee in die Untertasse. Die Gäste taten dasselbe. Coolidge fügte dem Kaffee Rum und Zucker hinzu. Die Gäste taten es ihm nach. Dann beugte sich Coolidge zur Seite und stellte die Untertasse für die Katze auf den Boden.

Erik Oleson

Du mußt nicht zu deiner Mutter werden, es sei denn, sie ist die, die du sein möchtest. Du mußt nicht zur Mutter deiner Mutter oder zur Mutter der Mutter deiner Mutter werden, oder auch zu deiner Urgroßmutter väterlicherseits. Vielleicht hast du deren Kinn, deren Hüfte oder deren Augen geerbt, aber du bist nicht dazu bestimmt, zu einer der Frauen zu werden, die vor dir da waren. Du bist nicht dazu bestimmt, ihr Leben zu leben. Wenn du also etwas erbst, so erbe ihre Stärke, ihre Widerstandskraft. Denn du bist einzig und allein dafür bestimmt, der Mensch zu sein, der *du* sein willst.

Pam Finger

Wenn ich die Boxweltmeisterschaft gewinn', zieh' ich meine alten Jeans an, setz 'nen alten Hut auf, laß mir 'nen Bart wachsen und geh' die alte Landstraße runter, wo mich keiner kennt, so lange, bis ich 'ne hübsche Puppe find', die noch nie was von meinem Namen gehört hat, die mich so gern hat, wie ich bin. Und dann bring' ich sie zurück in mein 250 000-Dollar-Haus, von dem aus man mein Millionen teures Bauland überblicken kann, und zeig' ihr all meine Cadillacs und meinen Swimmingpool unten im Haus – für'n Fall, daß 's regnet – und sag' zu ihr: »Das gehört alles dir, Süße, weil du mich als den liebst, der ich bin.«

Muhammad Ali

Ich verzweifle nicht an der heutigen Jugend

Manchmal, wenn ich von einem Vortrag zum nächsten fliege, kommt es vor, daß ich neben jemandem sitze, der redselig ist. Das ist für mich meist ganz angenehm, weil ich ein eingefleischter Menschenbeobachter bin. Ich lerne sehr viel, wenn ich die Leute, denen ich jeden Tag begegne, studieren und ihnen zuhören kann. Ich habe schon traurige und schöne Geschichten gehört, von Angst und von Freude erfüllte und auch einige, die grotesk waren.

Leider kommt es auch vor, daß man neben jemandem sitzt, der nur seinem Ärger Luft machen oder sechshundert Meilen lang seine politischen Ansichten vor einem Zuhörer ausbreiten möchte, der ihm nicht entfliehen kann.

Einmal war es wieder soweit. Ich setzte mich resigniert zurecht, als mein Nachbar seine Tirade über den schrecklichen Zustand der Welt mit dem abgedroschenen »Wissen Sie, die Jugend von heute ist einfach ...« begann. Er redete und redete und äußerte vage Ansichten über die entsetzliche Mentalität von Halbwüchsigen und jugendlichen Erwachsenen, wobei das Ganze auf seiner selektiven Aufnahme von TV-Nachrichten beruhte.

Als ich erleichtert das Flugzeug verließ und schließlich in meinem Hotel in Indianapolis ankam, kaufte ich mir eine Lokalzeitung und ging zum Abendessen ins Restaurant. Auf einer der Innenseiten des Blatts stand ein Artikel, der meiner Ansicht nach mit Schlagzeile auf die erste Seite gehört hätte.

In einer Kleinstadt in Indiana gab es einen fünfzehnjährigen Jungen, der einen Gehirntumor hatte. Er mußte sich einer Strahlen- und Chemotherapie unterziehen. Als Folge davon verlor er sein gesamtes Haar. Ich weiß nicht, wie das bei Ihnen ist, aber ich konnte mir vorstellen, was das für mich in diesem Alter bedeutet hätte – ich wäre zutiefst deprimiert und gedemütigt gewesen.

Die Mitschüler dieses Jungen kamen ihm spontan zu Hilfe: Alle in seiner Klasse fragten ihre Eltern, ob sie sich die Haare abrasieren lassen dürften, damit Brian nicht der einzige Kahlköpfige in der Schule sei. Neben dem Artikel befand sich ein Foto von einer Mutter, die ihrem Sohn das gesamte Haar abrasierte, während die Familie zuschaute. Und im Hintergrund war eine Gruppe ebenfalls kahlgeschorener Jungen zu sehen.

Nein, ich verzweifle nicht an der heutigen Jugend.

Dr. phil. Hanoch McCarty

Die Blume

»Ich habe viele Blumen«, sagte er, »aber die Kinder sind die schönsten von allen.«

Oscar Wilde

Eine Zeitlang gab es jemand, der mir an jedem Sonntag eine Rose zukommen ließ, damit ich sie mir ans Revers meines Jacketts stecken sollte. Da ich also an jedem Sonntagmorgen eine solche Blume erhielt, zerbrach ich mir nicht weiter den Kopf darüber. Es war eine nette Geste, die ich auch zu schätzen wußte, aber sie entwickelte sich schließlich zu einer Art Routine. Eines Sonntags jedoch wurde das, was ich bereits als Gewohnheit empfand, zu etwas ganz Besonderem.

Als ich nach dem Gottesdienst die Kirche verließ, näherte sich mir ein kleiner Junge. Er blieb vor mir stehen und fragte: »Sir, was werden Sie mit Ihrer Blume machen?« Zuerst wußte ich gar nicht, was er meinte, dann begriff ich.

»Du meinst die hier?« Ich zeigte auf die Rose an meinem Revers.

»Ja, Sir«, antwortete er. »Ich wüßte nur gern, ob Sie sie nachher einfach wegwerfen.«

Daraufhin lächelte ich und sagte, er könne meine Rose gern haben, fragte aber auch beiläufig, was er damit vorhabe. Der kleine Junge – er war wahrscheinlich noch keine zehn Jahre alt – blickte zu mir auf und sagte: »Sir, ich werde sie meiner Oma geben. Meine Mutter und mein Vater haben sich letztes Jahr scheiden lassen. Ich habe erst bei meiner Mutter gelebt, aber als sie wieder geheiratet hat, wollte sie, daß ich zu meinem Vater gehe. Da war ich auch eine Weile, aber er sagte, ich könne nicht bei ihm bleiben, und schickte mich zu meiner Großmutter. Sie ist so gut zu mir. Sie kocht für mich und kümmert sich um mich. Sie ist so nett zu mir, und ich möchte ihr gern die hübsche Blume schenken, weil sie mich so liebhat.«

Als der Kleine schwieg, brachte ich kaum ein Wort heraus. Tränen traten mir in die Augen, und ich war in meinem tiefsten Innern berührt. Ich löste die Rose von meinem Revers, hielt sie in der Hand und sah den kleinen Jungen an. »Mein Kleiner, das ist das Netteste, was ich je gehört habe, und diese Rose ist längst nicht genug dafür. Wenn du zur Kanzel hinübergehst, wirst du dort einen großen Blumenstrauß stehen sehen. Bitte nimm ihn mit und bringe ihn deiner Großmutter, weil für sie nur das Allerbeste gut genug ist.«

Und als ob ich nicht schon zutiefst gerührt gewesen wäre, machte er noch eine letzte Bemerkung, die mir für immer im Gedächtnis bleiben wird: »Ist das ein herrlicher Tag! Ich wollte doch nur eine Blume haben, und jetzt habe ich einen ganzen Strauß bekommen!«

Pastor John R. Ramsey

Übe dich auf gut Glück in Freundlichkeit und schaffe Schönheit ohne tieferen Zweck

Das ist ein Undergroundslogan, der über die gesamte Nation verbreitet ist.

Ein klarer Dezembertag in San Francisco. Eine Frau in einem roten Honda, Weihnachtsgeschenke hoch aufgetürmt auf dem Hintersitz des Wagens, hält vor der Mautstelle an der Bay Bridge. »Ich bezahle für mich und für die sechs Wagen, die nach mir kommen«, sagt sie lächelnd und reicht sieben Pendlerkarten hinein.

Die folgenden sechs Fahrer, die, ihre Dollars in der Hand, vor der Mautstelle halten, bekommen lediglich zu hören: »Eine Lady, die vor Ihnen da war, hat bereits für Sie bezahlt. Einen schönen Tag noch.«

Die Frau im Honda hatte, wie sich herausstellte, etwas auf einem Zettel am Kühlschrank ihrer Freundin gelesen: »Übe dich auf gut Glück in Freundlichkeit und schaffe Schönheit ohne tieferen Zweck!« Der Satz war ihr förmlich ins Gesicht gesprungen, und sie hatte ihn sich notiert.

Judy Foreman war auf denselben Satz gestoßen, der hundertfünfzig Kilometer von ihrem Heimatort entfernt auf die Wand eines Lagerhauses gesprayt worden war. Als er ihr tagelang nicht aus dem Kopf ging, fuhr sie die ganze Strecke zurück, um ihn genau abzuschreiben. »Ich fand ihn unglaublich schön«, sagte sie und erklärte damit, warum sie ihn neuerdings unten all ihren Briefen anfügt. »Wie eine Botschaft von oben.«

Ihrem Mann Frank gefiel der Satz so gut, daß er ihn in der Schule für seine Siebtkläßler an die Wand hängte. Eine seiner Schülerinnen war die Tochter einer Journalistin der örtlichen Zeitung, die den Spruch in ihrer Kolumne brachte und dazu bemerkte, daß sie, obwohl er ihr gefiele, nicht wüßte, woher er stamme und was er eigentlich aussagen solle.

Zwei Tage später wurde sie von Anne Herbert aufgeklärt. Anne Herbert, groß, blond und in den Vierzigern, wohnt in Marin, einem der zehn reichsten Bezirke des Landes, wo sie Häuser hütet, Gelegenheitsjobs annimmt und so gerade eben durchkommt. Es war in einem Restaurant in Sausalito, als sie den Satz auf ein Platzdeckchen niederschrieb, nachdem er ihr tagelang im Kopf herumgegangen war. »Das ist phantastisch!« sagte ein Mann, der in ihrer Nähe saß, und schrieb ihn seinerseits auf.

»Es bedeutet«, erklärte Anne Herbert, »daß man alles, von dem man meint, es sollte auf der Welt mehr davon geben, einfach auf gut Glück tun soll.«

Als Beispiele nennt sie: 1. In trostlos aussehende Schulen eindringen und Klassenzimmer streichen. 2. Heiße Mahlzeiten auf Küchentischen in den Armenvierteln der Stadt hinterlassen. 3. Heimlich Geld in die Tasche einer armen alten Frau stecken, die zu stolz ist, um darum zu bitten. – »Güte«, sagt Anne Herbert, »kann sich ebenso ausbreiten wie Gewalt.«

Jedenfalls breitet sich der Spruch nun aus, auf Autoaufklebern, auf Wänden und Mauern und auf Briefen und Geschäftskarten. Und genau wie er breitet sich auch die Vision eines Guerillakampfs für Menschenfreundlichkeit aus.

Vielleicht stopft in Oregon ein Mann gerade noch rechtzeitig vor Ablauf der Zeit eine Münze in die Parkuhr eines Fremden. Vielleicht machen sich in New Jersey Menschen mit Eimern und Schrubbern über ein altes Haus her, und sie reinigen es von oben bis unten, während die gebrechlichen Eigentümer zuschauen – benommen und ungläubig lächelnd. Vielleicht ist in Chicago gerade ein Halbwüchsiger dabei, die Zufahrt seines Elternhauses von Schnee freizuschaufeln, als ihm plötzlich ein Gedanke kommt: Ach zum Teufel, es sieht ja keiner ... Und er schaufelt die Zufahrt des Nachbarn ebenfalls frei.

Es ist eine positive Anarchie, ein Verstoß gegen die herkömmliche Ordnung, ein zauberhafter Aufruhr. Eine Frau in Boston schreibt »Fröhliche Weihnachten« für die Kassierer ihrer Bank auf die Rückseite ihrer Schecks. Ein Mann in St. Louis, dessen Wagen soeben von einer jungen Frau von hinten angefahren wurde, winkt ab und sagt zu ihr: »Ist doch nur ein Kratzer. Machen Sie sich nichts draus.«

Unsinnige Aktionen der Verschönerung finden statt: Ein Mann pflanzt Narzissen entlang der Autostraße, sein Hemd bläht sich im Luftzug der vorbeirasenden Autos. In Seattle ernennt sich ein Mann selbst zum Inhaber eines freiwilligen Einmann-Reinigungsdienstes, durchstreift die Umgebung und sammelt den Unrat mit Hilfe eines Supermarkt-Wagens ein. In Atlanta schrubbt ein Mann Graffiti von einer grünen Parkbank.

Man sagt, keiner könne lächeln, ohne selbst ein bißchen heiterer zu werden – und ebenso können Sie nicht auf gut Glück Freundlichkeiten erweisen, ohne das Gefühl zu bekommen, Ihre eigenen Kümmernisse hätten sich vermindert, weil die Welt sich zu einem etwas erfreulicheren Ort entwickelt hat.

Und Sie können nicht zum Empfänger all dieser Dinge werden, ohne eine Art Schock zu empfinden, einen freudigen Schock. Wenn Sie zu den

Fahrern gehören, die feststellen, daß Ihre Mautgebühr bereits bezahlt ist ... wer weiß, wozu Sie das inspiriert? Jemandem, der an einer Straßenkreuzung steht, zuzuwinken? Einen erschöpften Angestellten anzulächeln? Oder zu etwas noch Wesentlicherem, Größerem? Wie alle Revolutionen beginnt auch der Guerillakampf der Freundlichkeit langsam, mit einer einzelnen Aktion. Machen Sie ihn zu Ihrer Sache.

Adair Lara

Auf die Tat selbst, nicht auf die Früchte der Tat kommt es an. Du mußt das Rechte tun. Vielleicht steht es nicht in deiner Macht, vielleicht geschieht es nicht zu deiner Zeit, daß die Früchte wachsen. Aber das heißt nicht, daß du damit aufhören sollst, das Rechte zu tun. Vielleicht wirst du nie erfahren, was das Ergebnis deiner Taten sein wird. Aber wenn du nichts tust, wird es gar kein Ergebnis geben.

Gandhi

Das Herz

> Die besten und schönsten Dinge in der Welt können weder gesehen noch berührt werden ... aber man spürt sie im Herzen.
>
> *Helen Keller*

Meine Frau und ich ließen uns Ende Dezember scheiden und, wie Sie sich sicher vorstellen können, war der darauffolgende Januar für mich äußerst schwierig. Ich hatte eine Therapie begonnen, die mir helfen sollte, die Trennung zu verarbeiten, und ich bat meine Therapeutin, mir etwas zu geben, das mir in meinem neuen Leben weiterhelfen könnte. Ich hatte keine Ahnung, ob sie darauf eingehen und was sie mir in diesem Fall aushändigen würde.

Ich war froh, als sie sofort zustimmte und mir – wie erwartet – etwas gab, womit ich überhaupt nicht gerechnet hatte: ein kleines, handgefertigtes »Spiel-meine-Melodie-Herz«, leuchtend und aufs liebevollste bemalt. Sie hatte es von einem ihrer früheren Patienten erhalten, der ebenfalls eine Scheidung hinter sich gebracht und so wie ich Mühe gehabt hatte, Zugang zu seinen eigenen Gefühlen zu finden. Meine Therapeutin fügte hinzu, daß ich dieses Herz nur so lange behalten dürfe, bis ich mein eigenes Herz wiedergefunden hätte, dann sollte ich es ihr zurückgeben. Ich begriff, daß sie mir damit ein greifbares Symbol für das gab, was ich anstreben sollte. Und es war auch ein Sinnbild für meine Suche nach einem erfüllteren Gefühlsleben. Ich nahm das Herz hoffnungsvoll entgegen.

Ich ahnte nicht, wie schnell dieses wunderbare Geschenk tatsächlich zu wirken begann.

Nach meiner Therapiestunde legte ich das Herz behutsam oben auf das Armaturenbrett meines Wagens und fuhr aufgeregt zu meiner Tochter Juli-Ann, um sie abzuholen, denn sie sollte zum erstenmal in meiner neuen Wohnung übernachten. Als sie einstieg, fiel ihr Blick sofort auf das Herz, sie nahm es in die Hand, betrachtete es und fragte mich, was das sei. Ich war mir unschlüssig, ob ich ihr den gesamten Hintergrund erklären sollte, denn schließlich war sie noch ein Kind. Aber dann entschied ich mich doch dafür.

»Es ist ein Geschenk meiner Therapeutin, die mir durch die für mich jetzt so schwierige Zeit hindurchhilft. Ich darf es nur so lange behalten, bis ich mein eigenes Herz wiedergefunden habe.« Juli-Ann äußerte sich dazu nicht, und ich fragte mich, ob ich ihr das hätte erzählen sollen. Konnte sie als Elfjährige so etwas verstehen? Wie konnte sie etwas von dem gewaltigen Abgrund ahnen, den ich zu überbrücken versuchte, indem ich mit meinen alten Denk- und Verhaltensmustern brach und mich bemühte, tiefere, erfülltere Beziehungen zu anderen Menschen zu entwickeln?

Wochen später, als meine Tochter wieder bei mir zu Hause war, reichte sie mir verfrüht mein Valentinsgeschenk: ein Schächtelchen, von ihr selbst rot bemalt und mit einem Goldband verschnürt, in dem ein Stückchen Schokolade steckte, das wir gemeinsam verzehrten. Erwartungsvoll öffnete ich dann die hübsche kleine Schachtel. Zu meiner Überraschung zog ich ein »Spiel-meine-Melodie-Herz« heraus, das sie für mich gebastelt und bemalt hatte. Ich sah sie verblüfft an und fragte mich, was das zu bedeuten hatte. Wieso schenkte sie mir die Kopie einer Sache, die ich von meiner Therapeutin erhalten hatte?

Dann hielt sie mir zögernd eine zusammengefaltete Karte hin. Sie war sehr verlegen, doch schließlich durfte ich die Karte aufklappen und lesen. Innen hatte sie ein selbstverfaßtes Gedicht hineingeschrieben, das weit über ihr Alter hinausging. Sie hatte den Sinn des Geschenks meiner Therapeutin voll erfaßt. Juli-Ann hatte mir das rührendste und liebevollste Gedicht geschenkt, das ich je gelesen hatte. Tränen traten mir in die Augen, und mein Herz öffnete sich weit.

Für meinen Dad

Behalte das Herz
Wenn du es magst
Für den großen Sprung
Den du jetzt wagst
Viel Glück für ihn
Auch wenn du nicht weißt wohin
Aber wo immer du danach bist
Lerne, daß Liebe das Wichtigste ist.

ALLES GUTE ZUM
VALENTINSTAG VON
DEINER TOCHTER
JULI-ANN

Mehr als all meinen materiellen Wohlstand zähle ich dieses Gedicht zu meinen kostbarsten Besitztümern.

Raymond L. Aaron

Tut es jetzt!

> Wenn wir erführen, daß wir nur noch fünf Minuten Zeit haben, um alles zu sagen, was wir noch sagen wollen, so wäre jede Telefonzelle besetzt von Menschen, die anderen ins Ohr stammeln, daß sie sie lieben.
> *Christopher Morley*

In einem Kurs, in dem ich Erwachsene unterrichte, habe ich kürzlich etwas »Unverzeihliches« getan – ich gab eine Hausarbeit auf! Die Aufgabe bestand darin, daß alle zu irgend jemandem gehen sollten, den sie liebten, und ihm – oder ihr – genau das sagen sollten. Es mußte jemand sein, der das noch nie oder zumindest seit langem nicht mehr von ihnen gehört hatte.

Nun scheint das auf Anhieb keine sonderlich schwierige Aufgabe zu sein, solange man nicht bedenkt, daß die meisten Männer in dieser Gruppe über fünfunddreißig und in dem Bewußtsein aufgewachsen sind, daß es »unmännlich« ist, Gefühle zu zeigen oder – Gott behüte – gar zu weinen. Also war die Aufgabe für einige eine sehr harte Nuß, die da zu knacken war.

Zu Beginn der nächsten Stunde fragte ich, wer erzählen wollte, was ihm beim Erfüllen der Aufgabe geschehen war. Ich erwartete, daß sich wie gewöhnlich eine der Frauen melden würde, aber an diesem Abend hob einer der Männer die Hand. Er schien sehr aufgewühlt zu sein.

Als er seine rund ein Meter neunzig aus dem Stuhl emporgehievt hatte, begann er: »Dennis, ich war letzte Woche sehr ärgerlich auf Sie, als Sie uns diese Aufgabe gaben. Ich hatte gar nicht das Gefühl, daß ich jemanden hatte, dem ich diese Worte sagen könnte, und außerdem – wer sind Sie, daß Sie uns etwas so Persönliches zumuten? Aber als ich auf der Heimfahrt war, begann sich mein Gewissen zu rühren, und es sagte mir, daß ich genau wüßte, zu wem ich ›Ich liebe dich‹ sagen müßte. Sehen Sie, vor fünf Jahren hatten mein Vater und ich eine böse Auseinandersetzung, und die Sache war in der Zwischenzeit nie wirklich bereinigt worden. Wir vermieden, einander zu begegnen, jedenfalls außerhalb der absolut unerläßlichen Gelegenheiten wie Weihnachten oder irgendwelchen anderen Familientreffen, und selbst dann sprachen wir kaum miteinander. Aber als ich am vergangenen Dienstag heimkam, war ich zu der Überzeugung gekommen, ich müsse meinem Vater sagen, daß ich ihn liebe.

Es ist merkwürdig, aber allein bei diesem Entschluß schien mir ein Stein vom Herzen zu fallen.

Als ich daheim angekommen war, stürzte ich zu meiner Frau, um ihr zu sagen, was ich vorhatte. Sie schlief bereits, aber ich weckte sie. Als sie sich alles angehört hatte, stand sie nicht nur auf, nein, sie schoß förmlich aus dem Bett und umarmte mich – und zum erstenmal während unserer Ehe erlebte sie, daß ich weinte! Wir blieben dann noch die halbe Nacht auf, tranken Kaffee und redeten. Es war einfach phantastisch!

Am nächsten Morgen war ich früh auf den Beinen. Ich war so aufgeregt, daß ich kaum geschlafen hatte, fuhr frühzeitig ins Büro und erledigte in zwei Stunden mehr Arbeit als am gesamten vergangenen Tag.

Um neun Uhr rief ich meinen Vater an, um mich zu erkundigen, ob ich nach der Arbeit zu ihm kommen könne. Als er sich meldete, fragte ich: ›Dad, kann ich heute nach der Arbeit zu euch kommen? Ich muß dir etwas sagen.‹ Mein Vater reagierte nur mit einem brummigen ›Was denn?‹ Ich versicherte ihm, es würde nicht lange dauern, und schließlich stimmte er zu.

Um halb sechs Uhr abends stand ich dann vor meinem Elternhaus und klingelte, wobei ich inständig hoffte, mein Vater würde mir selbst die Tür aufmachen. Wenn meine Mutter öffnete, so befürchtete ich, würde ich wieder kneifen. Aber das Glück wollte es, daß mein Vater an der Tür war.

Ich verlor keine Zeit und trat hastig einen Schritt vor. ›Dad, ich bin bloß gekommen, um dir zu sagen, daß ich dich liebhabe.‹

Es war, als ob in meinem Vater eine völlige Verwandlung vorginge. Vor meinen Augen wurde sein Gesicht weich, alle Falten schienen zu verschwinden, und er begann zu weinen. Er streckte die Arme aus, umschlang mich und erwiderte: ›Ich habe dich auch lieb, Sohn, aber ich konnte es dir nie sagen.‹

Es war ein solch kostbarer Augenblick, daß ich mich nicht zu rühren wagte. Meine Mutter kam ebenfalls herbei, Tränen in den Augen. Ich winkte nur und warf ihr einen Kuß zu. Dad und ich hielten einander noch ein paar Sekunden länger umarmt, und dann ging ich wieder. So wundervoll hatte ich mich seit langem nicht gefühlt.

Aber das ist für mich nicht der Kernpunkt. Zwei Tage danach bekam mein Vater, der seine Herzprobleme mir gegenüber nie erwähnt hatte, einen Infarkt und wurde bewußtlos ins Krankenhaus gebracht. Ich weiß nicht, ob er durchkommen wird.

Also kann ich euch hier in der Klasse nur eines sagen: Laßt die Dinge, von denen ihr wißt, daß sie notwendig sind, nicht schleifen. Wenn ich mich nicht mit meinem Dad versöhnt hätte – vielleicht hätte ich dann jetzt keine Möglichkeit mehr dazu. Nehmt euch die Zeit, das zu tun, was notwendig ist, und *tut es jetzt!*«

Dennis E. Mannering

Andys Martyrium

Andy war ein reizender, komischer kleiner Kerl, den jeder mochte, aber auch zugleich hänselte und verspottete – einfach deshalb, weil man Andy Drake eben so behandelte. Er nahm das alles freundlich hin, lächelte zurück, seine großen blauen Augen blinzelten und schienen nur immer: »Danke, danke, danke!« zu sagen.

Für uns Fünftkläßler war Andy so etwas wie ein Ventil oder ein Prügelknabe. Er schien sogar froh darüber zu sein, um diesen Preis Mitglied unserer Clique sein zu dürfen.

Andy Drake hat immer Durst,
Seine Schwester kriegt nie 'ne
Wurst.

*Wenn die Wohlfahrt nicht wär',
Gäb's die Drakes gar nicht mehr.*

Andy schien selbst dieser alberne Singsang Spaß zu machen, und wir übrigen plärrten ihn samt seiner fragwürdigen Grammatik oft und laut.

Ich weiß nicht, warum Andy so behandelt wurde und warum ausgerechnet er diese Rolle in unserer Clique spielen mußte. Es hatte sich eben so entwickelt – ohne Diskussion.

Daß sein Vater im Gefängnis saß oder daß seine Mutter sich ihr Geld mit Wäschewaschen und Männern verdiente, wurde meiner Erinnerung nach nie eigens erwähnt. Ebensowenig die Tatsache, daß Andys Knöchel, Ellbogen und Fingernägel immer schmutzig und seine alten Jacken bei weitem zu groß waren. Die Witze, die wir darüber rissen, waren bald verschlissen. Andy selbst wehrte sich nie dagegen.

Snobismus, glaube ich, gedeiht bei kleinen Jungen prächtig. Heute ist mir klar – unsere damalige Einstellung war die, daß es unser Recht war, zur Gruppe zu gehören, während Andy nur geduldet wurde.

Trotzdem, wir alle mochten Andy – bis zu diesem einen Tag, diesem Augenblick.

»Er ist so anders. Wir wollen ihn nicht mehr mit dabeihaben, was?«

Wer von uns sagte das damals? Ich wollte es die ganzen Jahre über Randolph in die Schuhe schieben, aber ich kann nicht mit absoluter Sicherheit behaupten, daß wirklich er das aussprach, was dann die bei uns allen so dicht unter der Oberfläche schlummernde Grausamkeit auslöste. Es spielt auch keine Rolle, denn der Feuereifer, mit dem wir diesen Ausspruch aufgriffen, verriet uns alle.

»Ich wollte das damals nicht.« Jahrelang versuchte ich mich damit zu trösten. Dann stolperte ich eines Tages über die unwillkommenen, aber nicht zu widerlegenden Worte:

»Der heißeste Winkel der Hölle ist denjenigen vorbehalten, die im Augenblick der Krise Neutralität gewahrt haben.«

Das Wochenende damals sollte so vergnüglich werden wie alle anderen, die wir in der Gruppe verbracht hatten. Am Freitag nach der Schule trafen wir uns jeweils bei einem der Mitglieder – diesmal war es bei mir –, um anschließend im nahe gelegenen Wald zu zelten. Unsere Mütter, denen die Last der Vorbereitungen für diese »Safaris« zufiel, machten ein Extrapäckchen für Andy zurecht, der nach den Hausarbeiten zu uns stoßen sollte.

Wir schlugen schnell unser Zelt auf, Mutters

Schürzenzipfel war vergessen. Mutig und gestärkt durch den Rückhalt der Gruppe, waren wir nun »Männer«, die gegen den Dschungel ankämpften.

Die anderen Jungs erklärten mir, da es meine »Party« sei, müsse ich Andy die Neuigkeit mitteilen.

Ich? Ich, der ich immer geglaubt hatte, Andy hinge insgeheim ein bißchen mehr an mir als an den anderen, weil er mich immer wie ein junges Hündchen angeblickt hatte? Ich, der ich so oft seine Zuneigung und Anerkennung in seinen großen, weit geöffneten Augen gesehen hatte?

Noch heute sehe ich ganz deutlich Andy vor mir, wie er durch den langen, dunklen Tunnel der Bäume auf mich zukam und die spärlich hindurchdringenden Strahlen der späten Nachmittagssonne wechselnde Muster auf sein schmutziges altes Sweatshirt malten. Er fuhr auf seinem verrosteten, unverwechselbaren Mädchenrad, dessen Felgen mit Teilen eines Gartenschlauchs umwickelt waren. Andy wirkte aufgeregter und vergnügter denn je – dieser zarte kleine Bursche, der sein Leben lang ein Erwachsener gewesen war. Ich wußte, er genoß die Akzeptanz durch unsere Gruppe, diese Chance, dazuzugehören, »Jungensspaß« zu haben, »Jungensdinge« zu tun.

Andy winkte mir zu, als ich da auf der Lichtung

vor dem Zelt stand und ihn erwartete. Ich ignorierte seinen fröhlichen Gruß. Er sprang von dem komischen alten Rad und kam freudig strahlend und redend zu mir herüber. Die anderen, im Zelt verborgen, verhielten sich still, aber ich spürte ihre Anwesenheit und ihre Unterstützung.

Warum konnte er nicht ernst sein? Konnte er nicht sehen, daß ich auf seine Fröhlichkeit gar nicht reagierte? Merkte er denn wirklich nicht, daß ich auf sein Geplapper nicht einging?

Dann plötzlich merkte er es doch. Sein unschuldiges Gesicht schien noch offener zu werden, bekam einen Ausdruck äußerster Verletzlichkeit. Seine ganze Haltung besagte: »Es wird sehr schlimm für mich, ja? Sag schon ...« Zweifellos darin geübt, Enttäuschungen hinzunehmen, wappnete er sich innerlich nicht einmal gegen den Schlag. Andy war niemand, der zurückschlug.

Fassungslos hörte ich mich selbst sagen: »Andy, wir wollen dich hier nicht mit dabeihaben.«

Quälend lebendig habe ich noch immer vor Augen, wie mit verblüffender Schnelligkeit zwei große Tränen in Andys Augen auftauchten und dort blieben. Lebendig deshalb, weil sich in meinem Gedächtnis die ganze Szene tausendmal wiederholt hat. Der Ausdruck auf Andys Gesicht – erstarrt für einen nicht enden wollenden Augenblick –, was besagte er? Haß war es nicht. War es Schock? Ungläubigkeit? Oder war es Mitleid – mit mir?

Oder Nachsicht?

Schließlich, mit einem flüchtigen, winzigen Zittern um die Lippen, wandte sich Andy ohne jeden Einspruch, ohne auch nur eine Frage zu stellen, ab, um die lange, einsame Heimfahrt anzutreten.

Als ich ins Zelt trat, begann einer – der letzte von uns, der in der Lage war, die volle Bedeutung dieses Augenblicks zu empfinden – mit dem alten, holprigen Knittelvers:

Andy Drake hat immer Durst
Und seine Schwester kriegt ...

Da empfanden wir schlagartig alle das gleiche! Kein Beschluß wurde gefaßt, kein Wort gesprochen, aber wir wußten es. Wir wußten, daß wir etwas Entsetzliches, auf grausame Art Falsches getan hatten. Die plötzliche, verspätete Erkenntnis aus Dutzenden von Religionsstunden und Predigten traf uns wie ein Schlag. Zum erstenmal verstanden wir die Worte: »Was ihr dem geringsten meiner Brüder getan habt ...«

In diesem Augenblick begriffen wir etwas, das neu für uns war, aber unauslöschlich in unserem Innern haftenblieb: Wir hatten ein nach Gottes Ebenbild geschaffenes Wesen mit der einzigen Waffe vernichtet, gegen die es sich nicht verteidigen konnte und für deren Gebrauch wir keinerlei Entschuldigung vorbringen konnten – Ablehnung.

Andys spärliches Erscheinen in der Schule machte es schwer festzustellen, wann er dann endgültig wegblieb, aber eines Tages dämmerte mir, daß er für immer verschwunden war. Ich hatte zuviel Zeit damit verbracht, Kämpfe mit mir selbst auszufechten, mir zu überlegen, mit welchen Worten ich Andy klarmachen konnte, wie zutiefst beschämt ich war und wie leid mir das Ganze tat – und das ist jetzt noch so. Heute weiß ich, daß es gereicht hätte, wenn ich Andy umarmt und mit ihm zusammen geweint hätte, ja selbst wenn ich nur eine Weile schweigend neben ihm gesessen hätte. Es hätte uns beide geheilt.

Ich habe Andy Drake nie wiedergesehen. Ich habe keine Ahnung, wohin er damals ging oder wo er jetzt ist – wenn er noch da ist.

Aber wenn ich sage, ich habe Andy nie wiedergesehen, trifft das nur bedingt zu. In den vielen Jahren nach jenem Herbsttag im Wald in Arkansas bin ich unzähligen Andy Drakes begegnet. Mein Gewissen gibt jedem benachteiligten Menschen, auf den ich stoße, Andys Gesicht. Jeder von ihnen starrt mir mit jenem quälenden, erwartungsvollen Ausdruck entgegen, der sich an dem Tag vor so langer Zeit in mein Gedächtnis eingegraben hat.

Lieber Andy Drake,
die Chance, daß Du diese Worte je zu Gesicht bekommst, ist gering, aber ich muß es versuchen. Es ist viel zu spät für dieses Geständnis, als daß es mein Gewissen von Schuld befreien könnte. Ich erwarte das auch nicht noch wünsche ich es mir.
Wofür ich inständig bete, mein kleiner Freund aus vergangener Zeit, ist, daß Du doch irgendwie von der fortdauernden Wirkung deines Opfers damals erfahren mögest und daß es Dich innerlich erhebt. Was Du an jenem Tag durch mich zu leiden hattest und den Mut, den Du aufbrachtest, hat Gott zu einem Segen gewendet. Dieses Wissen könnte die Erinnerung an den schrecklichen Tag damals vielleicht für Dich mildern.
Ich bin kein Heiliger, Andy, und ebensowenig habe ich all das aus meinem Leben gemacht, was ich hätte tun können und sollen. Aber ich möchte Dich wissen lassen, daß ich niemals wieder bewußt einen Andy Drake auf solche Weise verletzt habe. Und ich hoffe inständig, daß es auch nie mehr geschehen wird.
Ben Burton

Himmel und Hölle – der eigentliche Unterschied

Ein Mann sprach mit Gott über Himmel und Hölle. Gott sagte zu ihm: »Komm, ich will dir die Hölle zeigen.« Sie betraten einen Raum, in dem eine Gruppe von Leuten um einen riesigen Topf mit Essen saß. Jeder einzelne sah ausgehungert, verzweifelt und geschwächt aus. Alle hielten einen Löffel in der Hand, mit dem sie zwar aus dem Topf schöpfen konnten, aber sein Stiel war länger als ihre Arme, so daß sie ihn nicht zum Mund führen konnten. Sie litten alle entsetzlich.

»Komm, nun will ich dir den Himmel zeigen«, sagte Gott nach einer Weile. Sie betraten einen anderen Raum, der dem ersten genau glich – der Topf mit Essen, die Gruppe von Leuten, dieselben langstieligen Löffel. Aber alle, die da saßen, sahen glücklich und wohlgenährt aus.

»Das verstehe ich nicht«, sagte der Mann. »Warum sind sie hier alle so glücklich und im anderen Raum so elend daran, obwohl doch in beiden alles gleich ist?«

Gott lächelte. »Ganz einfach«, erwiderte er. »Die hier haben einmal gelernt, dem anderen zu essen zu geben.«

Ann Landers

Das Geschenk des Rabbis

Es gibt da eine Geschichte, vielleicht ist es auch ein Märchen. Dafür spricht, daß es viele Versionen gibt und daß die Quelle nicht bekannt ist. Ich kann mich nicht erinnern, ob ich die Geschichte ursprünglich gehört oder gelesen habe, und auch nicht, wo und wann. Zudem weiß ich nicht einmal, wie weit ich selbst Dinge verwechselt habe. Alles, was ich mit Sicherheit weiß, ist der Titel: »Das Geschenk des Rabbis«.

Die Geschichte spielt in einem Kloster, für das schlechte Zeiten angebrochen waren. Einst ein großer Orden, gingen aufgrund von Verfolgungen im siebzehnten und achtzehnten und der Säkularisation im neunzehnten Jahrhundert alle Nebengebäude verloren, und die Klostergemeinschaft wurde immer kleiner, so daß das langsam zerfallende Mutterhaus schließlich nur noch fünf Mönche beherbergte: den Abt und vier weitere Mönche, alle über siebzig Jahre alt. – Der Orden war am Aussterben.

In den ausgedehnten Wäldern rund um das Kloster stand eine kleine Hütte, die ein Rabbi aus einer nahe gelegenen Stadt von Zeit zu Zeit als Eremitage benutzte. Während der vielen Jahre des Gebets und der Kontemplation waren die alten

Mönche hellsichtig geworden, so daß sie immer spürten, wenn sich der Rabbi in der Einsiedelei aufhielt. »Der Rabbi ist wieder da, der Rabbi ist wieder da«, flüsterten sie einander zu. Dem Abt, den der Gedanke an die drohende Auflösung seines Ordens quälte, kam bei diesem Anlaß einmal die Idee, den Rabbi aufzusuchen und ihn zu fragen, ob er nicht einen Rat für ihn hätte, wie das Kloster vielleicht noch zu retten sei.

Der Rabbi hieß den Abt in seiner Hütte willkommen. Aber als letzterer ihm den Grund seines Besuchs mitteilte, konnte der Rabbi ihm nur sein Mitgefühl ausdrücken. »Ich weiß, wie es ist!« rief er. »Aller Geist ist aus den Leuten verschwunden. In meiner Stadt ist es dasselbe. Fast niemand kommt mehr in die Synagoge.« Und so weinten der alte Abt und der alte Rabbi gemeinsam. Danach lasen sie Teile aus der Thora und sprachen über Dinge, die sie bewegten. Dann war es Zeit für den Abt, zu gehen. Die beiden umarmten einander. »Es ist wunderbar, daß wir uns nach all den Jahren wirklich kennengelernt haben«, sagte der Abt. »Aber den eigentlichen Zweck meines Kommens habe ich nun doch verfehlt. Gibt es wirklich nichts, was Ihr mir raten könnt, keinen Hinweis, wie ich meinen sterbenden Orden retten könnte?«

»Nein, es tut mir leid«, erwiderte der Rabbi. »Ich kann Euch keinen Rat geben. Das einzige, was ich Euch sagen kann, ist, daß einer von Euch der Messias ist.«

Als der Abt ins Kloster zurückgekehrt war, umringten ihn seine Mönche. »Und? Was hat der Rabbi gesagt?«

»Er kann uns nicht helfen«, antwortete der Abt. »Wir weinten und lasen gemeinsam in der Thora. Das einzige, was er äußerte, als wir uns voneinander verabschiedeten, war etwas ganz Rätselhaftes: Einer von uns sei der Messias. Ich weiß nicht, was er damit gemeint hat.«

In den darauffolgenden Tagen und Wochen grübelten die alten Mönche darüber nach und fragten sich, ob sich hinter den Worten des Rabbis wohl etwas Bedeutungsvolles verbarg. Einer von uns soll der Messias sein? Kann er damit wirklich einen von uns Mönchen hier gemeint haben? Wenn ja – wer ist es? Kann er an den Abt gedacht haben? Ja, wenn überhaupt, dann hat er wahrscheinlich ihn gemeint. Er ist seit einer Ewigkeit unser Abt. Andererseits könnte es auch Bruder Thomas sein. Er ist ganz gewiß ein heiliger Mann. Jeder weiß, daß Thomas erleuchtet ist. Ganz gewiß hat der Rabbi nicht an Bruder Eldred gedacht. Er ist doch gelegentlich so verschroben. Aber wenn man es sich recht überlegt, hat er, obwohl er oft ein Dorn im Auge der Leute ist, eigentlich immer recht – und wie! Vielleicht hat der Rabbi Bruder Eldred gemeint. Jedenfalls ganz sicher nicht Bruder Phillip. Phillip ist so passiv, eigentlich ein Niemand. Aber andererseits hat er die Gabe, immer dazusein, wenn man ihn braucht. Er taucht dann einfach wie durch Zauberkraft neben einem auf. Vielleicht ist doch Phillip der Messias. Natürlich hat der Rabbi nicht mich gemeint. Das ist unmöglich. Ich bin nur ein ganz gewöhnlicher Mensch. Aber angenommen, es wäre doch so? – Angenommen, ich wäre der Messias? Oh, mein Gott, doch nicht ich ... dem wäre ich gar nicht gewachsen, oder?

Während sie sich so die Köpfe zerbrachen, begannen die alten Mönche einander mit ungewöhnlicher Achtung zu behandeln, einfach auf die Möglichkeit hin, einer unter ihnen könnte der Messias sein. Und auf die ganz, ganz geringe Chance hin, er selbst könnte der Messias sein, begann jeder auch, mit sich selbst ungewöhnlich respektvoll umzugehen.

Da das Waldgebiet, in dem das Kloster lag, sehr schön war, geschah es, daß dort gelegentlich Leute auftauchten, um Picknicks zu veranstalten, spazierenzugehen und sogar hin und wieder zu einer Andacht die baufällige Kapelle zu betreten. Ohne sich dessen bewußt zu sein, spürten die Menschen die Aura gegenseitiger Ehrfurcht, die diese fünf alten Mönche umgab. Ihre Ausstrahlung bestimmte die Atmosphäre des Ortes. Er hatte etwas seltsam Anziehendes, ja sogar Bezwingendes an sich. Ohne zu wissen warum, begannen die Besucher immer wiederzukehren, um zu picknicken, zu spielen, um zu beten. Sie brachten ihre Freunde mit, und die wiederum ihre Freunde.

Dann geschah es, daß ein paar der jüngeren Männer begannen, sich häufiger mit den alten Mönchen zu unterhalten. Nach einer Weile fragte einer von ihnen, ob er ihrem Orden beitreten könne. Und dann noch einer. Und ein weiterer. So beherbergte nach wenigen Jahren das Kloster wieder einen blühenden Orden und war – dank dem Geschenk des Rabbis – ein kraftvolles Zentrum der Erleuchtung und Spiritualität.

M. Scott Peck

Großmutters Geschenk

Solange ich zurückdenken kann, habe ich meine Großmutter »Gagi« genannt. »Gagi« war das erste Wort, das als Baby aus meinem Mund kam, und meine stolze Großmutter war überzeugt, daß ich damit versucht hatte, ihren Namen zu sagen. Bis heute ist sie meine Gagi geblieben.

Als mein Großvater mit neunzig starb, waren meine Großeltern über fünfzig Jahre lang verheiratet gewesen. Gagi wurde durch den Verlust tief getroffen. Der Mittelpunkt ihres Lebens war ihr genommen worden, und sie zog sich in ihrer Trauer völlig von der Welt zurück. Das dauerte fast fünf Jahre, und während dieser Zeit machte ich es mir ganz bewußt zur Gewohnheit, sie alle ein oder zwei Wochen zu besuchen.

Eines Tages kam ich wieder zu ihr und rechnete damit, sie in ihrem üblichen, in sich versunkenen Zustand zu finden, der mir seit dem Tod meines Großvaters so vertraut war. Statt dessen traf ich sie in ihrem Rollstuhl sitzend an – und sie strahlte. Als ich mich über diese offensichtliche Veränderung in ihrem Verhalten nicht gleich äußerte, sprach sie mich sofort darauf an.

»Willst du nicht wissen, weshalb ich so glücklich bin? Bist du denn gar nicht neugierig?«

»Aber natürlich, Gagi«, entschuldigte ich mich. »Verzeih, daß ich so langsam reagiert habe. Sag mir, warum du so vergnügt bist – woher diese veränderte Stimmung?«

»Weil ich gestern nacht eine Erkenntnis hatte«, erklärte sie. »Ich weiß jetzt endlich, warum Gott deinen Großvater zu sich genommen und mich ohne ihn hier allein gelassen hat.«

Gagi steckte immer voller Überraschungen, aber ich muß zugeben, über diese Aussage war ich völlig verblüfft. »Warum, Gagi?« brachte ich schließlich heraus.

So als teilte sie mir das größte Geheimnis der Welt mit, senkte sie die Stimme, beugte sich in ihrem Rollstuhl vor und vertraute mir fast flüsternd an: »Dein Großvater wußte, daß das Geheimnis des Daseins in der Liebe besteht, und er hat jeden Tag danach gelebt. Er war zur bedingungslosen Liebe in Person geworden. Ich wußte dies auch, aber ich habe nicht so ausschließlich danach gelebt. Deshalb mußte er vor mir gehen, und ich mußte zurückbleiben.«

Sie machte eine Pause, so als überlegte sie, was sie weiter sagen sollte, und fuhr dann fort: »Die ganze Zeit über dachte ich, ich würde für etwas bestraft, aber in der vergangenen Nacht begriff ich, daß mein Zurückbleiben ein Geschenk Gottes war. Er ließ mich hier, damit ich mein Leben in Liebe verwandeln kann. Siehst du«, sie wies mit einem Finger zum Himmel, »gestern nacht wurde mir gezeigt, daß man die Lektion der Liebe nur hier auf der Erde lernen kann. Wenn du sie einmal verlassen hast, ist es zu spät. Also erhielt ich das Geschenk des Lebens, damit ich hier und jetzt lernen kann, die Liebe zu leben.«

Von diesem Tag an wurde jeder Besuch zu einem neuen Abenteuer, weil Gagi alles erzählte, was sie unternahm, um ihr Ziel zu erreichen. Einmal, als ich bei ihr eintraf, schlug sie aufgeregt auf die Seitenlehne ihres Rollstuhls und rief: »Du wirst nicht glauben, was ich heute morgen getan habe!«

Als ich erwiderte, ich hätte keine Ahnung, fuhr sie erregt fort: »Also, heute früh war dein Onkel wegen irgendwas, das ich getan hatte, aufgeregt und wütend auf mich. Ich habe noch nicht einmal mit der Wimper gezuckt! Ich nahm seinen Zorn in Empfang, hüllte ihn in Liebe ein und gab ihn ihm voller Freude zurück.« Und augenzwinkernd fügte sie hinzu: »Es hat sogar so was wie Spaß gemacht – und sein Ärger löste sich restlos auf.«

Obwohl das Alter erbarmungslos seinen Tribut forderte, war ihr Leben grundlegend verändert. Meine Besuche häuften sich im Lauf der Jahre, in denen Gagi ihre Lektionen in Liebe erteilte. Sie hatte nun ein Ziel vor Augen, für das zu leben sich lohnte, einen Grund, diese letzten zwölf Jahre durchzustehen.

In ihren letzten Lebenstagen besuchte ich sie häufig im Krankenhaus. Eines Tages sah mir die diensthabende Schwester in die Augen und sagte:

»Ihre Großmutter ist eine ganz besondere Dame, wissen Sie ... so etwas wie ein Licht.«

Ja, das Ziel, das sie sich gesetzt hatte, erhellte ihr Leben, und sie selbst war bis zu ihrem Ende ein Licht für andere.

D. Trinidad Hunt

Engel brauchen zum Fliegen keine Beine

> Da ist ein Land der Lebenden,
> und da ist ein Land der Toten,
> und die Brücke ist die Liebe ...
> *Thornton Wilder*

Auf einer meiner Reisen nach Warschau war der Reiseführer für unsere Gruppe von dreißig »Bürger-Diplomaten« des Human Awareness Instituts in San Mateo, Kalifornien, völlig entsetzt, als ich erklärte, wir wollten die Menschen im Land besuchen. »Keine Kathedralen und Museen mehr«, sagte ich. »Wir wollen Leute kennenlernen.«

Der Reiseführer – er hieß Robert – rief: »Wollen Sie mich auf den Arm nehmen? Sie können unmöglich Amerikaner sein. Kanadier vielleicht – aber keine Amerikaner. Amerikaner wollen keine Leute besuchen. Wir sehen doch auch ›Denver Clan‹ und andere amerikanische Fernsehshows. Amerikaner sind an Menschen nicht interessiert. Also sagen Sie mir die Wahrheit – Sie sind Kanadier oder vielleicht Engländer, ja?«

Leider machte er sich nicht über uns lustig. Es war ihm völlig ernst. Aber uns auch. Nach einer langen Diskussion über »Denver Clan« und andere TV-Shows und Filme und nachdem wir zugegeben hatten, viele Amerikaner seien so, aber viele auch nicht, konnten wir Robert überreden, uns mit Menschen zusammenzubringen.

Er brachte uns in ein Pflegehospital für ältere Frauen. Die älteste war über hundert Jahre alt und angeblich eine ehemalige russische Prinzessin. Sie rezitierte für uns Gedichte in vielen Sprachen. Obwohl sie gelegentlich nicht gerade zusammenhängend sprach, schimmerte noch immer etwas von ihrem früheren Charme, ihrer Anmut und ihrer Schönheit durch, und sie wollte uns nicht mehr weglassen. Aber wir mußten weiter. Begleitet von Schwestern, Ärzten, Wärtern und dem Verwaltungsdirektor des Krankenhauses besuchten wir fast alle der fünfundachtzig Frauen dort, lachten mit ihnen und hielten ihre Hände. Manche nannten mich »Poppa« und wollten, daß ich sie halten und stützen sollte. Das tat ich auch, und mir kamen die Tränen, als ich die Schönheit ihrer Seelen in den welken, ausgedörrten Körpern erkannte.

Und doch erlebten wir den größten Schock erst, als wir die letzte Patientin aufsuchten. Sie war die Jüngste im Hospital. Olga war achtundfünfzig Jahre alt. In den vergangenen acht Jahren war sie allein in ihrem Zimmer geblieben und hatte sich geweigert, das Bett zu verlassen. Nachdem ihr geliebter Mann gestorben war, wollte auch sie nicht mehr länger leben. Diese Frau, die einmal Ärztin gewesen war, hatte vor acht Jahren einen Selbstmordversuch unternommen, indem sie sich unter einen Zug geworfen hatte. Er hatte ihr beide Beine abgefahren.

Während ich auf diese verkrüppelte Frau blickte, die aufgrund dessen, was sie verloren hatte, durch die Hölle gegangen war, wurde ich von solch überwältigendem Mitleid erfaßt, daß ich auf die Knie fiel und begann, ihre Beinstummel zu streicheln und zu küssen. Es war, als ob ich von einer äußerst starken Macht dazu gezwungen wurde. Während ich sie küßte und streichelte, sprach ich auf englisch zu ihr. Erst später erfuhr ich, daß sie mich tatsächlich verstand. Aber das war nicht wichtig, denn ich erinnere mich kaum mehr an das, was ich gesagt habe. Irgendwie stammelte ich, daß ich ihren Schmerz und ihren Verlust mitfühlen könne, ermutigte sie, ihre Erfahrung in ihrem Beruf einzusetzen, um in Zukunft ihren Patienten mit noch größerem Einfühlungsvermögen helfen zu können als zuvor. Und daß in dieser Zeit des Übergangs ihr Land sie mehr denn je brauche. Genau wie dieses Land, das verwüstet und verkleinert worden war, müsse auch sie jetzt ins Leben zurückkehren.

Ich sagte ihr, sie erinnere mich an einen verwundeten Engel, und das griechische Wort für Engel hieße *angelos* und bedeute »Bote der Liebe, Diener Gottes«. Und sie solle daran denken, daß Engel zum Fliegen keine Beine bräuchten. Nach etwa einer Viertelstunde begannen alle im Zimmer zu schluchzen. Als ich aufblickte, sah ich, wie Olga mit strahlendem Gesicht einen Rollstuhl forderte und zum erstenmal in acht Jahren Anstalten machte, aus dem Bett aufzustehen.

Stan Dale

Jeder erntet die Früchte seiner Taten

Als ich in Columbus, Ohio, als Discjockey arbeitete, ging ich auf meinem Heimweg häufig ins Universitäts- oder Grant-Krankenhaus. Dort wanderte ich die Korridore entlang, betrat aufs Geratewohl die Zimmer verschiedener Patienten, las ihnen aus der Heiligen Schrift vor und redete einfach mit ihnen. Es war eine Methode, meine eigenen Probleme zu vergessen und Gott für meine Gesundheit zu danken. Die Menschen, die ich aufsuchte, freuten sich darüber, und einmal rettete es mir buchstäblich das Leben.

Im Radio wurde ich sehr angefeindet. In einer Sendung über einen Promoter, der Musiker in die Stadt geholt hatte, die nicht zu den ursprünglichen Mitgliedern einer bestimmten Band gehörten, war ich jemandem heftig auf die Zehen getreten. Der, den ich bloßgestellt hatte, hetzte tatsächlich einen Killer auf mich!

Irgendwann kam ich gegen zwei Uhr früh nach Hause. Ich hatte meine Arbeit als Conférencier in einem Nachtclub hinter mich gebracht. Als ich im Begriff war, die Tür aufzuschließen, kam plötzlich ein Mann um die Ecke meines Hauses und fragte: »Sind Sie Les Brown?«

»Ja, Sir«, antwortete ich.

»Ich muß mit Ihnen reden. Man hat mich mit dem Auftrag hierhergeschickt, Sie zu töten.«

»Mich? Warum?« fragte ich.

»Na ja«, antwortete er, »da gibt's einen Veranstalter, der wütend über das Geld ist, das es ihn gekostet hat, als Sie sagten, die Gruppe, die in die Stadt kommt, sei gar nicht die Originalgruppe.«

»Und jetzt wollen Sie mich umbringen?« fragte ich.

»Nein«, antwortete er, und ich hatte keine Lust, ihn zu fragen, warum nicht, weil ich keinesfalls wünschte, daß er seine Meinung ändern würde. Ich war ganz einfach heilfroh.

Er fuhr fort: »Meine Mutter lag im Grant-Krankenhaus und schrieb mir, daß Sie mal zu ihr reinkamen und mit ihr redeten und ihr aus der Bibel vorlasen. Sie war ganz beeindruckt, daß dieser Discjockey, der sie gar nicht kannte, zu ihr kam und so was machte. Sie schrieb mir's, als ich grad im Kittchen saß. Mich hat's auch beeindruckt, und ich wollte Sie schon immer mal kennenlernen. Als ich von meinen Kumpels hörte, jemand wollte was springen lassen, wenn Sie um die Ecke gebracht würden, hab' ich gesagt, ich mach's, und dann hab' ich den anderen gesagt, sie sollen Sie in Ruhe lassen.«

Les Brown

Die Zweidollarnote

Auf der Rückkehr von einer Reise nach Washington, D. C., traf ich Mitte Mai an einem Montag gegen zwei Uhr früh in Anchorage ein. Um neun Uhr morgens sollte ich in einer High-School zu Schülern reden, im Rahmen eines Arbeitsprogramms, mit dessen Hilfe schwangere Teenager und gefährdete Halbwüchsige bewogen werden sollten, in den Schulen zu bleiben.

In besagter Schule gab es sehr strenge Sicherheitsvorkehrungen, weil es sich bei den meisten Schülern um Unruhestifter handelte, die bereits mit dem Gesetz in Konflikt geraten waren. Ich fand es sehr schwierig, zu dieser vielschichtigen Gruppe Kontakt herzustellen und mit den Schülern über Dinge zu reden, die sie für ihre Zukunft motivieren könnten. Ich kam keinen Schritt weiter, bis ich anfing, über das zu reden, was ich so gut kann: Leuten mit Geld aushelfen.

Ich nahm ein Bündel Zweidollarnoten heraus und fing an, sie zu verteilen. Die Schüler kamen und nahmen sie. Sie begannen aufzuwachen, denn hier handelte es sich um Geld, das man umsonst bekam. Ich bat sie nur um eins, nachdem sie das Geld genommen hatten: es *nicht für sich selbst* auszugeben. Ich sagte ihnen, jeder von ihnen habe ungeborene Kinder in sich und wenn es in dieser Welt etwas gäbe, das diesen Kindern vielleicht helfen könne voranzukommen, dann die Tatsache, daß jemand sich ausreichend um sie kümmere.

Manche der Schüler baten um mein Autogramm, andere nicht. Ich glaube, es war mir gelungen, ein paar von ihnen wirklich zu beeindrucken. Ich begann dann, statt der Dollarnoten das Buch, das ich geschrieben hatte, zu verteilen. Das dauerte etwa fünf bis sechs Minuten, und zum Schluß erzählte ich ihnen noch von meinem Großvater, der mich dazu angeregt hatte, mich weiterzuentwickeln. Ich sagte den Schülern, sie sollten, ganz gleich, was geschehen würde, immer daran denken: Hier ist jemand – sei es nun ein Lehrer oder sogar sie selbst –, der wirklich um sie und ihren Erfolg im Leben bemüht sei.

Dies ist noch nicht das Ende der Geschichte. Als ich das Klassenzimmer verließ, bot ich ihnen an, mich zu rufen, wenn sie Probleme hätten oder in eine Notlage gerieten. Es sei mir nicht möglich zu versprechen, daß ich helfen könne, aber ich sei jederzeit bereit, zuzuhören und alles Menschenmögliche zu tun, um ihnen beizustehen. Und weiter sagte ich ihnen, wenn sie ein Exemplar meines Buchs haben wollten, so sollten sie in meinem Büro anrufen, ich würde es ihnen gerne schicken.

Drei Tage später erhielt ich mit der Post den zerknitterten Brief eines Mädchens aus dieser Schule.

Lieber Floyd,
vielen Dank, daß Sie sich die Zeit genommen haben, in unsere Schule zu kommen und mit uns zu reden. Und vielen Dank, daß Sie mir die schöne, neue Zweidollarnote gegeben haben. Ich werde sie aufheben. Ich habe den Namen meines Kindes daraufgeschrieben, und ich werde sie nie für was anderes ausgeben außer für etwas, das es haben möchte oder braucht. Der Grund, warum ich Ihnen schreibe, ist der: Am Tag, als Sie in unserer Klasse sprachen, hatte ich am Morgen einen Entschluß gefaßt. Ich hatte mein Pult ausgeräumt, alles bezahlt, was ich der Schule noch schuldete, und wollte dann mich und mein ungeborenes Kind umbringen, weil ich wirklich nicht glaubte, irgendwer kümmerte sich um uns. Als Sie uns dann das alles sagten, daß jemand sich wegen uns Mühe gäbe, daß das Leben nicht zum Wegwerfen gedacht sei, kamen mir die Tränen. Ich werde also wahrscheinlich noch eine Weile hierbleiben, weil es noch Leute wie Sie gibt, die sich um Leute wie mich kümmern, obwohl sie mich nicht einmal kennen. Danke dafür.

Floyd L. Shilanski

Das äußerste Opfer

Linda Birtish verschenkte sich im wahrsten Sinn des Wortes selbst. Sie war eine hervorragende Lehrerin, die immer das Gefühl hatte, sie würde sich, wenn sie nur die Zeit dazu hätte, am liebsten der Kunst und der Poesie widmen. Als sie jedoch achtundzwanzig Jahre alt war, bekam sie plötzlich heftige Kopfschmerzen. Die Ärzte stellten fest, daß sie einen enorm großen Gehirntumor hatte, und erklärten ihr, die Chance, eine Operation zu überleben, betrüge nicht mehr als zwei Prozent. Deshalb wollten sie auch noch sechs Monate abwarten und nicht den Eingriff sofort vornehmen.

Linda wußte, daß sie über eine große künstlerische Begabung verfügte. Und so schrieb und zeichnete sie während dieses halben Jahres mit fieberhaftem Eifer. Alle ihre Gedichte, bis auf eines, wurden in Zeitschriften veröffentlicht. Alle ihre Zeichnungen, mit einer Ausnahme, wurden in führenden Galerien ausgestellt und verkauft.

Am Ende der sechs Monate wurde die Operation vorgenommen. In der Nacht zuvor beschloß sie, sich praktisch selbst zu verschenken. Sie schrieb ein Testament, in dem sie alle Teile ihres Körpers denjenigen vermachte, die sie dann so viel dringender bräuchten als sie.

Lindas Operation verlief tatsächlich tödlich. Gemäß ihrem Testament gingen ihre Augen an eine Augenbank in Bethesda, Maryland, und von dort aus an einen Empfänger in South Carolina. Ein Achtundzwanzigjähriger wurde auf diese Weise aus dem Dunkel erlöst und erlangte seine Sehfähigkeit zurück. Der junge Mann war so glücklich, daß er an die Augenbank schrieb und ihr dafür dankte, daß sie überhaupt existierte. Es war erst das zweite Schreiben dieser Art, das man dort erhielt – obwohl man über dreißigtausend Augen vermittelt hatte!

Darüber hinaus, schrieb der junge Mann, wolle er sich bei den Eltern der Spenderin bedanken. Es müßten wunderbare Menschen sein, wenn sie eine Tochter gehabt hatten, die ihre Augen einem anderen geschenkt hatte. Er erhielt den Namen der Familie Birtish und beschloß spontan, in ein Flugzeug zu steigen, um sie auf Staten Island aufzusuchen. Unangekündigt traf er dort ein und klingelte an der Haustür. Nachdem er sich vorgestellt und alles erklärt hatte, umarmte ihn Mrs. Birtish. »Wenn Sie nicht schon eine Unterkunft haben«, sagte sie, »so wären mein Mann und ich glücklich, wenn Sie das Wochenende über bei uns blieben.«

Er blieb da, und als er sich in Lindas Zimmer umsah, entdeckte er, daß sie Platon gelesen hatte.

Er hatte Platon in Brailleschrift gelesen. Sie hatte Hegel gelesen. Er hatte Hegel in Brailleschrift gelesen.

Am darauffolgenden Morgen sah Mrs. Birtish ihn an und sagte: »Wissen Sie, ich bin ganz sicher, Sie schon einmal irgendwo gesehen zu haben, ich weiß nur nicht, wo.« Aber ganz plötzlich fiel es ihr ein. Sie eilte die Treppe hinauf und suchte das letzte Bild heraus, das Linda gezeichnet hatte. Es war das Porträt ihres männlichen Ideals.

Es war praktisch das Porträt des jungen Mannes, der Lindas Augen erhalten hatte.

Dann las ihre Mutter das letzte Gedicht, das Linda geschrieben hatte.

Zwei Herzen,
in der Nacht aneinander vorbeigetrieben,
die sich lieben
und niemals sehen.

Jack Canfield und
Mark Victor Hansen

2

Über die Elternschaft

Kinder werden sich eurer nicht wegen der
materiellen Dinge erinnern, die ihr ihnen
geboten, sondern wegen der Gefühle,
die ihr für sie gehegt habt.

Richard L. Evans

Liebe Welt

Der Rektor der Schule, die mein Sohn Scott besuchte, rief bei mir an, um mir mitzuteilen, er wolle etwas Wichtiges mit mir besprechen und ob er mich aufsuchen könne. Da nur noch wenige Wochen vor Scotts Schulabschluß lagen, nahm ich an, daß der Anruf mit diesem Ereignis zusammenhing, obwohl mir auch flüchtig der Gedanke an irgendeinen Dummejungenstreich kam. Ich wartete also auf das Eintreffen des Rektors und war optimistisch, daß es sich um eine gute Nachricht handeln würde.

So war es auch: Scott hatte als Bester bei der Abschlußprüfung abgeschnitten und sollte die Abschiedsrede halten. In Anerkennung der Leistung meines Sohnes bat mich der Rektor, zu diesem Anlaß ein paar Worte zu schreiben. Ich sagte mit Freuden zu, weil ich auf Scott ungeheuer stolz war.

Während ich vor meiner Schreibmaschine saß, grübelte ich über prägende Ereignisse in Scotts Leben nach. Aber dann ging mir plötzlich die Tragweite seines Schulabschlusses auf. Er bedeutete, daß mein Sohn und seine Klassenkameraden in eine Welt des Unbekannten entlassen würden. Wir würden von nun an nicht mehr täglich dasein, um ihn zu geleiten, ihm einen Rat zu geben oder für ihn zu sorgen. Und so richtete ich folgenden Brief an die Welt:

Liebe Welt, unsere Kinder beenden heute ihre Schulzeit. Für sie wird das eine Weile ein ziemlich seltsamer Zustand sein, und ich wünsche mir, daß du sie freundlich behandelst. Weißt du, bisher waren sie immer Hahn im Korb, und im Zweifelsfall waren ihre Eltern da, um ihre Wunden zu heilen und sie immer wieder aufzufangen. Nun wird sich das alles ändern. Sie beginnen ein neues Abenteuer, das Krieg, Tragödien und Sorgen umfassen kann. Damit unsere Kinder ihren Weg machen, wird es eines großen Maßes an Vertrauen, Liebe, Toleranz und Verständnis bedürfen.

Also, Welt, ich wünsche mir, daß du für sie sorgst. Nimm sie an der Hand und lehre sie die Dinge, die sie wissen müssen, aber bitte, Welt, gehe so freundlich mit ihnen um, wie du nur kannst.

Sie werden lernen müssen, daß nicht alle Menschen gerecht, nicht alle fair und nicht alle aufrichtig sind. Aber lehre sie auch, daß es für jeden

Schurken auch einen Helden, für jeden korrupten Politiker auch einen großartigen und engagierten Führer und für jeden Feind auch einen guten Freund gibt.

Das wird seine Zeit brauchen, Welt, aber lehre sie, daß ein selbstverdientes Fünfcentstück mehr wert ist als ein gefundener Dollar. Lehre sie, mit Anstand zu verlieren, so daß sie, wenn sie gewinnen, sich um so mehr freuen können.

Lotse sie weg von jedem Neid, und lehre sie das Geheimnis leisen Lachens. Lehre sie, mit ihrem Gott in Frieden zu leben. Lehre sie innere Stärke, damit sie den Schmerz des Versagens ertragen können, und nähre in ihnen den Wunsch, alles immer wieder so lange zu versuchen, bis sich der Erfolg einstellt. Lehre sie, freundlich mit freundlichen und hart mit harten Menschen umzugehen.

Lehre sie, ihrem eigenen Urteil und nicht dem der Menge zu vertrauen. Lehre sie, auf alle Menschen zu hören, aber das Gehörte durch das Sieb der Wahrheit zu filtern. Lehre sie zu lachen, wenn sie traurig sind, aber lehre sie auch, daß Tränen zu vergießen keine Schande ist. Lehre sie, daß es im Scheitern Ehre und Ansehen und im Erfolg Verzweiflung geben kann.

Lehre sie, Zyniker zu ignorieren und sich vor allzuviel Liebenswürdigkeit zu hüten. Lehre sie, ihren Verstand und ihre Muskeln an den Meistbietenden zu verkaufen, aber niemals einen Preis für ihr Herz und ihre Seele zu verlangen.

Lehre sie, wenn du kannst, sich nicht mit anderen zu vergleichen; es wird immer Größere oder Geringere geben als sie selbst. Lehre sie statt dessen, sich selbst zu übertreffen.

Lehre sie, daß es eine Zeit zum Spielen gibt, aber auch eine Zeit, die Würfel liegen zu lassen.

Behandle sie freundlich, Welt, aber hätschle sie nicht; nur durch den Feuertest entsteht der beste Stahl. Lehre sie, vollendetes Vertrauen zu sich selbst zu haben, da dies ihnen Vertrauen in die Menschheit verschaffen wird.

Das alles ist eine große Aufgabe für dich, Welt, aber sieh zu, was du tun kannst. Sie sind so liebenswerte junge Menschen – unsere Kinder.

Avril Johannes

Wenn ich mein Kind noch einmal aufziehen müßte

Wenn ich mein Kind noch einmal aufziehen müßte:
Würde ich mit dem Finger mehr farbige Bilder malen und weniger damit deuten.

Würde ich weniger kritisieren und mehr bestärken.
Würde ich die Augen von der Uhr abwenden und lernen, mit ihnen zu schauen.
Würde ich mich bemühen, nicht alles zu wissen, aber zu wissen, wie man sich bemüht.
Würde ich meine Sachen liegen und die Drachen fliegen lassen.
Würde ich aufhören, die Ernsthafte zu spielen, um dafür ernsthafter zu spielen.
Würde ich mehr über Wiesen rennen und zu den Sternen aufblicken.
Würde ich mehr umarmen und weniger herumstoßen.
Würde ich weniger Stärke demonstrieren und dafür mehr bestärken.
Würde ich erst sein Selbstwertgefühl aufbauen und danach das Haus.
Würde ich es weniger über die Liebe zur Macht und dafür mehr über die Macht der Liebe lehren.

Diane Loomans

Vergiß nicht, wir ziehen Kinder auf, keine Blumen!

Mein Nachbar David hat zwei kleine Kinder, fünf und sieben Jahre alt. Eines Tages wollte er seinem siebenjährigen Sohn Kelly beibringen, wie man mit dem gasbetriebenen Rasenmäher umgeht. Als er eben im Begriff war, dem Kleinen zu zeigen, wie man am Ende des Rasens die Maschine wendet, rief Jan, seine Frau, ihm vom Haus her eine Frage zu. Als David sich umdrehte, um ihr zu antworten, schob Kelly den Mäher geradewegs durch die Blumenrabatte und hinterließ dort eine breite Spur der Verwüstung.

Als David sich ihm wieder zuwandte und sah, was passiert war, geriet er völlig außer sich. Seine Blumenbeete hatten ihn eine Menge Zeit und Mühe gekostet, und sie erregten den Neid der gesamten Nachbarschaft. In dem Augenblick, als er Luft holte, um seinen Sohn anzubrüllen, kam Jan schnell auf ihn zu, legte ihm die Hand auf die Schulter und sagte: »David, bitte vergiß nicht ... wir ziehen Kinder auf, keine Blumen!«

Das erinnerte mich daran, wie wichtig es ist, daß wir als Eltern unsere Prioritäten setzen. Kinder und ihr Selbstwertgefühl sind wichtiger als irgendein Gegenstand, der vielleicht zerbricht oder zerstört wird. Die Fensterscheibe geht durch einen Baseball in die Brüche, die Lampe wird von einem achtlosen Kind vom Tisch gestoßen, oder der Teller wird in der Küche fallen gelassen und zerbricht. Jedenfalls waren die Blumen bereits tot. Man muß immer darauf achten, nicht noch mehr zum Unheil beizutragen, indem man die Lebensgeister eines Kindes erstickt und seine Daseinsfreude dämpft.

Vor einigen Wochen kaufte ich einen Sportmantel, und ich unterhielt mich mit Mark Michaels, dem Besitzer des Geschäfts, über elterliche Probleme. Er erzählte mir, er sei mit seiner Frau und seiner Tochter kürzlich in einem Restaurant gewesen, und während des Abendessens habe die Siebenjährige ein Glas Wasser umgestoßen. Nachdem das Wasser ohne irgendwelche elterlichen Vorwürfe wieder aufgewischt worden war, blickte die Kleine zu ihnen auf und sagte: »Wißt ihr, ich bin wirklich froh, daß ihr nicht so seid wie andere. Die meisten Eltern von meinen Freunden oder Freundinnen hätten sie angeschrien und ihnen einen Vortrag gehalten, daß sie mehr aufpassen sollen. Danke, daß ihr's nicht so gemacht habt!«

Einmal, als ich mit Bekannten zusammen zu Abend aß, passierte etwas Ähnliches. Ihr fünfjähriger Sohn warf am Tisch ein Glas Milch um. Als die Eltern sofort auf ihn losgingen, warf ich absichtlich mein eigenes Glas um. Und als ich anschließend zu erläutern begann, daß mir so etwas auch noch im Alter von achtundvierzig Jahren passierte, fing der Kleine an zu strahlen, und die Eltern begriffen anscheinend, was ich meinte, und lenkten ein. Wie leicht man doch vergißt, daß wir uns alle noch im Lernprozeß befinden.

Kürzlich hörte ich eine Geschichte von Stephen Glenn, einem berühmten Wissenschaftler, der auf seinem Forschungsgebiet zu mehreren sehr wichtigen neuen Ergebnissen gekommen war. Er wurde von einem Zeitungsreporter gefragt, wieso er seiner Ansicht nach über so viel mehr kreative Fähigkeiten verfügte als ein Durchschnittsmensch. Was sei es, das ihn von anderen unterscheide?

Der Wissenschaftler erwiderte, seiner Meinung nach käme dies von einem Erlebnis mit seiner Mutter zu einer Zeit, als er ungefähr zwei Jahre alt war. Er hatte damals versucht, eine Flasche Milch aus dem Kühlschrank zu nehmen; sie war schlüpfrig, rutschte ihm aus den Händen, fiel hinunter, und der gesamte Inhalt ergoß sich auf den Küchenboden – ein beachtlicher Milchsee!

Als seine Mutter in die Küche trat, schrie sie ihn weder an noch hielt sie ihm eine Strafpredigt noch bestrafte sie ihn. Sie sagte nur: »Robert, da hast du ja eine großartige und herrliche Schweinerei angerichtet! Eine so gewaltige Milchpfütze habe ich noch selten gesehen. Magst du ein bißchen darin herumplanschen, bevor wir alles saubermachen?«

Das tat er dann auch. Nach ein paar Minuten sagte seine Mutter: »Weißt du, Robert, wenn du eine solche Schweinerei gemacht hast, solltest du auch alles aufputzen und in Ordnung bringen. Wie wär's, wenn du das also machen würdest? Du kannst dazu einen Schwamm, ein Handtuch oder einen Schrubber benutzen. Was wäre dir am liebsten?« Robert entschied sich für den Schwamm, und gemeinsam wischten sie die verschüttete Milch auf.

Dann erklärte seine Mutter: »Weißt du, wir hätten vorher einfach ausprobieren müssen, wie man mit zwei so winzigen Händen eine Milchflasche trägt. Jetzt gehen wir einmal in den Hof hinaus, füllen die Flasche mit Wasser und sehen dann, ob du herausfindest, wie du sie am besten tragen kannst, damit sie nicht hinunterfällt.« Der kleine Junge lernte dann, daß er die Flasche gut und sicher tragen konnte, wenn er sie oben am Hals unmittelbar unter dem Rand umfaßte. Es war eine wunderbare Erfahrung.

Der berühmte Wissenschaftler fügte hinzu, in diesem Augenblick hätte er begriffen, daß er keine Angst davor zu haben brauchte, Fehler zu machen. Statt dessen merkte er, daß Fehler die Gelegenheit boten, etwas Neues zu lernen – und das ist schließlich der Kernpunkt aller wissenschaftlichen Experimente. Selbst wenn das Experiment nicht funktioniert, kann man daraus wertvolle Erkenntnisse schöpfen.

Wäre es nicht großartig, wenn alle Eltern so reagieren würden wie damals Roberts Mutter?

Eine letzte Geschichte, die diese Einstellung auch unter Erwachsenen veranschaulicht, erzählte Paul Harvey vor mehreren Jahren im Radio. Eine junge Frau fuhr von der Arbeit nach Hause, als sie sich mit ihrer Stoßstange in die eines anderen Wagens verhakte. Schluchzend sagte sie, dies sei ein ganz neuer Wagen, erst vor ein paar Tagen erstanden, und wie könne sie nur ihrem Mann klarmachen, daß ihr das passiert sei?

Der Fahrer des anderen Wagens war zwar mitfühlend, bestand jedoch darauf, sie müßten die Nummern der Zulassung und des amtlichen Kennzeichens austauschen. Als die junge Frau in einen großen braunen Umschlag griff, um die Dokumente herauszuholen, fiel ein Blatt Papier heraus. In gewichtiger männlicher Schrift waren folgende

Worte darauf geschrieben: »Im Fall eines Unfalls – denk daran, Schätzchen, du bist es, die ich liebe, nicht der Wagen!«

Vergessen wir nicht, die Lebensfreude unserer Kinder ist wichtiger als alles Materielle. Wenn wir das im Gedächtnis bewahren, werden bei ihnen Selbstachtung und Liebe herrlicher blühen und gedeihen, als das irgendeinem Blumenbeet je gelingen könnte.

Jack Canfield

Er ist nur ein kleiner Junge

*Er steht am Mal
und sein Herz klopft schnell.
Die Male sind besetzt,
die Würfel sind gefallen.
Mom und Dad können ihm nicht helfen,
er steht hier ganz allein.
Ein Treffer jetzt
würde dem Team den Homerun bringen.*

*Der Ball kommt angeflogen,
er holt aus und verfehlt ihn.
Aus der Menge kommt ein Stöhnen,
ein paar »Buhs« und auch Zischen.
Einer schreit gedankenlos:
»Schmeißt den Trottel raus!«
Tränen steigen ihm in die Augen,
das Spiel macht keinen Spaß mehr.*

*Also öffne dein Herz und gib dem
Kleinen eine Chance,
denn in Augenblicken wie diesem
kannst du ihm helfen, erwachsen zu
werden.
Bitte, denke immer daran,
auch wenn andere das vergessen:
Es ist nur ein kleiner Junge, noch
kein Mann.*

Kaplan Bob Fox

Aber du tatest es nicht

Ich sah dich neulich an und lächelte
Ich dachte, du würdest mich sehen, aber du tatest
  es nicht

Ich sagte: »Ich hab' dich lieb« und wartete, was du sagen würdest
Ich dachte, du würdest mich hören, aber du tatest es nicht
Ich bat dich, mit mir hinauszugehen und Ball zu spielen
Ich dachte, du würdest mir folgen, aber du tatest es nicht
Ich malte ein Bild für dich, damit du es ansehen konntest
Ich dachte, du würdest es aufheben, aber du tatest es nicht
Ich baute eine Festung für uns beide draußen im Wald
Ich dachte, du würdest zu mir kommen, aber du tatest es nicht
Ich suchte Regenwürmer, damit wir angeln könnten
Ich dachte, du würdest mit mir gehen, aber du tatest es nicht
Ich hätte gern mit dir geredet und dir gesagt, was ich denke
Ich dachte, du wolltest das gern, aber du tatest es nicht
Ich erzählte dir vom Spiel und hoffte, du würdest dort sein
Ich dachte, ganz sicher würdest du kommen, aber du tatest es nicht

Ich bat dich, Teil meiner Kindheit zu sein
Ich dachte, du wolltest das auch, aber du konntest es nicht
Mein Land rief mich in den Krieg, du batest mich, wieder sicher nach Hause zu kommen
Aber ich tat es nicht.

Stan Gebhardt

Abschlußfeier, Erbe und andere Lektionen

»Mit großer Freude stelle ich Ihnen die Abschlußklasse 1978 der Drake-Universität vor. Folgende Studenten haben erfolgreich ihr Studium beendet: Michael M. Adams; meine Gratulation, Michael. Margaret Allen; meine Gratulation, Margaret ...«

Er war so verdammt dickköpfig! Warum hatte er mein drängendes Verlangen, aufs College zu gehen, damals nicht begriffen? Wie hatte er es nur geschafft, daß ich dachte: »Wenn es so wichtig für dich ist, dann wirst du es auch allein schaffen.« Der Teufel sollte ihn holen!

»John C. Anderson; meine Gratulation. Bettie ...«

Eines Tages würde er erleben, daß ich es tatsächlich aus eigener Kraft geschafft hatte, und er würde Reue darüber empfinden, daß er nicht daran beteiligt gewesen war. Es würde ihm leid tun, und er würde recht kleinlaut sein, weil er meinen Werdegang nicht verfolgt hatte – als Anfängerin, Collegestudentin im zweiten Jahr, im dritten, im vierten ... und nun Promovierte.

»Burres. Gratu ...«

Da ... Ich hatte es geschafft! Ich hatte alle Hindernisse, die mir den Weg erschwert hatten, überwunden. College – der Test für deine Belastbarkeit. Vier mühsame Jahre, und nun die begehrte Urkunde in Händen! Das Pergament, das meinen Namen trug, bestätigte es. Vielen Dank, Dad! Ich hatte mich so danach gesehnt, daß du mir beistehen würdest, daß du stolz auf mich wärst, mich für etwas ganz Besonderes halten würdest. Was ist nur aus all den Lektionen in meiner Kindheit geworden – daß man das erreichen müsse, was man als wichtig erkannt hat? Den Reden über Prinzipien, Arbeitsethos und Disziplin? Wo blieben die liebevollen väterlichen Klapse auf den Kopf während all dieser Zeit? Was war dir so wichtig, daß du dich nicht losreißen konntest, um zu den Elterntagen zu kommen, so wie andere Väter und Mütter auch?

Und jetzt – kein Auftauchen am Graduationstag. Wie konsequent. War es dir denn unmöglich, diesen Tag so zu organisieren, daß du bei diesem bedeutsamen Ereignis im Leben deiner Tochter dabeisein kannst?

»...lation, Bettie.«

Gegen jede Hoffnung suchte ich im Meer mehrerer tausend Gesichter im Publikum nach seinem Blick. Er war nirgendwo zu sehen. Natürlich. Schon mein Fortgang zum College war mit der Geburt des sechsten Kindes meiner Eltern zusammengefallen, außerdem gab es in einer großen Bauernfamilie jede Menge zu tun. Warum sollte er gerade diesen Tag als etwas Besonderes betrachten?

»Erklimme jeden Berg. Durchschwimme jeden Strom ...« Das Lied, das unsere Klasse zu dieser Gelegenheit ausgesucht hatte, kam mir angemessen abgedroschen vor. Und bedrückend.

»Folge dem Regenbogen ... bis sich dein Traum erfüllt ...«

Einhundertzwei frisch Graduierte marschierten an diesem Tag über die Bühne. Ich war überzeugt, daß sich bei jedem einzelnen die Eltern unten durch die Menge drängten. Als alle ihre Diplome in Empfang genommen hatten, erhoben sie sich und begannen den langen Marsch durch den Saal, begierig darauf, die verschwitzten Kleider und Anzüge abzulegen und zu den Festessen und Familienfeiern zu stürmen. Ich fühlte mich völlig allein. Niedergeschlagen. Zornig. Ich hatte Dad nicht nur eine, sondern zwei Einladungen zu der Feier geschickt. Nicht, weil ich ihn dabeihaben *wollte*, sondern weil ich ihn *brauchte*. Ich brauchte ihn einfach als Zeuge der Vollendung von etwas ganz Besonderem – der Erfüllung all der Träume und Ambitionen, die er selbst mir einmal eingeimpft hatte. Wußte er denn nicht, wieviel mir seine Anerkennung hier und heute bedeutet hätte? War es dir damals ernst damit, Dad, oder war alles nur Gerede gewesen?

»Dad, du kommst doch, oder nicht? Ich meine, wie oft macht man schon am College Schlußexamen?« hatte ich ihn angefleht.

»Das wird davon abhängen, ob wir aufs Feld müssen oder nicht«, hatte er geantwortet. »Wenn das Wetter gut zum Pflanzen ist, müssen wir die Zeit nutzen, bevor es wieder regnet. Das Wetter war in diesem Frühjahr bisher sehr schlecht. Wir müssen bei der nächsten Gelegenheit mit dem Pflanzen beginnen. *Wenn* es regnet, werden wir *versuchen,* es zu schaffen. Aber verlaß dich nicht darauf. Du weißt, die Fahrt dauert zwei Stunden.«

Aber ich verließ mich doch darauf. Nichts anderes war wichtig.

»Erklimme jeden Berg. Durchschwimme jeden ...« Eltern, Großeltern und Verwandte – alle lächelten, bemühten sich, einen Blick auf ihre frisch Graduierten zu werfen, schoben höflich andere beiseite, um im Bild festzuhalten, was sie als Mutter, Vater, Großeltern, Bruder, Schwester, Tante, Onkel des Abschlußprüflings mit Stolz erfüllte. Ihnen standen Tränen des Glücks in den Augen; die Tränen, die ich zurückdrängte, waren die absoluter Enttäuschung und Zurückweisung. Ich fühlte mich nicht nur allein gelassen, ich war es.

»Folge jedem Regenbogen ...«

Siebenundzwanzig Schritte hatte ich zurückgelegt, nachdem ich dem Universitätspräsidenten nach der Entgegennahme meines Diploms die Hand gegeben hatte – für die Welt mein Fahrschein in die Zukunft. »Bettie«, rief eine halblaute Stimme und riß mich aus meiner grenzenlosen Niedergeschlagenheit. Die Stimme meines Vaters durchdrang den Applaus des riesigen, lärmenden Publikums. Nie werde ich diesen Anblick vergessen – dort in der letzten Sitzreihe, die für die Zuspätkommenden reserviert war, saß mein Vater. Er wirkte kleiner und zurückhaltender als der selbstsichere und lautstarke Mann, bei dem ich aufgewachsen war. Seine Augen waren gerötet, Tränen strömten ihm über die Wangen und tropften auf einen blauen Anzug, der offensichtlich nagelneu war. Sein Kopf war leicht gesenkt, sein Gesichtsausdruck enthielt unendlich viele unausgesprochene Worte. Es blickte so demütig drein, so erfüllt von väterlichem Stolz. Ich hatte ihn zuvor nur ein einziges Mal weinen sehen, aber dies hier waren große, stille Tränen, die nicht zurückgehalten werden konnten. Als ich diesen stolzen Mann – meinen Vater – so vor mir weinen sah, brach in mir aller Widerstand zusammen.

Er kam zu mir. Und angesichts des Ansturms von Empfindungen tat ich das, was mir in diesem überwältigenden Augenblick das richtige schien – ich drückte ihm mein Diplom in die Hand. »Da – das ist für dich«, murmelte ich mit einer Stimme, in der sich Liebe, Arroganz, Rachsucht, Bedrückung, Dank und Stolz mischten.

»Und das ist für dich«, erwiderte er mit einer Stimme, die nur Freundlichkeit und Liebe ausdrückte. Er griff in seine Jackentasche und holte einen Umschlag heraus. Mit einer unbeholfenen Geste hielt er ihn mir mit seiner vom Wetter gegerbten Hand hin. Mit der anderen wischte er die Tränen beiseite, die ihm über die Wangen liefen. Es waren die längsten, intensivsten und emotionsgeladensten zehn Sekunden, die ich je erlebt hatte.

Die Prozession der Graduierten ging weiter.

Mein Herz klopfte wie rasend, während ich versuchte, die Ereignisse des Tages zu einem Bild zusammenzufügen – seine Gedanken während der zweistündigen Autofahrt, seine Erleichterung oder Bedrückung, als er die Universität gefunden hatte, das ganze Gedränge, und als er schließlich einen Stuhl ergatterte, zehn Reihen hinter denen, die für die Eltern der Absolventen reserviert waren.

Mein Vater war gekommen! Und das, obwohl heute einer der schönsten Tage in diesem Frühjahr war – ideal zum Pflanzen. Und der neue Anzug! Soweit ich mich erinnerte, hatte er sich damals bei Onkel Bens Beerdigung einen gekauft, und dann erst wieder zehn Jahre später zur Hochzeit meiner Schwester. Dad empfand Anzüge als frivol, und außerdem hatte er mit einem Anzug keine Ausrede mehr, um sich vor gesellschaftlichen Anlässen zu drücken. Einen neuen Anzug zu kaufen bedurfte eines äußerst wichtigen Anlasses. Er war da – Dad in seinem neuen Anzug.

»... bis du deinen Traum gefunden hast.«

Ich warf einen Blick auf den Umschlag, den ich in der Hand zerdrückte, weil ich ihn so krampfhaft festhielt. Da ich nie zuvor von ihm eine Nachricht oder eine Karte erhalten hatte, wußte ich nicht, was ich denken sollte. Meine Phantasie machte Sprünge, während ich die Möglichkeiten erwog. Sollte es eine Karte sein ... mit *seiner* Unterschrift? Es kam äußerst selten vor und war etwas ganz Besonderes, wenn E. H. Burres seinen Namen schrieb. Jedermann wußte, daß ein Handschlag dieses Mannes mehr galt als die Unterschrift irgendeines anderen. Wenn E. H. Burres sein Wort gab – nun, dann war alles abgemacht. Kein Banker hatte je diesem Mann etwas abgeschlagen, der im Zweiten Weltkrieg gekämpft und danach ein neues Leben angefangen hatte, mit nichts weiter als einer ausgeprägten Arbeitsmoral, einem soliden Charakter und einer schönen und loyalen Frau an seiner Seite; dieser Mann mit all seinen Kindern und seinen kühnen Träumen von Landbesitz. Vielleicht enthielt der Umschlag nur eine Kopie des Programms der Abschlußfeier. Vielleicht war Dad von allem ein bißchen durcheinandergeraten und hatte mir zum Ausgleich für das Diplom einfach ein Papier gegeben, irgend etwas. Konnte es eine Einladung zu einem Familientreffen der Burres sein, zur Feier dieses Tages? Aus Angst davor, enttäuscht zu werden, und bemüht, alle Möglichkeiten auszukosten, beschloß ich, den Umschlag erst zu öffnen, wenn ich im Umkleideraum angekommen war. Ich entledigte mich meines Baretts und der Robe, ohne das kostbare Papier aus den Händen zu lassen.

»Schaut mal, was mir meine Eltern zum Studienabschluß geschenkt haben«, schwärmte Martha und hielt die Hand in die Luft, damit alle den glitzernden Perlenring sehen konnten. »Mein alter Herr hat mir einen Wagen geschenkt!« schrie Todd durch den Raum. »Wie nett. Ich hab' nichts gekriegt, wie gewöhnlich«, drang von irgendwo eine Stimme herüber. »Ja, ich auch nicht«, stimmte eine andere zu. »Was hast du denn von deinen Eltern bekommen, Bettie?« rief meine Zimmergefährtin zu mir herüber.

Ich wollte nicht antworten: »Eine unglaubliche Lektion, zu kostbar, um darüber zu sprechen, von einem der bewundernswertesten Menschen der Welt«, und so wandte ich mich ab und tat so, als hätte ich nichts gehört. Ich faltete die Robe ordentlich zusammen und steckte sie in eine Tasche, wo sie bis zum heutigen Tag geblieben ist – ein durch das Verhalten und die Worte meines Vaters lebendig gewordenes Symbol.

Meine Augen wurden feucht, als ich mich an die Tränen meines Vaters erinnerte. Er war also doch gekommen. Es war ihm doch wichtig gewesen. Entweder das, oder Mom hatte ihn dazu gebracht. Ich öffnete langsam und vorsichtig den Umschlag, um seinen kostbaren Inhalt nicht zu zerreißen.

Liebe Bettie, ich weiß, Du erinnerst Dich, daß meine Familie ihre Farm verlor, als ich noch ein Junge war. Meiner Mutter war es überlassen, sechs Kinder aufzuziehen, und das zumeist allein. Es war eine harte Zeit für uns alle. Am Tag, als uns die Farm weggenommen wurde, schwor ich mir, daß ich eines Tages wieder eigenes Land besitzen würde und alle meine Kinder ein Erbrecht darauf haben sollten. Sie würden abgesichert sein. Wo immer in der Welt sie lebten, ganz gleich, was für ein Schicksal sie hätten, stets würde es ein Zuhause für die Burres geben. Das beigefügte Papier ist eine Übertragungsurkunde für Dein Stück Land. Die Grundsteuern sind für alle Zeiten bezahlt. Es gehört Dir.

Du kannst Dir nicht vorstellen, wie stolz ich auf Dich war, als Du weggingst, um das College zu besuchen. Ich war überzeugt, daß Du eines Tages Dein Abschlußexamen machen würdest. Und Du ahnst nicht, wie hilflos ich mich fühlte, weil unser Geld nicht ausreichte, Dir das College zu bezahlen. Damals wußte ich nicht, wie ich Dir das klarmachen sollte, ohne Deinen Glauben an mich zu zerstören. Aber es lag nicht daran, daß ich nicht zu schätzen wußte, was Du tatest, und auch nicht daran, daß ich nicht erkannte, wie hart Du arbeiten mußtest, um Deinen Traum zu verwirklichen. Wenn ich mich Dir vielleicht auch nicht so widmen konnte, wie Du es gern gewollt hättest, glaube mir, in Gedanken war ich bei Dir. Immer habe ich Dich im Auge behalten, wenn auch nur von ferne. Du hast vielleicht gedacht, daß es mir gleichgültig war, Dich all Deine Probleme alleine bewältigen zu lassen, aber so war es nicht. Ich war nur angesichts der wachsenden Familie mit meinem eigenen Existenzkampf beschäftigt und damit, meinen wichtigsten Traum zu verwirklichen – das Erbe für euch Kinder.

Ich habe immer für Dich gebetet. Du mußt wissen, liebe Tochter, daß Deine Kraft und Fähigkeit voranzustürmen, wenn alles gegen Dich zu sein scheint, häufig das war, was meine eigenen Träume am Leben hielt und mich darin bestärkte, mit meinen eigenen Belastungen und Widrigkeiten fertig zu werden – und sie als der Mühe wert zu erkennen. Du siehst also, Du warst meine Heldin, mein Vorbild der Stärke, des Muts und der Kühnheit.

Es gab, wenn Du in den Ferien zu Hause warst, wir durchs Gehöft gingen und über so vieles redeten, Augenblicke, in denen ich Dir das alles sagen wollte, damit Du nicht dein Vertrauen in mich verlieren würdest. Es war wichtig für mich, daß Du an mich glaubst. Aber wenn ich Deine grenzenlose jugendliche Energie, Deine Arroganz und Deinen Stolz sah und dazu Deine Entschlossenheit, das zu erreichen, was Du Dir in den Kopf gesetzt hattest, wußte ich, daß alles so in Ordnung war. Ich wußte, daß Du es nicht nur schaffen könntest, sondern auch schaffen würdest. Und nun haben wir beide ein Papier in Händen, das für die Erfüllung unserer Träume steht – und wir haben harte Arbeit für gute Ziele geleistet.

Bettie, ich bin heute sehr stolz auf Dich.
Alles Liebe
Dad

Bettie B. Youngs

Was mein Vater für mich war. Mit ...

4 Jahren:	Mein Daddy kann alles.
5 Jahren:	Mein Daddy weiß eine Menge.
6 Jahren:	Mein Dad ist gescheiter als deiner.
8 Jahren:	Mein Dad weiß nicht alles so genau.
10 Jahren:	In der alten Zeit, als mein Dad aufgewachsen ist, war ganz sicher alles anders.
12 Jahren:	Na ja, natürlich weiß mein Vater nichts darüber. Er ist zu alt, als daß er sich an seine Kindheit erinnert.
14 Jahren:	Hör nicht auf meinen Vater. Er ist so altmodisch.

21 Jahren: Er? Ach, du lieber Himmel, er hat so hoffnungslos überholte Ansichten.
25 Jahren: Dad versteht ein bißchen was davon, aber das kann man ja auch erwarten, er ist schließlich schon so lang dabei.
30 Jahren: Vielleicht sollten wir Dad fragen, was er davon hält. Schließlich hat er eine Menge Erfahrung.
35 Jahren: Ich unternehme nicht das geringste, bevor ich nicht mit Dad gesprochen habe.
40 Jahren: Ich frage mich, was Dad in dem Fall getan hätte. Er war so klug und hatte eine Riesenerfahrung.
50 Jahren: Ich würde alles darum geben, wenn Dad jetzt da wäre, damit ich das mit ihm besprechen könnte. Ein Jammer, daß ich nicht zu schätzen wußte, wie clever er war. Ich hätte eine Menge von ihm lernen können.

Ann Landers

Der Geist des Weihnachtsmanns trägt keinen roten Mantel

Ich hockte vornübergebeugt auf dem Beifahrersitz in unserem alten Pontiac, denn es war »cool«, so dazusitzen, wenn man in die vierte Klasse ging. Mein Vater fuhr in die Stadt, um einzukaufen, und ich begleitete ihn. Zumindest hatte ich ihm das gesagt – in Wirklichkeit hatte ich aber seit ein paar Wochen ein wichtiges Anliegen, und dies war das erste Mal, daß es mir gelungen war, mit ihm alleine zu sein.

»Dad ...«, begann ich. Und verstummte.

»Hm?« murmelte er.

»Ein paar von den Kindern in der Schule haben da was gesagt, und ich weiß, daß es nicht wahr ist.« Ich spürte, wie meine Unterlippe zuckte im Bemühen, die Tränen zurückzuhalten, die im rechten inneren Augenwinkel aufzusteigen drohten – es war immer das rechte Auge, das zuerst weinen wollte.

»Was ist, Stups?« Wenn er diesen Kosenamen benutzte, war er guter Laune.

»Die andern sagen, es gibt keinen Weihnachtsmann.« Ich schluckte. Eine Träne löste sich. »Sie sagen, ich sei blöd, wenn ich noch an den Weihnachtsmann glauben würde ... das sei nur was für kleine Kinder.« Nun sammelten sich auch Tränen in meinem linken Auge. »Aber ich glaub' das, was du mir erzählt hast. Daß es den Weihnachtsmann wirklich gibt. Das stimmt doch, Dad, oder nicht?«

Inzwischen waren wir die Newell Avenue entlanggefahren, die damals eine mit Eichen bestandene zweispurige Straße war. Auf meine Frage hin sah mein Vater kurz zu mir herüber. Dann fuhr er an den Straßenrand, hielt an und rutschte ein Stückchen näher.

»Die Kinder in der Schule irren sich, Patty. Den Weihnachtsmann gibt's wirklich.«

»Das wußt' ich doch.« Ich seufzte erleichtert auf.

»Aber ich muß dir mehr über ihn erzählen. Ich glaube, du bist jetzt alt genug, um zu verstehen, was ich dir sagen werde. Was meinst du?« In seinen Augen lag ein warmer Schimmer, und sein Gesicht war weich. Ich wußte, daß etwas Bedeutsames bevorstand, und ich war bereit, denn ich vertraute ihm völlig. Er würde mich niemals belügen.

»Es gab einmal einen Mann, der in der Welt umherreiste und überall Kindern, die das verdienten, Geschenke brachte. Er ist in vielen Ländern der Erde bekannt. Er ist der Geist bedingungsloser Liebe und des Wunsches, diese Liebe dadurch zu beweisen, daß man aus vollem Herzen schenkt. Wenn du einmal älter bist, wird dir klar, daß der wirkliche Weihnachtsmann nicht der Mann ist, der am Weihnachtsabend durch den Kamin herunterkommt. Der Geist dieses Zauberwesens lebt in deinem, in meinem, in Moms und im Herzen aller Menschen, die an die Freude glauben, die es bringt, andere zu beschenken. Der wahre Geist des Weihnachtsmanns besteht darin, daß es uns wichtiger ist zu geben als zu nehmen. Wenn du das einmal verstanden hast und es dir ganz selbstverständlich ist, so wird Weihnachten sogar noch aufregender und verzauberter sein, weil dir klargeworden ist, daß dieser Zauber aus dir selbst kommt – aus deinem Herzen, in dem der Weihnachtsmann wohnt. Verstehst du, was ich dir damit sagen möchte?«

Angestrengt starrte ich zum Vorderfenster hinaus auf einen Baum. Ich hatte Angst, meinen Vater anzusehen – den Mann, der mir mein ganzes Leben lang erzählt hatte, daß der Weihnachtsmann wirklich existierte. Ich wollte glauben, so wie letztes Jahr, daß der Weihnachtsmann ein großes, dickes Wesen in einem roten Mantel sei. Nein, diese gewaltige Pille wollte ich nicht schlucken und meine Vorstellungen ändern.

»Patty, sieh mich an.« Mein Vater wartete. Ich wandte den Kopf und sah ihn an.

Auch Dad hatte Tränen in den Augen – Freudentränen. Sein Gesicht leuchtete wie tausend Sterne, und in seinen Augen erkannte ich die Augen des Weihnachtsmanns. Des echten Weihnachtsmanns. Der seine Zeit darauf verwandt hatte, all diese Dinge auszusuchen, die ich mir zu allen Weihnachten seit meinem Erscheinen auf diesem Planeten gewünscht hatte. Der Weihnachtsmann, der meine sorgfältig verzierten Kekse gegessen und die warme Milch getrunken hatte. Der Weihnachtsmann, der wahrscheinlich die Karotte gegessen hatte, die ich für Rudolf hinterlassen hatte. Der Weihnachtsmann, der – trotz seines völligen Mangels an handwerklichen Fähigkeiten – in den frühen Morgenstunden des Weihnachtstages Fahrräder, Wagen und andere Gegenstände zusammengesetzt hatte.

Ich begriff. Ich erfaßte plötzlich die Freude, die Gemeinsamkeit, die Liebe. Mein Vater nahm mich in die Arme und hielt mich für eine wie mir schien unendlich lange Zeit fest. Wir weinten beide.

»Jetzt gehörst du zu einer ganz besonderen Gruppe von Menschen«, fuhr er fort. »Du wirst an der weihnachtlichen Freude teilhaben, und zwar an jedem Tag des Jahres, nicht nur an einem ganz speziellen Tag. Von nun an lebt der Weihnachtsmann in deinem Herzen, genauso wie in meinem eigenen. Du mußt dafür sorgen, daß der Geist des Gebens und Schenkens in dir lebendig bleibt. Dies gehört möglicherweise zu den wichtigsten Dingen, die dir in deinem Dasein begegnen werden, denn von nun an weißt du, daß der Weihnachtsmann ohne Menschen wie dich und mich, die ihn am Leben erhalten, nicht existieren kann. Glaubst du, daß du damit umgehen kannst?«

Mein Herz schwoll vor Stolz, und ich bin sicher, daß meine Augen vor Aufregung glänzten. »Natürlich, Dad. Ich möchte, daß er in meinem Herzen ist, genau wie in deinem. Ich liebe dich, Daddy. Du bist der beste Weihnachtsmann, den es je auf der Welt gegeben hat.«

Wenn die Zeit gekommen ist, meinen Kindern die Realität des Weihnachtsmanns nahezubringen, werde ich darum beten, daß ich ebenso beredt und liebevoll sein kann wie zu jener Zeit mein Vater, als ich erfuhr, daß der Geist des Weihnachtsmanns keinen roten Mantel trägt. Und ich hoffe, sie werden dann ebenso aufgeschlossen sein wie ich damals als Kind. Aber ich vertraue völlig auf sie und bin überzeugt, daß es so sein wird.

Patty Hansen

Die kleine Dame, die mein Leben veränderte

Vier Jahre war sie alt, als ich sie kennenlernte, und sie trug eine Schüssel mit Suppe in den Händen. Sie hatte sehr, sehr feines golden glänzendes Haar und einen kleinen rosa Schal um die Schultern. Ich selbst war zu dem Zeitpunkt neunundzwanzig Jahre alt und hatte eine Grippe. Damals hatte ich keine Ahnung, daß diese kleine Dame einmal mein Leben verändern würde.

Ihre Mutter und ich waren seit vielen Jahren befreundet gewesen. Aus der Freundschaft war Zuneigung und aus der Zuneigung Liebe geworden. Wir heirateten, und dies brachte uns drei als Familie zusammen. Ich hatte zunächst einige Schwierigkeiten damit, jetzt mit dem unangenehmen Etikett des »Stiefvaters« versehen zu sein. Denn Stiefväter waren mit einem Mythos behaftet – sie wurden als Ungeheuer angesehen oder auch als emotionaler Keil in der besonderen Beziehung zwischen Kind und biologischem Vater.

Schon frühzeitig hatte ich versucht, einen natürlichen Übergang vom Junggesellentum zur Vaterschaft zu schaffen. Anderthalb Jahre vor unserer Heirat zog ich in eine Wohnung, die nicht weit von Mutter und Tochter entfernt lag. Als unsere

Heirat spruchreif wurde, verwandte ich viel Zeit auf die Bemühung, einen möglichst reibungslosen Wechsel vom Freund zur Vaterfigur vorzunehmen. Ich war bemüht, keine Wand zwischen meiner künftigen Tochter und ihrem natürlichen Vater entstehen zu lassen. Trotzdem – ich sehnte mich danach, in ihrem Dasein etwas ganz Besonderes sein zu können.

Im Verlauf der Jahre wuchs meine respektvolle Zuneigung zu ihr. Ihre Ehrlichkeit, Aufrichtigkeit und Direktheit verliehen ihr eine Reife, die weit über ihr Alter hinausging. Ich wußte, in diesem Kind steckte eine sehr hingebungsvolle und mitfühlende Frau. Trotzdem lebte ich in der Furcht, daß mir eines Tages, wenn ich einmal irgendwo eingreifen und den Zuchtmeister spielen mußte, vorgeworfen werden würde, ich sei ja gar nicht ihr »richtiger« Vater. Warum also sollte sie dann auf mich hören? Mein Verhalten war sehr bedacht, wahrscheinlich war ich viel nachsichtiger, als ich eigentlich sein wollte. Ich tat alles, um geschätzt zu werden, spielte die ganze Zeit über die Rolle, zu der ich mich verpflichtet fühlte – immer im Empfinden, daß ich nach meinen eigenen Begriffen nicht gut genug oder der Situation nicht gewachsen sei.

Während der turbulenten Teenagerjahre schienen wir emotional auseinanderzustreben. Sie glitt mir sozusagen aus den Händen (oder zumindest hatte ich den Eindruck, im elterlichen Sinn die Kontrolle über sie zu verlieren). Sie suchte ihre eigene Identität und ich ebenfalls. Es fiel mir zunehmend schwerer, mit ihr Kontakt aufzunehmen. Das empfand ich als Verlust, und ich war bedrückt, denn wir entfernten uns immer weiter von dem Gefühl der Einheit, das wir anfangs so selbstverständlich gehabt hatten.

Da sie in eine konfessionelle Schule ging, gab es für alle oberen Klassen etwas wie eine jährliche Klausurwoche zur inneren Einkehr. Offenbar glaubten die Schüler, dies sei so etwas wie eine Woche in einem Zeltlager oder Ferienheim. Sie drängten sich mit ihren Gitarren und Baseballschlägern in den Bus. Es war ihnen keineswegs klar, daß ihnen eine emotionale Auseinandersetzung bevorstand, die möglicherweise einen bleibenden Einfluß auf sie haben würde. Als Eltern der Teilnehmer waren wir gebeten worden, einen persönlichen Brief an unser Kind zu schreiben, in dem wir uns offen, ehrlich und positiv über unsere Beziehung zu ihm äußerten. Ich schrieb einen Brief über das kleine Mädchen mit dem goldglänzenden Haar, das mir einen Teller Suppe gebracht hatte, als ich pflegebedürftig war. Während ihrer

Klausurwoche setzten die Schüler sich intensiv mit sich selbst auseinander, und sie bekamen die Gelegenheit, die Briefe zu lesen, die ihre Eltern ihnen geschrieben hatten.

Wir Eltern kamen auch an einem Abend während dieser Woche zusammen, um unseren Kindern gemeinsam unsere guten Gedanken zu schicken. Während unsere Tochter weg war, stellte ich fest, daß etwas für mich ans Tageslicht kam, von dem ich schon immer gewußt hatte, daß es da war, ohne es wirklich klar zu erkennen: Um voll gewürdigt zu werden, mußte ich einfach *ich* sein. Ich mußte nicht die Rolle eines anderen spielen. Man würde mich nicht ignorieren, wenn ich mir selbst treu war. Ich mußte ganz einfach das beste *Ich* sein, dessen ich fähig war. Möglicherweise mag das für andere keine überwältigende Erkenntnis sein, aber für mich gehörte es zu den größten Offenbarungen meines Lebens.

Dann kam der Abend, an dem die Kinder aus der Klausur zurückkehrten. Die Eltern und Freunde, die gekommen waren, um sie abzuholen, waren gebeten worden, frühzeitig einzutreffen. Wir wurden in einen großen Raum geführt, in dem gedämpftes Licht herrschte. Nur der vordere Teil war hell erleuchtet.

Die Schüler kamen fröhlich hereinmarschiert,

so als ob sie eben erst von einem Ferienlager zurückgekommen wären. Sie gingen Arm in Arm und sangen ein Lied, das sie als »ihr Lied« für diese Woche ausgesucht hatten. Ihre schmutzigen Gesichter strahlten ein neues Gefühl der Zusammengehörigkeit, gegenseitiger Zuneigung und des Selbstvertrauens aus.

Als dann die Lichter angeschaltet wurden, merkten die Kinder erst, daß sich ihre Eltern und Freunde, die sie abholen und sich mit ihnen freuen wollten, ebenfalls im Saal befanden. Man bat die Schüler nun, etwas über die Erkenntnisse zu erzählen, die sie während der vergangenen Woche gewonnen hatten. Zuerst standen sie nur zögernd auf und sagten etwas wie: »Ah ja, das war cool« oder »tolle Woche«, aber dann konnte man in ihren Augen zunehmend wirkliche Lebendigkeit erkennen. Sie begannen Dinge zu enthüllen, die den Wert dieses geistigen Austauschs unterstrichen. Bald drängten sie sich danach, ans Mikrophon zu treten. Ich bemerkte, daß meine Tochter begierig war, sich ebenfalls zu äußern, und ich war gespannt, was das sein würde.

Meine Tochter bahnte sich langsam, aber energisch ihren Weg zum Mikrophon. Schließlich stand sie davor. Sie äußerte etwas wie: »Es war eine großartige Zeit, und ich habe eine Menge über mich selbst gelernt.« Dann fuhr sie fort: »Ich meine, es gibt Menschen und Dinge, die wir manchmal als selbstverständlich hinnehmen, was wir nicht tun sollten, und ich wollte nur sagen ... ich hab' dich lieb, Tony.«

Meine Knie wurden schwach. Daß sie etwas so Persönliches äußern würde, hätte ich niemals erwartet oder vorausgeahnt. Sofort begannen die Leute um mich herum, mich zu umarmen oder mir den Rücken zu tätscheln, so als hätten sie ebenfalls die Bedeutung dieser bemerkenswerten Aussage erkannt. Ein Teenager, der vor einem Saal voller Leute ganz offen sagt: »Ich hab' dich lieb«, braucht gewaltigen Mut. Wenn es ein stärkeres Wort gibt als »überwältigt« – auf mich traf es zu.

Seither hat sich unsere Beziehung verfestigt. Ich habe begriffen, daß ich bezüglich meines Status als Stiefvater keine Befürchtungen mehr zu hegen brauche, und kann das würdigen. Ich muß lediglich der Mensch sein, der zu aufrichtiger Liebe zu dem gleichen kleinen Mädchen fähig ist, das er vor so vielen Jahren kennengelernt hat – in den Händen eine Schüssel, gefüllt mit etwas, das Freundlichkeit und Güte entsprungen war.

Tony Luna

Zehnte Reihe Mitte

Nach einem meiner Seminare in Detroit, Michigan, stellte sich mir ein Mann vor. »Mr. Rohn, heute abend haben Sie mich tief ins Herz getroffen. Ich habe mich entschlossen, mein ganzes Leben zu ändern.«

»Phantastisch«, sagte ich.

»Sie werden eines Tages davon hören.«

»Daran zweifle ich nicht«, erwiderte ich.

Und tatsächlich, wenige Monate später hielt ich erneut ein Seminar in Detroit ab, und ebendieser Mann kam zu mir und fragte: »Mr. Rohn, erinnern Sie sich an mich?«

»Ja«, antwortete ich, »Sie sind der Mann, der vorhatte, sein Leben zu ändern.«

»Stimmt, der bin ich«, bestätigte er. »Ich muß Ihnen eine Geschichte erzählen. Nach dem letzten Seminar begann ich darüber nachzudenken, wo ich beginnen könnte, mein Leben anders zu gestalten, und beschloß, bei meiner Familie anzufangen. Ich habe zwei reizende Töchter – man kann sich gar nichts Erfreulicheres wünschen. Nie haben sie mir irgendwelche Schwierigkeiten bereitet. Trotzdem habe ich ihnen das Leben schwergemacht – vor allem als Teenager. Sie gehen zum Beispiel leidenschaftlich gerne zu Rock 'n' Roll-

Konzerten. Da habe ich mich immer ziemlich angestellt. Wenn sie hingehen wollten, erklärte ich: ›Nein, die Musik ist zu laut, ihr werdet euer Gehör ruinieren, und außerdem treiben sich dort immer die falschen Leute herum.‹ Dann bettelten sie: ›Bitte, Daddy, wir möchten so gerne hin. Du wirst auch keine Scherereien mit uns kriegen. Wir sind doch anständige Mädchen. Bitte, laß uns gehen!‹

Nun, wenn sie dann lange genug gebettelt hatten, gab ich ihnen zögernd das Geld und sagte: ›Okay, wenn ihr unbedingt hinmüßt ...‹ Und in dem Punkt beschloß ich, mich als erstes zu ändern.«

Er machte eine kurze Pause und fuhr dann fort: »Vor kurzem sah ich dann auf einem Plakat, daß einer ihrer Lieblingsmusiker in die Stadt kam. Und raten Sie mal, was ich tat? Ich ging in die Konzerthalle und kaufte selbst die Karten. Später am Tag, als ich auf meine Mädchen traf, reichte ich ihnen den Umschlag und sagte: ›Meine lieben Töchter, ob ihr's glaubt oder nicht – in diesem Umschlag sind die Karten für das Konzert, das demnächst hier stattfindet.‹ Die beiden konnten es tatsächlich nicht glauben. Und dann fügte ich noch hinzu: ›Die Tage, an denen ihr darum betteln mußtet, sind vorbei.‹ Das konnten sie erst recht nicht glauben. Schließlich nahm ich ihnen noch das Versprechen ab, den Umschlag erst zu öffnen, wenn sie in der Konzerthalle wären, und das versprachen sie.

Dann war es soweit. Als die Mädchen in der Konzerthalle eintrafen, öffneten sie den Umschlag und reichten die Karten dem Platzanweiser, der ›Kommt mit!‹ sagte. Als er sie nach vorne führte, sagten die beiden: ›Warten Sie mal – das kann doch nicht stimmen!‹ Der Platzanweiser warf einen Blick auf die Karten und antwortete: ›Da stimmt alles. Kommt mit.‹ Schließlich wies er ihnen Plätze in der Mitte der zehnten Reihe an. Die Mädchen waren völlig perplex.

Ich blieb an diesem Abend ein bißchen länger auf, und gegen Mitternacht stürmten meine Töchter zur Haustür herein. Eine von ihnen landete auf meinem Schoß, die andere schlang die Arme um meinen Hals. Und beide sagten: ›Dad, du bist der umwerfendste Vater aller Zeiten!‹«

Das ist doch ein großartiges Beispiel dafür, wie es möglich ist, mit einer kleinen Änderung des Verhaltens und ein bißchen Nachdenken das Dasein erfreulicher zu gestalten.

Jim Rohn

Die Jahresbriefe

Kurz nach der Geburt meiner Tochter Juli-Ann führte ich bei uns einen Brauch ein, von dem ich weiß, daß andere, mit denen ich später darüber sprach, ihn übernommen haben. Ich will Ihnen hier davon erzählen. Zum einen möchte ich Ihnen mit dieser Geschichte eine Freude machen, ich möchte Sie aber auch ermutigen, bei Ihrer eigenen Familie dasselbe einzuführen.

Jedes Jahr an ihrem Geburtstag schreibe ich einen »Jahresbrief« an meine Tochter. Ich schildere darin komische Vorfälle, die sich im Verlauf dieses Jahres ereignet haben, und alle unangenehmen und erfreulichen Dinge, die für mein oder ihr Leben von Wichtigkeit sind. Ich erwähne Weltereignisse, mache Voraussagen für die Zukunft, bringe verschiedene Gedanken zur Sprache etc. Dann füge ich dem Brief noch Fotos, Geschenke, Benachrichtigungen aus der Schule und einiges andere an Erinnerungsstücken bei, die sonst irgendwo verschwunden wären.

Ich habe in einer Schreibtischschublade einen Aktenordner, in dem ich alles aufhebe, was in den nächsten Jahresbrief kommen soll. Jede Woche mache ich mir kurze Notizen über das, was mir an Ereignissen während der vergangenen acht Tage einfällt und was ich später im Jahr in diesem Brief an Juli-Ann erwähnen möchte. Wenn dann ihr Geburtstag näher rückt, nehme ich den Ordner heraus und stelle fest, daß er von Ideen, Gedanken, Gedichten, Karten, Geschichten, Ereignissen und Erinnerungen förmlich überquillt – vieles davon hatte ich bereits vergessen –, die ich eifrig im Brief dieses Jahres unterbringe.

Wenn er dann einmal geschrieben ist und all die Köstlichkeiten im Umschlag stecken, versiegle ich ihn. Er wird zum Jahresbrief des betreffenden Kalenderjahrs. Auf den Umschlag schreibe ich: »Jahresbrief an Juli-Ann von ihrem Daddy aus Anlaß ihres soundsovielten Geburtstags – zu öffnen, wenn sie einundzwanzig Jahre alt wird.«

Es soll für sie sozusagen eine ebenso liebevolle wie kompakte Übersicht über jedes Jahr ihres Lebens sein, wenn sie erwachsen ist. Es ist ein Geschenk zärtlicher Erinnerungen einer Generation an die nächste, ein permanenter Bericht ihres Daseins, niedergeschrieben, während sie es tatsächlich durchlebte.

Zur Tradition gehört, daß ich ihr den versiegelten Umschlag zeige, auf dem feierlich geschrieben steht, daß sie alles lesen soll, wenn sie einundzwanzig ist. Dann nehme ich sie mit zur Bank, öffne dort das Schließfach und lege den Jahresbrief auf den zunehmend höher werdenden Stapel der vorhergegangenen. Manchmal nimmt sie alle heraus, um sie anzusehen und zu betasten. Gelegentlich versucht sie mich auch über den Inhalt auszufragen, aber ich weigere mich immer, etwas zu verraten.

In den letzten Jahren ist Juli-Ann dazu übergegangen, mir einige ihrer speziellen Kindheitsschätze zu übergeben, für die sie zu alt geworden ist, die sie aber nicht verlieren möchte. Und sie bittet mich, sie in ihren Jahresbrief zu stecken, so daß sie ihr für immer erhalten bleiben.

Diese Tradition des Jahresbriefs gehört zu meinen geheiligtsten Verpflichtungen als Vater. Und nun, da Juli-Ann älter wird, merke ich, daß es auch für sie zunehmend zu einem besonderen Bestandteil ihres Lebens wird.

Eines Tages saßen wir mit Freunden zusammen und malten uns aus, was wir wohl in Zukunft tun würden. Ich kann mich nicht mehr an die genauen Worte erinnern, aber ich verkündete Juli-Ann, daß sie an ihrem einundsechzigsten Geburtstag mit ihren Enkeln spielen würde. Und dann behauptete ich, an ihrem einunddreißigsten Geburtstag würde sie ihre eigenen Kinder zum Hockeytraining fahren. In Fahrt geraten und angespornt von Juli-Anns offensichtlichem Vergnügen an meinen Phantasievorstellungen, fuhr ich fort: »An deinem einundzwanzigsten Geburtstag wirst du an der Universität promovieren.«

»Nein«, unterbrach sie mich, »da bin ich dann zu sehr mit Lesen beschäftigt.«

Einer meiner sehnlichsten Wünsche ist, noch am Leben und mit dabeizusein, um den wunderbaren Augenblick zu genießen, wenn die Jahresbriefe geöffnet werden und sich die angesammelten Berge liebevoller Erinnerungen aus der Vergangenheit ergießen – zurück ins Leben meiner dann erwachsenen Tochter.

Raymond L. Aaron

Der weite gelbe Kittel

Der sackartige gelbe Kittel hatte lange Ärmel, vier übergroße, mit schwarzem Garn verzierte Taschen und vorne Druckknöpfe. Er war nicht sonderlich kleidsam, aber ohne Zweifel zweckmäßig. Ich fand ihn im Dezember 1963 während meines ersten Universitätssemesters, als ich in den Weihnachtsferien zu Hause war.

Was in den Ferien daheim Spaß machte, war, in den beiseite gelegten Sachen meiner Mutter zu kramen, die den Bedürftigen zugedacht waren. Sie durchstöberte regelmäßig das Haus nach

Kleidungsstücken, Bettwäsche und irgendwelchen Gegenständen, die sie weggeben konnte, und die gesamte Kollektion lag immer in Papiersäcken gestapelt auf dem Boden des Wandschranks in der vorderen Diele.

Als ich eines Tages Moms Sammlung durchforstete, geriet ich an diesen übergroßen gelben Kittel, schon leicht verschossen vom jahrelangen Getragenwerden, aber nach wie vor in recht gutem Zustand.

»Genau das richtige, um es in der Malklasse über der Kleidung zu tragen«, sagte ich zu mir selbst.

»Du willst doch wohl das alte Ding nicht mitnehmen?« fragte Mom, als sie sah, wie ich es einpackte. »Das trug ich 1954, als ich deinen Bruder erwartete.«

»Es ist perfekt für die Malklasse, Mom. Vielen Dank.« Ich stopfte den Kittel in den Koffer, bevor sie Einwände erheben konnte.

Der gelbe Kittel wurde zum Bestandteil meiner College-Garderobe. Ich liebte ihn. Während der gesamten Studienzeit war er bei mir und schützte aufs bequemste meine übrige Kleidung, wenn die Arbeiten zu schmutzig wurden. Die Säume unten an den Ärmeln mußten einmal verstärkt werden, aber sonst war das alte Stück noch erstaunlich gut erhalten.

Nach der Promotion zog ich nach Denver und trug den Kittel an dem Tag, als ich in meine Wohnung einzog. Außerdem zog ich ihn immer an, wenn ich saubermachte. Diese vier riesigen Taschen vorne – zwei Brusttaschen und zwei in Hüfthöhe – boten mehr als ausreichend Platz für Staubtücher, Bodenwachs und Politur.

Im Jahr darauf heiratete ich. Als ich schwanger wurde, stöberte ich den gelben Kittel in einer Schublade auf und trug ihn während der Zeit meines dicken Bauchs. Obwohl ich meine erste Schwangerschaft getrennt von meinen Eltern und Geschwistern erlebte, da wir in Colorado wohnten und sie in Illinois, trug der Kittel dazu bei, mich an all die Wärme und Geborgenheit zu erinnern, die meine Familie geboten hatte. Ich lächelte und kuschelte mich in ihn hinein, während ich mir vorstellte, daß Mutter ihn während ihrer eigenen Schwangerschaft getragen hatte.

1969, nach der Geburt meiner Tochter, war der Kittel mindestens fünfzehn Jahre alt. An diesem Weihnachten setzte ich einen Flicken auf einen Ellbogen, wusch und bügelte das gute Stück, wikkelte es in Geschenkpapier und schickte es an meine Mutter. Lächelnd hatte ich in eine der Taschen einen Zettel gesteckt, auf dem geschrieben stand: »Hoffentlich paßt er. Er wird Dir sicher großartig stehen.« Als meine Mutter sich für die »richtigen« Geschenke bedankte, schrieb sie, der gelbe Kittel sei schön. Dann erwähnte sie ihn nicht mehr.

Im Jahr darauf zogen mein Mann, unsere Tochter und ich von Denver nach St. Louis, und wir fuhren bei meinen Eltern in Illinois vorbei, um ein paar Möbelstücke einzuladen. Tage später, als wir den Küchentisch auspackten, bemerkte ich etwas Gelbes, das mit Heftpflaster an die Unterseite der Platte geklebt war. Der Kittel! Damit waren die Spielregeln festgelegt.

Bei unserem nächsten Besuch zu Hause legte ich den Kittel heimlich zwischen Matratze und Sprungfedern des Betts meiner Eltern. Ich weiß nicht, wie lange es dauerte, bis Mom ihn fand, aber beinahe zwei Jahre vergingen, bevor ich ihn zurückbekam.

Inzwischen hatte sich meine Familie vergrößert, und diesmal revanchierte sich meine Mutter. Sie schob den Kittel unter den Sockel unserer Wohnzimmerlampe, wohl wissend, daß bei einer Mutter von drei kleinen Kindern gründliche Hausreinigung und das Verrücken von großen Lampen nicht zu den alltäglichen Gepflogenheiten gehörten.

Als ich den Kittel schließlich in die Hände bekam, trug ich ihn oft, wenn ich Möbel renovierte, die ich bei Ramschverkäufen auftrieb. Die Walnußflecken auf dem Kittel trugen zusätzlich zu seinem Charakter und seiner Geschichte bei.

Unglücklicherweise war auch mein Leben voller Flecken.

Meine Ehe war fast von Anfang an ein Fehlschlag gewesen. Nach einer Reihe von vergeblichen Versuchen mit Hilfe einer Eheberatung ließen mein Mann und ich uns im Jahr 1975 scheiden. Die drei Kinder und ich bereiteten uns auf eine Rückkehr nach Illinois vor, um Familie und Freunden und deren emotionaler Unterstützung näher zu sein.

Als ich packte, überfiel mich eine tiefe Depression. Ich fragte mich, wie ich es mit drei kleinen Kindern allein schaffen sollte, ob ich überhaupt Arbeit fände. Seit meinem Besuch einer katholischen Schule hatte ich kaum mehr in der Bibel gelesen, doch jetzt blätterte ich die Heilige Schrift durch, um Trost zu finden. In den Briefen an die Epheser las ich: »Ergreifet den Harnisch Gottes, auf daß ihr an dem bösen Tage Widerstand tun und alles wohl ausrichten und das Geld behalten möget.«

Ich versuchte, mir mich in Gottes Harnisch vorzustellen, aber alles, was ich sah, war der mit Flecken übersäte gelbe Kittel. Natürlich! War die Liebe meiner Mutter nicht ein Teil von Gottes Harnisch? Ich lächelte und entsann mich des Spaßes und der guten Gefühle, die mir dieser gelbe Kittel im Verlauf der Jahre beschert hatte. Der Gedanke weckte in mir neuen Mut, und die Zukunft hatte etwas von ihrem Schrecken verloren.

Während ich in unserem neuen Heim auspackte und mich schon wesentlich besser fühlte, wußte ich, daß ich den Kittel wieder meiner Mutter zurückgeben mußte. Als ich sie das nächstemal besuchte, stopfte ich ihn sorgfältig in die unterste Schublade ihrer Kleiderkommode, da es, wie ich wußte, noch Monate dauern würde, bis sie dort ihre Pullover herausholen mußte.

Inzwischen entwickelte sich mein Leben durchaus erfreulich. Ich fand einen guten Job bei einer Radiostation, und die Kinder gediehen in ihrer neuen Umgebung prächtig.

Ein Jahr später, während einer Fensterputzorgie, fand ich den zerknitterten gelben Kittel in einem Lumpensack in meinem Besenschrank. Er war mit neuer Zierde versehen worden: Am oberen Rand der einen Brusttasche standen die mit hellgrünem Garn gestickten Worte: »ICH GEHÖRE PAT«. Um mich nicht ausstechen zu lassen, holte ich meine Stickgarne heraus und stickte ebenfalls etwas auf die Brusttasche. Nun verkündete der Kittel: »ICH GEHÖRE PATS MUTTER«.

Wieder einmal besserte ich alle ausgefransten

Säume aus. Dann nahm ich die Hilfe eines guten Freundes in Anspruch, damit der Kittel zu Mom zurückbefördert wurde. Er sorgte dafür, daß das Paket von einem seiner Freunde von Arlington, Virginia, aus an sie abgeschickt wurde. Wir legten einen Brief bei, in dem stand, daß sie hiermit eine Belohnung für alle ihre guten Taten bekäme. Dieser Brief war auf amtlich aussehendem Papier geschrieben und stammte aus der High-School, an der Harold stellvertretender Rektor war. Dem Briefkopf zufolge kam das Ganze vom »Institut für Notleidende«.

Bei mir löste diese Aktion ein Hochgefühl aus. Ich hätte alles darum gegeben, Moms Gesicht zu sehen, wenn sie das Paket öffnete. Aber natürlich verlor sie kein Wort darüber.

An Ostern des folgenden Jahres versetzte mir Mutter einen Gnadenstoß. Sie betrat in königlicher Haltung unser Haus und trug dabei den alten Kittel über ihrer Feiertagskleidung, so als wäre er ein fester Bestandteil ihrer Garderobe.

Ich bin überzeugt, daß ich mit weit geöffnetem Mund dastand, aber ich sagte nichts. Während des Osteressens erstickte ich beinahe an unterdrücktem Gelächter. Aber ich war eisern entschlossen, keinesfalls den nie ausgesprochenen Bann, mit dem das gelbe Gewand unser Leben belegt hatte, zu durchbrechen. Eigentlich war ich überzeugt, daß Mom den Kittel ausziehen und versuchen würde, ihn irgendwo bei uns zu verstekken, aber als sie und Dad gingen, trug sie das gute Stück mit dem gestickten »ICH GEHÖRE PATS MUTTER« wie einen Waffenrock am Leib.

Ein Jahr später, im Juni 1978, heiratete ich wieder. Am Hochzeitstag versteckten wir unseren Wagen in der Garage eines Freundes, um den üblichen dummen Streichen zu diesem Anlaß zu entgehen. Nach der Trauung traten wir unsere Hochzeitsreise nach Wisconsin an. Ich griff nach einem Kissen hinten im Wagen, um den Kopf dagegen zu lehnen. Aber das Kissen fühlte sich seltsam klumpig an. Ich zog den Reißverschluß der Hülle auf und entdeckte ein in Seidenpapier gewickeltes Geschenk.

Zuerst dachte ich, es handle sich um eine Überraschung meines Mannes. Aber er sah ebenso verblüfft drein wie ich. In dem Päckchen steckte der frisch gebügelte gelbe Kittel.

Mutter wußte, daß ich ihn brauchte, um immer daran zu denken, daß Sinn für Humor, zusammen mit Liebe, eine der wichtigsten Voraussetzungen für eine glückliche Ehe sind. In einer der Taschen fand ich einen Zettel: »Lies Johannes 14, Vers 27–29. Ich liebe euch beide, Mutter.«

In dieser Nacht blätterte ich in einer Bibel, die

ich im Hotelzimmer fand, und suchte die Verse heraus. »Meinen Frieden gebe ich euch. Nicht gebe ich euch, wie die Welt gibt. Euer Herz erschrecke nicht und fürchte sich nicht. Ihr habt gehört, daß ich euch gesagt habe: Ich gehe hin und komme wieder zu euch. Hättet ihr mich lieb, so würdet ihr euch freuen, daß ich gesagt habe: Ich gehe zum Vater, denn der Vater ist größer denn ich. Und nun habe ich es euch gesagt, ehe denn es geschieht, auf daß, wenn es nun geschehen wird, daß ihr glaubet.«

Dies war Mutters letztes Geschenk.

Sie hatte schon drei Monate vor meiner Hochzeit erfahren, daß sie an einer unheilbaren Krankheit litt – an amytropher Lateralsklerose. Mutter starb dreizehn Monate später im Alter von siebenundfünfzig Jahren. Ich muß gestehen, daß ich versucht war, ihr den gelben Kittel mit ins Grab zu geben. Aber ich bin froh, daß ich es doch nicht getan habe, denn er ist eine sichtbare Erinnerung an das liebevolle Spiel, das sie und ich sechzehn Jahre lang mit ihm gespielt haben.

Außerdem ist meine ältere Tochter jetzt auf dem College, Hauptfach Kunst ... und jede Kunststudentin braucht für ihr Fach einen unförmigen gelben Kittel mit großen Taschen!

Patricia Lorenz

Das Geschenk

»Großpapa, bitte komm!« sagte ich, obwohl ich wußte, daß er das nicht tun würde. In dem matten Licht, das durch das staubige Küchenfenster drang, saß er steif in seinem gepolsterten Vinylstuhl, seine dicken Arme ruhten auf der Plastikplatte des Tischs, und er starrte an mir vorbei auf die Wand. Er war ein mürrischer, reizbarer Mann, ein eingefleischter Italiener mit einem sehr guten Erinnerungsvermögen für ehemalige Kränkungen – sowohl wirkliche wie eingebildete. Wenn er verdrießlicher Stimmung war, reagierte er nur mit einem Grunzen. Er gab eines von sich, was »nein« bedeutete.

»Komm schon, Opa!« flehte meine sechsjährige Schwester Carrie. »Ich möchte, daß du kommst.« Einundzwanzig Jahre jünger als ich, stellte sie einen verblüffend späten Zuwachs in unserer Familie dar. »Ich mach' dir auch deine Lieblingskekse, nur für dich allein. Mommy hat gesagt, sie zeigt mir, wie man's macht.«

»Mein Gott, es ist Thanksgiving«, drängte ich. »Du bist jetzt seit vier Jahren nicht mit dabeigewesen. Findest du nicht, es wird allmählich Zeit, daß wir die Vergangenheit ruhen lassen?«

Er warf mir einen Blick zu, seine blauen Augen funkelten mit der gleichen wilden Intensität, die all die Jahre über die gesamte Familie eingeschüchtert hatte. Mit Ausnahme von mir. Irgendwie verstand ich ihn. Vielleicht war in mir mehr von seiner inneren Einsamkeit, als mir lieb war, und auch von seiner Unfähigkeit, Emotionen zu zeigen. Was immer der Grund war, ich wußte, was in ihm vorging. *Die Sünden der Väter werden euch heimsuchen bis ins dritte Glied ...* So stand es geschrieben, und so war es. Wieviel Leiden entsteht durch dieses unglückliche »Geschenk«, das jedes männliche Wesen erhält, bevor es alt genug ist, um sich zu entscheiden, ob es das überhaupt möchte: diese törichte Vorstellung von Männlichkeit. Wir werden dadurch hart nach außen hin und hilflos im Innern – und die wenigen Schritte, die mich von meinem Großvater trennten, hätten ebensogut nach Lichtjahren bemessen werden können.

Carrie plapperte weiter, versuchte ihn zu überreden. Sie hatte keine Ahnung, wie hoffnungslos das war.

Ich stand auf und ging zu dem Fenster, das zum Garten ging. Ungepflegt wie er war, wirkte er im winterlichen Licht zartgrau, überwuchert von Unkraut und wildem Wein. Großpapa pflegte dort früher Wunder zu wirken – vielleicht als Ausgleich für seine Unfähigkeit, die eigene Natur harmonisch zu gestalten. Aber nachdem Großmama gestorben war, ließ er den Garten sein und zog sich noch mehr in sich selbst zurück.

Ich wandte mich vom Fenster ab und betrachtete ihn im zunehmenden Dämmerlicht. Von seinem vorspringenden Kinn bis zu den dicken, rauhen Händen spiegelte alles an ihm die erbarmungslose Disziplin wider, die sein Dasein von jeher bestimmt hatte: Arbeit seit seinem dreizehnten Lebensjahr, die Demütigung der Beschäftigungslosigkeit während der Depression, jahrzehntelange Schufterei im Steinbruch. Kein leichtes Leben.

Ich küßte ihn auf die Wange. »Wir müssen jetzt gehen, Großpapa. Wenn du doch noch kommen willst, hole ich dich ab.«

Er blieb regungslos sitzen, starrte vor sich hin und sog an seiner alten Pfeife.

Ein paar Tage später wollte Carrie Großvaters Adresse von mir haben.

»Wozu?« fragte ich.

Sie faltete ein Blatt Papier ordentlich zusammen, um es in einen blauen Umschlag zu stecken. »Ich möchte ihm ein Geschenk schicken. Ich hab's selbst gemacht.«

Ich las ihr die Adresse vor, wobei ich nach jeder Zeile eine Pause machte, damit sie alles richtig mitbekam. Sie schrieb langsam, konzentrierte sich darauf, jeden Buchstaben und jede Nummer schön deutlich und rund zu machen. Als sie fertig war, legte sie ihren Stift hin und erklärte energisch: »Ich will das selbst einwerfen. Bringst du mich zum Briefkasten?«

»Ja, später. Okay?«

»Es muß jetzt gleich sein. Bitte.«

Also warfen wir den Brief gleich ein.

An Thanksgiving erwachte ich spät von dem köstlichen Duft nach Pasta-Sauce. Mom bereitete ihr Spezialessen vor, bestehend aus Ravioli, Truthahn, Brokkoli, süßen Kartoffeln und Preiselbeeren, einer wunderbaren Mischung aus traditioneller italienischer und amerikanischer Kochkunst.

»Wir brauchen den Tisch nur für vier Personen zu decken, Carrie«, sagte sie, als ich gerade die Küche betrat.

Carrie schüttelte den Kopf. »Nein, Mommy, für fünf. Opa wird kommen.«

»Ach, Herzchen«, sagte meine Mutter.

»Er kommt«, erklärte meine Schwester ruhig. »Ich weiß es.«

»Carrie, sei so gut ... Er kommt nicht, und das weißt du auch«, sagte ich. Ich wollte nicht, daß sie sich den Tag durch eine niederschmetternde Enttäuschung verderben ließ.

»John, laß sie doch.« Mutter sah Carrie an. »Dann leg eben noch ein Gedeck auf.«

Mein Vater kam aus dem Wohnzimmer herüber, blieb, die Hände in den Hosentaschen, an der Tür stehen und sah Carrie zu, als sie den Tisch deckte.

Schließlich ließen wir uns zum Essen nieder. Eine Zeitlang schwiegen wir alle. Dann warf Mutter Carrie einen Blick zu. »Ich glaube, wir sprechen jetzt besser das Tischgebet. Carrie?«

Meine Schwester blickte zur Tür hinüber. Sie biß die Zähne zusammen, senkte dann den Kopf und murmelte: »Bitte segne uns, Herr, und die Speisen, die wir zu uns nehmen. Und segne Großpapa ... und mach, daß er sich beeilt. Danke, lieber Gott.«

Wir warfen einander Blicke zu und blieben schweigend sitzen. Keiner wollte Großvaters Abwesenheit endgültig besiegeln und Carrie enttäuschen, indem wir zu essen anfingen. Im Flur draußen tickte die Wanduhr.

Plötzlich wurde gedämpft an die Wohnungstür geklopft. Carrie sprang auf, eilte den Flur entlang und riß die Tür auf. »Opa!«

Da stand er in seinem schwarzen, abgetragenen Anzug, dem einzigen, den er besaß, und drückte einen schwarzen Filzhut gegen die Brust. In der anderen baumelte eine braune Tragetüte. »Ich bringe Kürbis mit«, sagte er und hielt sie in die Höhe.

Mehrere Monate später starb Großpapa ruhig im Schlaf. Als ich seine Kommode ausräumte, fand ich einen blauen Umschlag, der ein zusammengefaltetes Blatt Papier enthielt. Auf ihm war eine Kinderzeichnung zu sehen – unser Küchentisch und fünf Stühle, die um ihn herumstanden. Einer der Stühle war leer, die anderen mit Gestalten besetzt, die mit Mommy, Daddy, Johnny und Carrie bezeichnet waren. Auf jeden von uns vieren war ein Herz gemalt, durch das in der Mitte ein gezackter Riß verlief.

John Catenacci

Sie erinnerte sich

Meine Mutter ist der reizendste, gutherzigste Mensch, dem Sie je im Leben begegnen könnten. Sie war früher sehr intelligent und drückte sich gewandt aus – und war immer bereit, für jeden Menschen alles zu tun. Wir beide standen uns sehr nahe. Und nun gehört sie zu denjenigen, deren Gehirn geschädigt ist und deren Persönlichkeit sich langsam auflöst, weil sie an der Alzheimerschen Krankheit leidet. Seit zehn Jahren entgleitet sie uns nun schon. Für mich bedeutet das ein konstantes Sterben, ein allmähliches Loslassen und einen fortwährenden Prozeß der Trauer. Obwohl sie kaum mehr mit sich selbst zurechtkam, erkannte sie zuerst wenigstens noch ihre engste Familie. Ich wußte aber, daß der Tag unausweichlich war, an dem sich auch das ändern würde. Und dann, vor zweieinhalb Jahren, war es soweit.

Meine Eltern besuchten uns fast täglich, und wir verbrachten eine schöne Zeit miteinander, aber plötzlich fehlte da eine Verbindung. Meine Mutter erkannte mich nicht mehr als ihre Tochter. Immer wieder sagte sie zu meinem Vater: »Oh, das sind aber nette Leute.« Ihr zu erklären, ich sei ihre Tochter, änderte daran gar nichts. Ich war nun in die Kategorie der »netten Nachbarin« gerutscht. Wenn ich sie beim Abschied umarmte, schloß ich die Augen und stellte mir vor, dies sei meine Mutter von früher. Ich sog förmlich ein, was mir seit sechsunddreißig Jahren vertraut war – das Gefühl ihres warmen, tröstlichen Körpers, den Druck ihrer Arme und den sanften, wohltuenden Duft, der nur von ihr ausging.

Dieses Stadium der Krankheit war für mich schwer zu ertragen und zu bewältigen. Ich hatte gerade große persönliche Probleme und hätte meine Mutter dringend gebraucht. Ich betete für uns beide und sagte ihr immer wieder, wie wichtig sie für mich sei.

Eines Nachmittags im Spätsommer, während ich das Abendessen vorbereitete, wurden meine Gebete aufs überraschendste erhört. Meine Eltern und mein Mann saßen draußen im Patio, als meine Mutter ganz plötzlich aufsprang, in die Küche geeilt kam, mich sanft von hinten umfaßte und zu sich umdrehte. Mit einem Ausdruck tiefen Erkennens in den Augen, das Raum und Zeit zu überschreiten schien, fragte sie mich unter Tränen, ob es stimmte – ob ich ihr Kind sei? Völlig überwältigt rief ich ja, es sei wahr. Wir umarmten uns, weinten und wollten alle beide diesen wunderbaren Augenblick für alle Zeiten festhalten. Ich wußte, er konnte ebenso schnell wieder verschwinden, wie er gekommen war. Mutter sagte, sie habe sich mir sehr nahe gefühlt und mich für eine nette Person gehalten, aber ganz plötzlich sei ihr eingefallen, daß ich ja ihr Kind sei. Wir waren glücklich und erleichtert. Ich nahm dieses Gottesgeschenk dankbar entgegen, auch wenn es nur für diesen einen Augenblick, für eine Stunde oder einen Tag andauerte. Wir hatten in dieser schrecklichen Krankheit etwas wie eine Atempause, und unsere innige Verbindung war wiederhergestellt. In Mutters Augen lag etwas von der sprühenden

Lebendigkeit, die seit langem verschwunden gewesen war.

Obwohl sich der Zustand meiner Mutter zunehmend verschlechtert hat, erinnert sie sich nun daran, wer ich bin, und seit jenem wundervollen Sommernachmittag ist ein Jahr vergangen. Sie betrachtet mich mit einem ganz besonderen Ausdruck im Gesicht und einem Lächeln, das »Wir teilen ein Geheimnis miteinander, von dem sonst keiner weiß« zu besagen scheint. Vor ein paar Monaten, als sie bei uns war und wir noch weiteren Besuch hatten, streichelte sie mir das Haar und erklärte den anderen stolz: »Wußtet ihr, daß sie mein Kind ist?«

Lisa Boyd

3

Über Tod und Sterben

Der Tod ist eine Herausforderung.
Er drängt uns, keine Zeit zu vergeuden ...
Er drängt uns, einander in diesem Augenblick
zu sagen, daß wir uns lieben.

Leo R. Buscaglia

Geh ins Licht

Bis vor ungefähr sechs Jahren war Knoblauch das Sensationellste, was Gilroy, Kalifornien, hervorgebracht hatte; aber dann wurde ein kleiner Engel geboren. Shannon Brace war für ihre Mutter Laurie ein Wunderbaby, da man ihr vor Jahren versichert hatte, sie könne nie Kinder haben. Dessen ungeachtet war sie schwanger geworden und hätte Zwillinge bekommen sollen. Nach dreieinhalb Monaten starb einer der beiden. Schon da ließ die kleine Shannon erkennen, daß sie mutig war, niemals aufgab und leben wollte. Mit zweieinhalb Jahren wurde bei ihr Krebs diagnostiziert. Die Ärzte sagten, sie würde bald sterben, aber erfüllt von Liebe und Entschlossenheit schaffte sie es, noch zwei Jahre zu leben.

Zu irgendeinem Zeitpunkt mußten die Ärzte ihr Mark aus dem Beckenknochen entnehmen, um es zu speichern. Shannon hatte Keimzellen-Krebs, einen Endodermal-Sinus-Tumor. Nur bei 75 von 7500 krebskranken Kindern pro Jahr wird er diagnostiziert.

Shannon stand zwei Jahre Chemotherapie durch, bevor sie eine Knochenmarktransplantation bekam. Diese sehr gefährliche Operation zusammen mit der andauernden Chemotherapie ließ sie während der ganzen Zeit den schmalen Pfad zwischen Leben und Tod entlangbalancieren.

Man behauptete, sie würde nach der Chemotherapie nie mehr gehen können, sondern gelähmt sein. Aber sie ging, obwohl sie nur rund dreißig Pfund wog. »Der Lebenswille dieser Kinder ist unglaublich«, bemerkte Laurie. Shannons Mut war bis zum Ende erstaunlich, genau wie ihre vitale Entschlossenheit, niemals aufzugeben. Für ihren erstaunlichen und ungewöhnlichen Mut wurde Shannon sogar ein Preis verliehen.

Shannons Vater Larry war nach einem Motorradunfall, bei dem er einen Rücken- und Halswirbel und beide Beine gebrochen hatte, weitgehend gelähmt – das geschah ungefähr zur selben Zeit, als Shannons Krankheit festgestellt wurde. Larry, der die Tage mit Shannon verbrachte, sagt: »Sie hatte einen unerschütterlichen Lebenswillen. Sie wollte allen beweisen, daß sie sich irrten.«

Laurie erklärte, daß ihre Familie von der Hoffnung lebte. Man wird nie erfahren, ob es dem Kind je bewußt war, daß es unaufhaltsam dem Tod entgegenging. Shannon war immer voller

Enthusiasmus, Freundlichkeit und überwältigender Besorgtheit um alle, die um sie herum waren. In den wenigen Jahren ihres Aufenthalts im ärztlichen Zentrum von Stanford verlor sie mehr gute Freunde und Freundinnen als die meisten Menschen in ihrem gesamten Leben.

Während einer ihrer schlechten Phasen wachte sie einmal nachts auf, setzte sich auf, umschlang ihre Eltern fest und bat ihre Mutter, sie nicht in den Himmel zu schicken. Laurie erwiderte mit gebrochener Stimme: »O Gott, wie ich mir wünsche, ich könnte es dir versprechen.«

Manchmal war sie auch ein bißchen widerborstig. Als sie eines Tages mit ihrer Mutter in einem Lebensmittelgeschäft war, wollte ein freundlicher Mann ein Späßchen machen und sagte: »Na, den Kleinen haben Sie aber schön kahlgeschoren!« Und Shannon entgegnete freundlich: »Wissen Sie, Sir, ich bin ein kleines Mädchen und habe Krebs und werde vielleicht sterben.«

Eines Morgens, als Shannon entsetzlich hustete, sagte ihre Mutter: »Wir müssen wieder nach Stanford fahren.«

»Nein, ich bin ganz okay«, piepste Shannon.

»Ich glaube, wir müssen doch dorthin, Shannon.«

»Nein, ich hab' mich nur erkältet.«

»Shannon, wir *müssen* hinfahren!«

»Okay, aber nur für drei Tage, sonst komm' ich per Anhalter heim.«

Shannons Beharrlichkeit und Optimismus erhellten das Leben all derer, die das Glück hatten, mit ihr zusammenzusein. Sie konzentrierte sich völlig auf andere und deren Bedürfnisse. In Zeiten, in denen sie im Krankenhaus lag und es ihr sehr schlechtging, stand sie oft auf, um einer Zimmergefährtin beizustehen und deren Klagen anzuhören.

Einmal, als sie einen Fremden am Haus vorübergehen sah, der besonders traurig dreinblickte, rannte sie hinaus, gab ihm eine Blume und wünschte ihm einen schönen Tag.

Und ein andermal, als sie im Krankenhaus lag und soeben aus der Narkose erwacht war, hatte sie Schluckauf und konnte ihr Stöhnen und Schluchzen nicht unterdrücken. Doch auch jetzt sorgte sie sich zuallererst um die, die um sie herum waren.

Eine ihrer ersten Fragen galt ihrer Mutter, kaum daß sie die Augen geöffnet hatte: »Wie geht's dir?«

»Mir geht es gut, Shannie«, antwortete Laurie. »Und dir?«

Zwischen Schluckauf und Schluchzern erwiderte sie: »Ich bin okay.«

Shannon wurde von örtlichen Hilfsfonds unterstützt, da die Versicherung der Familie für die Kosten ihrer Behandlung nicht ausreichte. Sie ging in eine Konservenfabrik in Gilroy, trat sofort auf den Besitzer zu und begann eine Unterhaltung mit ihm. Sie war von strahlender Freundlichkeit und von Zuneigung für jeden erfüllt, auf den sie traf. Unterschiede zwischen den Menschen nahm sie gar nicht wahr. Dem betreffenden Mann erklärte sie schließlich: »Ich habe Krebs und sterbe vielleicht.« Später, als er gefragt wurde, ob er für Shannon Konserven für den Hilfsfonds stiften wolle, antwortete er: »Nehmt alles, was sie braucht – einschließlich einer Geschäftskarte.«

Shannons Mutter Laurie faßt ihre Beobachtungen Shannons und anderer unheilbar kranker Kinder folgendermaßen zusammen: »Sie nehmen jedes Stückchen ihres Lebens und dehnen es aus bis zum letzten. Sie selbst sind nicht mehr wichtig; nur die Welt um sie herum ist wichtig.«

Shannon war fast fünf Jahre alt, als sie, der kleine Engel, zwischen Leben und Tod schwebte und ihre Familie erkannte, daß die Zeit gekommen war. Alle versammelten sich um ihr Bett und ermunterten sie, auf den Tunnel zuzugehen, an dessen Ende das Licht strahlte. »Es ist zu hell«, erwiderte Shannon. Als sie ihr zuredeten, zu den Engeln zu gehen, sagte sie: »Die singen zu laut.«

Wenn Sie zufällig an Shannons Grabstein im Friedhof von Gilroy vorbeikommen, so können Sie darauf die Inschrift lesen: »Mögest du immer Hand in Hand mit den anderen Engeln gehen. Es gibt nichts auf der Welt, das je unsere Liebe zu dir vermindern kann.«

Am 10. Oktober 1991 druckte der »Dispatch«, Gilroys Lokalzeitung, folgenden Brief ab, den der zwölfjährige Damien Codara an seine Freundin Shannon vor ihrem Tod geschrieben hatte:

Geh ins Licht, Shannon, wo die auf Dich warten, die vor Dir gegangen sind und sich auf Dein Kommen freuen. Sie werden Dich mit offenen Armen empfangen, mit Liebe, Lachen und Gefühlen, die die glücklichsten sind, die jemand auf der Erde oder im Himmel haben kann. Shannon, dort gibt es keinen Schmerz und kein Leiden, und Traurigkeit ist ganz unmöglich. Wenn Du ins Licht eintrittst, kannst Du mit all Deinen Freunden spielen, die auf so geheimnisvolle Weise verschwunden sind, während Du tapfer gegen die böse Krankheit Krebs gekämpft hast und so geschickt den Händen des grimmigen Sensenmanns ausgewichen bist.

Die, die noch auf der Erde sind, werden Dich ganz

gewiß sehr vermissen und sich nach Dir sehnen, weil Du etwas so Besonderes warst, aber in unseren Herzen und Seelen wirst Du weiterleben. Du bist der Grund, weshalb alle Leute, die Dich kannten, nun einander irgendwie näher sind.

Wirklich erstaunlich ist, daß Du, ganz gleich, welche Schwierigkeiten oder Hindernisse Du auch zu überwinden hattest, so gut damit fertig werden konntest. Und doch, es ist traurig, daß Du schließlich doch besiegt werden wirst. Statt zu glauben, daß Du aufgegeben hast, bewundern wir Deinen Mut und Deine Tapferkeit. Wir sind auch irgendwie froh, daß Du endlich frei bist und das Gefühl haben kannst, ein richtiges kleines Mädchen zu sein und zu wissen, daß Du wahrscheinlich mehr vollbracht hast, als die meisten von uns je vollbringen werden.

Die Herzen, die Du berührt hast, werden niemals das Gefühl für Liebe verlieren. Und deshalb: Wenn Du Dich plötzlich allein im dunklen Tunnel wiederfindest und auch nur ein winziges Licht erkennen kannst, denke an uns, Shannie, und habe den Mut, in dieses Licht hineinzugehen.

Donna Loesch

Suki ... Beste Freundin in allen Lebenslagen

> Als kleines Kind konnte ich nie verstehen, weshalb ich nur für menschliche Wesen beten sollte. Wenn meine Mutter mir den Gutenachtkuß gegeben hatte, pflegte ich immer ein stilles Gebet hinzuzufügen, das ich mir für alle lebenden Geschöpfe ausgedacht hatte.
>
> *Albert Schweitzer*

Als ich sie das erstemal sah, saß sie inmitten mehrerer herumhüpfender, kläffender Hunde, die alle bemüht waren, meine Aufmerksamkeit auf sich zu ziehen. Mit ruhiger Würde blickte sie mich aus ihren riesigen braunen Augen an, sanft und feucht und mit einem wissenden Ausdruck, der uns beide weit über den Hundezwinger hinaus zu tragen schien. Die Augen waren das Faszinierendste an ihr. Alles übrige schien jemand mit viel Sinn für Komik und Zugang zu vielen Hunderassen zusammengebastelt zu haben. Der Kopf eines Dakkels, das gefleckte Fell eines Terriers, Beine, die einem Welsh Corgi besser angestanden hätten, und der Schwanz eines ... ja, vielleicht eines Dobermanns? Alles in allem bot sie einen erstaunlichen Anblick ... der häßlichste Hund, den ich je gesehen hatte.

Ich taufte sie Suki Sue Shaw. Wie sich dann herausstellte, war sie bei unserem ersten Zusammentreffen drei oder vier Monate alt, aber sie sah aus, als hätte sie bereits vierzehn oder fünfzehn Jahre hinter sich. Als sie sechs Monate alt war, pflegten die Leute zu sagen: »Junge, Junge, die sieht aber aus, als hätte sie schon einige Jahre auf dem Buckel!« Wenn ich dann erklärte, sie sei ein halbes Jahr alt, folgte regelmäßig ein langes Schweigen und manchmal das Ende der Unterhaltung. Sie war nie der Typ Hund, der am Strand die Männer, die ich kennenlernen wollte, zu einer Unterhaltung mit mir anregte – allenfalls ältere Damen, die der Überzeugung waren, ein freundliches Gemüt zu haben.

Und doch war Suki reizend, liebevoll und sehr intelligent – genau das, was ich als Umgang brauchte, um die bittere Erinnerung an eine unglückliche Liebesaffäre besser zu verkraften. Suki liebte es, auf meinen Füßen zu schlafen ... nein, nicht am Fußende des Betts, sondern direkt auf meinen Füßen. Die Masse ihres runden kleinen Körpers war jedesmal, wenn ich versuchte, mich nachts umzudrehen, deutlich spürbar. Ich hatte dann das Gefühl, meine Füße lägen unter einem Amboß. Wir einigten uns schließlich auf einen Kompromiß: Sie schlief auf meinen Füßen, und ich lernte, mich nicht allzuoft im Bett umzudrehen.

Suki war bei mir, als ich meinen ersten Ehemann kennenlernte. Er war erfreut, daß ich einen Hund hatte, denn er besaß auch einen. Dieser war in seiner Wohngemeinschaft nicht erwünscht, weil es dort inzwischen keine Sitzgelegenheiten mehr gab – der Hund hatte alle zernagt. Mein Freund war überglücklich, weil er glaubte, daß sein Hund, wenn er ihn mit Suki zusammenbrächte, Besseres zu tun hätte als Mobiliar zu zernagen. Das war auch so. Sein Hund sorgte dafür, daß mein Hund schwanger wurde.

Ich war gerade von einem Spaziergang mit Suki vom Strand zurückgekehrt, und obwohl ihr Aussehen sich in meinen Augen nicht verschönert hatte, stellte sie für alle Rüden im Umkreis von drei Meilen plötzlich die Verführung in Person dar. Sie hob sowohl Schwanz als auch Kopf, so als wäre sie der Star einer Hundeausstellung. Die Rüden drangen durch Zäune und Türen und folgten uns heulend und winselnd zum Strand, als ob sie bald sterben würden. Ich fand den Grund bald heraus ... Suki war läufig. Der Hund meines Freundes war erst acht Monate alt, und so hatte ich bei meiner mangelnden Erfahrung keinerlei Bedenken, die beiden beisammen zu lassen, bis ich mit der Tierklinik telefonisch einen Termin vereinbart hatte, um Suki sterilisieren zu lassen.

Als ich mich umdrehte, hatten sich Suki und der Hund meines Freundes in meinem Wohnzimmer vereint! Ich war entsetzt! Was blieb mir anderes übrig, als erstarrt dazusitzen und darauf zu warten, daß irgend etwas geschah. Wir warteten alle drei. Die beiden begannen zu hecheln. Suki blickte gelangweilt drein. Ihr Partner wirkte erschöpft. Ich rief meinen Freund an und sagte ihm, er solle kommen und seinen sexbesessenen Hund wegschaffen. Wir warteten noch eine Weile. Ich konnte es schließlich nicht mehr aushalten und ging hinaus, um im Garten zu arbeiten. Als mein Freund nach der Arbeit eintraf, lagen die beiden Hunde auf dem Wohnzimmerteppich und schlummerten. Sie sahen so unschuldig aus, daß ich mir einredete, vielleicht sei gar nichts passiert und ich hätte mir alles nur eingebildet.

Suki als werdende Mutter war ein eindrucksvoller Anblick. Ihr ohnehin runder Körper wirkte wie ein kleines Luftschiff, wenn sie sich durch ihre für sie in die Tür eingelassene Hundeklappe zwängte. Sie war nicht mehr in der Lage, richtig zu gehen oder zu trotten, und hatte sich eine Art Watschelgang zugelegt, um sich von Zimmer zu Zimmer zu schleppen. Glücklicherweise pflegte sie in dieser Zeit nicht auf meinen Füßen zu schlafen. Sie schaffte es nicht mehr aufs Bett, und so bereitete ich ihr darunter ein Plätzchen. Ich entschied, daß sie ihre tägliche Bewegung brauchte, um in Form zu bleiben, und so setzten wir unsere Strandspaziergänge fort. Sobald wir dort angelangt waren, verfiel sie wieder in ihr früheres Gehabe – mit hocherhobenem Schwanz und Kopf bewegte sie sich in Windeseile den Strand entlang. Die Jungen in ihrem Bauch schwankten hin und her und wurden vermutlich seekrank.

Ich hatte noch nie einer Geburt beigewohnt, bis ich bei Suki Hebamme spielen mußte. Sie weckte mich irgendwann in den frühen Morgenstunden, indem sie die Decke von meinem Bett herabzerrte und versuchte, sie mit der Schnauze in ihr eigenes Bett zu schieben. Bereit, ihr jede mögliche Hilfe angedeihen zu lassen, setzte ich mich neben sie, als sie dann ihr erstes Baby zur Welt brachte. Es schien in einer Art verschlossenem Sack zu stecken, und Suki machte sich daran, diesen Sack abzufressen. Ich hoffte inbrünstig, daß sie wußte, was sie tat – denn ich wußte es keineswegs. Und siehe da ... es handelte sich wirklich um einen jungen Hund, schleimig und rührend. Suki leckte das Kleine sauber und legte sich dann schlafen. Ich tat dasselbe in meinem eigenen Bett.

Zwanzig Minuten später erwachte ich und stellte fest, daß ich erneut bettdeckenlos war. Ein weiterer kleiner Hund. Diesmal blieb ich unten sitzen und redete mit Suki, bis der nächste kam. Wir sprachen über Dinge, die ich nie zuvor mit einem Hund diskutiert hatte. Ich schüttete ihr mein Herz aus, redete über die Liebe, die ich verloren hatte, und die Leere, die in mir gewesen war, bis ich sie, Suki, zu mir geholt hatte. Suki beklagte sich keinen Augenblick ... weder über meine Unterhaltung noch über ihre Geburtswehen. Wir blieben den Rest der Nacht zusammen, Suki und ich – redeten und brachten Junge zur Welt, die geleckt werden mußten. Ersteres besorgte ich, das zweite sie. Sie jaulte oder stöhnte kein einziges Mal, liebte ganz einfach diese kleinen Wesen von dem Augenblick ihres Erscheinens an. Es war eine meiner schönsten Erfahrungen.

Keines der Jungen war ihr ähnlich, übrigens auch nicht dem Hund meines Freundes. Von den sechs Hündchen sahen drei wie kleine schwarze Labradors und drei wie Dackel aus, die einen schwarzen Streifen auf dem Rücken hatten. Sie waren alle entzückend. Unsere Freunde standen

Schlange, um eines von Sukis Jungen zu bekommen, und ich mußte nie mit einer Kiste vor dem Lebensmittelladen stehen, um sie loszuwerden.

Mein Freund und ich heirateten und zogen um. Wir nahmen Suki mit und gaben seinen Hund weg. Ich weiß nicht, ob er mir das je verziehen hat. Wir zogen in ein Gebiet, in dem es offene Wiesen gab, und Suki nützte das weidlich aus. Sie raste ins Gras hinein und verschwand, nur gelegentlich sah man den oberen Teil ihres Kopfs und die im Luftzug flatternden Ohren. Grinsend und keuchend kam sie dann zurück. Ich bin nicht sicher, ob sie je ein Kaninchen ergatterte, aber ich weiß, sie tat ihr Bestes.

Suki pflegte alles Erreichbare zu fressen, und das restlos. Eines Nachmittags buk ich zweihundertfünfzig Schokoladenkekse für eine kirchliche Veranstaltung, an der ich am Abend teilnehmen wollte. Irgendwie geriet Suki an die Tüten, in denen ich sie verstaut hatte, und fraß davon nicht einige, nicht die meisten, sondern jedes einzelne, sämtliche zweihundertfünfzig! Als ich nach Hause kam, fragte ich mich, wie es ihr gelungen sei, von einer Stunde auf die andere erneut schwanger zu werden. Diesmal allerdings stöhnte und keuchte sie und fühlte sich deutlich unwohl. Da ich nicht ahnte, was sie angestellt hatte, stürzte ich mit ihr in die Tierklinik. Der Arzt fragte mich, was sie gefressen hätte, und ich erwiderte, sie sei noch gar nicht gefüttert worden. Seine Augenbrauen verschwanden im Haaransatz. Er sagte, sie *hätte* gefressen, und zwar nicht zu knapp.

Ich ließ sie über Nacht dort und ging heim, um meinen Beitrag zur Kirchenveranstaltung zu holen. Aber wo waren die zweihundertfünfzig Kekse? Ich stellte das Haus auf den Kopf, obwohl ich mit Sicherheit wußte, daß ich sie in den Schrank gelegt hatte, bevor ich weggegangen war. Dann, einer plötzlichen Ahnung folgend, ging ich in den Garten hinter dem Haus, und dort, säuberlich aufeinandergeschichtet, lagen die neun Plastiktüten, in denen die Kekse verpackt gewesen waren. Sie waren weder zerrissen noch zerknüllt, nur komplett leer. Ich rief den Tierarzt an und berichtete ihm, daß mir zweihundertfünfzig Schokoladenkekse fehlten. Unmöglich, sagte er. *Kein* Tier der Welt könne zweihundertfünfzig Schokoladenkekse fressen und das überleben. Er wollte Suki während der Nacht sorgfältig im Auge behalten. Das Gebäck sah ich nie wieder, und Suki kam am darauffolgenden Tag heim. Ab diesem Zeitpunkt war sie nicht mehr sonderlich scharf auf Kekse, aber wenn man darauf beharrte, fraß sie sie.

Dann kam die Zeit, in der Sukis äußere Erscheinung und ihr Alter zusammenpaßten. Sie war sechzehn und hatte Schwierigkeiten, sich vorwärtszubewegen. Treppenstufen waren nicht mehr zu bewältigen, und ihre Nieren machten ihr zu schaffen. Sie war meine Freundin. Freundschaften mit Menschen variierten in ihrer Intensität und ebbten ab, aber meine Beziehung zu Suki blieb beständig. Inzwischen war ich geschieden, wieder verheiratet und hatte das Gefühl, daß mein Dasein nun in einigermaßen geordneten Bahnen verlief. Ich konnte nicht mit ansehen, wie sie litt, und so beschloß ich, das einzig Richtige zu tun und ihr den letzten Schlaf zu gönnen.

Ich legte einen Termin fest und trug sie in meinen Armen zum Wagen. Sie kuschelte sich so gut sie konnte an mich, obwohl sie sich, wie ich wußte, sehr elend fühlte. Sie hatte nie gewollt, daß ich mir ihretwegen Sorgen machte; alles, was sie sich von mir wünschte, war Liebe. In ihrem ganzen Leben hatte sie weder gewinselt noch geheult, das hatte ich für uns beide ausgiebig erledigt. Auf unserer letzten gemeinsamen Fahrt sagte ich ihr, wie sehr ich sie liebte und daß ich unendlich stolz auf sie sei. Ihre wahre Schönheit hatte immer bei ihr durchgeschimmert, und schon seit langem hatte ich vergessen, daß ich sie einmal für häßlich gehalten hatte. Ich versicherte ihr, wie sehr ich zu schätzen wüßte, daß sie niemals um meine Aufmerksamkeit und Liebe gebettelt und doch beides mit der Haltung derjenigen entgegengenommen hatte, die weiß, daß sie es verdient. Wenn jemals ein königliches Geschöpf geboren wurde, dann war sie es, denn sie hatte die Fähigkeit, das Leben mit der Würde zu genießen, die einer Königin geziemt.

Ich trug sie ins Zimmer des Tierarztes, und er fragte mich, ob ich in ihren letzten Augenblicken bei ihr sein wollte. Ich sagte ja. Während sie auf dem kalten, sterilen Tisch lag, hielt ich sie mit den Armen umschlungen und versuchte sie warm zu halten, als der Arzt sich abwandte, um die Spritze aufzuziehen, die ihr Leben beenden sollte. Sie versuchte sich aufzurichten, aber sie schaffte es nicht mehr. Und so sahen wir einander lange in die Augen ... feuchte braune Augen, weich und vertrauensvoll, die in meine blauen blickten, aus denen Tränen flossen. »Sind Sie bereit?« fragte der Arzt. »Ja«, antwortete ich. Ich log. Nie in meinem Leben konnte ich bereit sein, auf die Liebe zwischen mir und Suki zu verzichten, und ich wollte sie auch nicht aufgeben. Doch ich wußte, daß es keine andere Möglichkeit gab. Ich wollte die Verbindung mit meiner Suki nicht unterbrechen, und ich wußte, daß sie das auch nicht wollte. Bis zur letzten Sekunde sah sie in meine Augen, und dann sah ich, wie der Tod sich in ihren Blick einschlich, und wußte, daß meine beste Freundin gegangen war.

Ich denke oft darüber nach, wieviel besser die Welt wäre, wenn wir Menschen einige der Eigenschaften hätten, die uns unsere Tiere vorleben. Suki bewies mir auf würdige und nachsichtige Weise Loyalität, Liebe, Verständnis und Mitgefühl. Wenn ich meinen Kindern gegenüber dieselbe bedingungslose Liebe erkennen ließe, die Suki mir entgegenbrachte, und das beständig, so bin ich überzeugt, daß sie zu den glücklichsten und selbstsichersten Individuen auf diesem Planeten aufwachsen würden. Suki war mir ein gutes Beispiel, und ich werde mein Bestes tun, damit sie stolz auf mich sein kann.

Man sagt, daß wir, wenn wir sterben, im Jenseits von jemandem empfangen werden, den wir kennen und lieben. Ich weiß, wer dort auf mich wartet ... eine kleine, runde, schwarzweiße Hündin mit einem alten Gesicht und einem Stummelschwanz, der vor Freude, ihre beste Freundin wiederzusehen, gar nicht aufhört zu wedeln.

Patty Hansen

Geschichte eines Helden

Das stellvertretende Armeekommando Vietnam beförderte mich ohne Zwischenfälle von Saigon zur Clark Air Force Basis auf den Philippinen, von Clark nach Guam und von Guam nach Hawaii. Dort begann ich mich daran zu erinnern, weshalb ich damals überhaupt in den Krieg gezogen war: Mädchen, Frauen, schöne Geschöpfe, deren Anblick allein mir ein Lächeln entlockte. Sexist, chauvinistisches Schwein? Schuldig, Euer Ehren. Vergessen Sie nicht, dies waren die frühen siebziger Jahre. Männer hatten damals noch das Recht, lüstern zu schielen und zu glotzen ... und Hawaii war dafür genau der richtige Ort.

Ich übernachtete dort und flog von Honolulu über Los Angeles nach Dallas. Dort stieg ich in einem Motel ab, schlief einen ganzen Tag und eine ganze Nacht und fühlte mich noch immer wie ein ausgewrungenes Handtuch. Ich war über neuntausend Meilen geflogen und hatte nach wie vor die Saigoner Uhrzeit im Blut. Vermutlich sträubte ich mich auch innerlich gegen das Unvermeidliche. Ich hatte Angst, Cindy Caldwell gegenüberzutreten und ihr sagen zu müssen, daß ihr Mann tot war und ich lebte. Ich fühlte mich schuldig ... und das ist noch heute so.

Vom Flughafen Dallas aus nahm ich einen Bus und trat die Dreihundertkilometerfahrt nach Beaumont an. In Texas war es kalt. Mir war kalt.

Dann stand ich auf der Veranda und brachte es nicht fertig zu klingeln. Wie konnte ich dieser Frau und ihren Kindern sagen, daß ihr Ehemann und Vater niemals wieder nach Hause kommen würde? Ich fühlte mich innerlich hin- und hergerissen zwischen dem intensiven Verlangen wegzurennen und dem Versprechen, das ich einem Mann gegeben hatte, den ich eigentlich gar nicht gekannt, der aber in meinem Leben eine so entscheidende Rolle gespielt hatte. Ich stand da und wünschte mir, irgend etwas würde geschehen, etwas, das mir dabei helfen könnte, die Hand auszustrecken und auf den Klingelknopf zu drücken.

Es begann zu regnen. Ich stand auf der offenen Veranda, wie gelähmt von Angst und Schuldgefühl. Wieder sah ich, wie schon hundertmal zuvor, Caldwells zerfetzten Körper vor mir, hörte seine leise Stimme, starrte in seine tiefbraunen Augen, spürte seinen Schmerz und begann zu weinen. Ich weinte seinetwegen, seiner Frau und Kinder wegen und um meiner selbst willen. Ich mußte etwas tun. Ich mußte mit dem Wissen leben, daß ich gerettet worden war, während so viele andere in einem tragischen, unsinnigen Krieg umgekommen waren, der nichts bewiesen und noch weniger bewirkt hatte.

Das knirschende Geräusch von Autoreifen auf der Schotterstraße erlöste mich aus meinem Dilemma. Ein alter, zerschrammter rotweißer Plymouth, ein Taxi, bog in die Zufahrt ein, und eine schwarze Frau mittleren Alters stieg aus. Der Fahrer, ein alter, schwarzer Mann mit einem zerbeulten Hut, stieg ebenfalls aus, blieb schweigend und regungslos stehen und fragte sich offensichtlich, was ich, ein Weißer, in dieser vorwiegend schwarzen Umgebung wohl zu suchen hätte.

Ich stand da und starrte die beiden an, die nun miteinander sprachen, und plötzlich trat ein Ausdruck des Entsetzens ins Gesicht der Frau. Sie schrie auf, ließ ihre Pakete fallen und stürzte auf mich zu, als der Fahrer seinen Satz noch nicht zu Ende gesprochen hatte. Sie nahm zwei Stufen auf einmal, als sie die Treppe zu mir hinaufrannte, packte mich mit beiden Händen am Jackett und rief: »Was ist? Sagen Sie's mir. Wer sind Sie, und was ist mit meinem Sohn passiert?«

Oh, verdammt, dachte ich. Das ist Caldwells Mutter.

Ich ergriff ihre Hände und sagte so sanft wie möglich: »Ich heiße Fred Pulse und wollte Cindy Caldwell sprechen. Ist das hier ihr Haus?«

Die Frau starrte mich an, hörte zu, ohne wirklich etwas zu verstehen, bemühte sich zu begreifen. Nach einer Weile begann sie zu zittern. Ihr Körper zuckte und schwankte, und wenn ich sie nicht an den Händen gehalten hätte, wäre sie von der Veranda hinuntergestürzt. Ich packte sie noch fester, und wir taumelten beide mit lautem Krach gegen die Vordertür mit dem Fliegengitter.

Der Taxifahrer eilte herauf, um mir dabei zu helfen, die Frau zu stützen, als sich die Haustür öffnete. Cindy Caldwell erfaßte mit einem Blick die Szene – ein fremder weißer Mann, der eine schwarze Frau, die sie kannte, festhielt, stand auf ihrer Veranda. Sie reagierte sofort.

Blitzschnell schloß sie halb die Tür und tauchte dann wieder mit einem zwölfkalibrigen Gewehr in den Händen dahinter auf. Durch die zusammengepreßten Zähne hindurch sagte sie: »Nehmen Sie die Hände von meiner Mutter, und verschwinden Sie von meiner Veranda.«

Ich starrte sie an in der Hoffnung, hier nicht eines Mißverständnisses wegen sterben zu müssen, und sagte: »Wenn ich sie loslasse, stürzt sie von der Veranda hinunter.« Der Taxifahrer tauchte in ihrem Gesichtskreis auf, und daraufhin änderte sich ihr Verhalten.

»Maynard, was geht hier vor?« fragte sie ihn.

»Ich weiß nicht recht, Schätzchen«, antwortete er. »Der weiße Mann stand hier auf der Veranda, als wir herkamen, und deine Momma ist auf ihn zugerast und hat ihn angeschrien, was mit deinem Bruder Kenneth passiert sei.«

Sie sah mich fragend an. »Ich heiße Fred Pulse«, sagte ich, »und wenn Sie Cindy Caldwell sind, muß ich mit Ihnen sprechen.«

Ihr Griff um das Gewehr lockerte sich. »Ja, ich bin Cindy Caldwell. Das verwirrt mich alles ein bißchen, aber kommen Sie herein. Können Sie Momma behilflich sein?«

So behutsam wie möglich führte ich Cindys Mutter über die Veranda und um die Fliegengittertür herum. Der Taxifahrer folgte uns ins Haus und legte die vergessenen Pakete auf die Treppe, die ins obere Stockwerk führte. Dann blieb er unschlüssig stehen, weil er offensichtlich nicht wußte, ob er gehen oder bleiben sollte, wer ich war und was ich vorhatte.

Ich half Cindys Mutter auf einen Polstersessel und trat dann zurück, um abzuwarten. Die Stille wurde unerträglich. Ich räusperte mich und begann in dem Augenblick zu reden, als Cindy ebenfalls damit anfing.

»Entschuldigung«, sagte ich. »Bitte, sprechen Sie.«

»Es tut mir leid, im allgemeinen begrüße ich meine Gäste nicht mit einem Gewehr in der Hand, aber ich hörte den Krach und war beunruhigt, und als Sie da auf der Veranda standen und Momma festhielten, dachte ich natürlich ...«

Ich unterbrach sie. »Bitte, entschuldigen Sie sich nicht. Ich weiß nicht, wie ich selbst in einer solchen Situation reagiert hätte. Aber es ist ja nichts passiert.«

»Möchten Sie gern eine Tasse Kaffee trinken?« fragte sie. »Wollen Sie nicht Ihren nassen Mantel ausziehen? Sie werden sich erkälten.«

»Ja – beides, danke«, sagte ich. »Ich hätte gern eine Tasse Kaffee und ziehe auch gern den Mantel aus.« Dies verschaffte mir eine Pause. Cindy verschwand.

Nach diesem Wortwechsel schienen sich Cindys Mutter und Maynard, der Taxifahrer, einigermaßen zu entspannen, und beide betrachteten mich eingehend von oben bis unten.

Anscheinend bestand ich die Prüfung, denn die Frau streckte die Hand aus. »Ich bin Ida May Clemons, und das hier ist mein Mann Maynard. Bitte setzen Sie sich, und machen Sie es sich bequem.« Sie wies auf einen großen Ledersessel.

Ich wußte, daß es Mark Caldwells Stuhl war, und die Tatsache, daß ich mich daraufsetzen sollte, während ich im Begriff war, seine Familie mit dem Entsetzlichen zu konfrontieren, brachte mich fast aus der Fassung. Langsam ließ ich mich nieder und versuchte mich zusammenzureißen, aber ich hatte das Gefühl, auf sehr dünnem Eis zu gehen. Dann holte ich tief Luft, atmete langsam aus und fragte: »Ida May, es tut mir leid, daß ich Sie vorhin erschreckt habe, aber ich kenne Ihren Sohn Kenneth nicht. Wo ist er?«

Sie richtete sich in ihrem Sessel auf. »Kenneth ist Marineinfanterist und bei der U. S.-Botschaft in Saigon stationiert. In zwei Wochen kommt er nach Hause.«

»Ich freue mich, daß es ihm gutgeht und er nach Hause kommt«, erklärte ich. »Botschaftsdienst ist eine gute und sichere Sache. Ich freue mich für Sie, daß er bald heimkehrt.«

Sie warf einen Blick auf mein kurzes Haar und die unmoderne Kleidung. »Sind Sie selbst bei der Armee? Waren Sie auch in Vietnam?«

»Ja. Ich bin gestern zurückgekommen – oder vielleicht auch schon vorgestern. Ich bin durch den Zeitunterschied von dreizehn Stunden ein bißchen durcheinander und weiß nicht recht, ob jetzt heute, gestern oder morgen ist.« Die beiden sahen mich an und lachten leise.

Cindy kam mit einem Tablett herein, das mit

Kaffeekanne, Rahmkännchen, Zuckerdose, Tassen und Keksen vollgestellt war. Der Kaffee duftete herrlich, und ich brauchte dringend einen Schluck. Alles war recht, das zu einer gelösten Atmosphäre beitrug und meine Hände vom Zittern abhielt. Wir plauderten eine Weile, und dann sagte Cindy: »Fred, es ist ein Vergnügen, Sie kennengelernt zu haben und sich mit Ihnen zu unterhalten. Aber ich bin neugierig – was hat Sie zu uns geführt?«

Genau in diesem Augenblick flog die Haustür auf, und zwei kleine Mädchen stürmten herein – nach zwei Schritten stoppten sie abrupt, um dann auf übertriebene Weise herumzuwirbeln und damit ihre neuen Kleider zur Geltung zu bringen. Hinter ihnen trat eine Frau mittleren Alters herein, die ein Baby auf dem Arm trug.

Meine Anwesenheit und mein Anliegen waren vergessen. Wir riefen alle bewundernd »Oh« und »Ah«, versicherten den Mädchen, wie entzückend sie in ihren neuen Kleidern aussähen und welches Glück sie hätten, etwas so Schönes bekommen zu haben. Als sich die Aufregung gelegt hatte, wurden die Kinder an einen Spieltisch im Eßzimmer gesetzt, und als Cindy zurückkehrte, erklärte sie: »Fred, das ist meine Schwiegermutter Florence Caldwell. Florence, das ist Fred ... äh ...«

»Pulse«, sprang ich ein.

»Und er wollte uns gerade erzählen, warum er hierhergekommen ist«, fügte sie hinzu.

Ich holte tief Luft und schob die Hände in die Hosentaschen. »Ich weiß nicht recht, wie ich anfangen soll. Vor mehreren Wochen konnte ich aus einem Kriegsgefangenenlager in Nordvietnam flüchten.« Ich wandte mich um, blickte direkt in Cindys Augen und fuhr fort: »Während ich noch dort war, wurde ein Gefangener – Ihr Mann Mark – zu mir in meinen Unterstand gebracht – mehr tot als lebendig. Er war während eines Flugeinsatzes über Nordvietnam abgeschossen, gefangengenommen und in mein Lager gebracht worden. Ich tat mein Bestes, aber er war zu schwer verwundet, und wir wußten beide, daß er sterben würde.«

Cindys Hand fuhr zum Mund, sie gab einen leisen Laut von sich, ihre Augen starrten in meine. Ida May und Florence schnappten nach Luft, und Maynard sagte: »O mein Gott!«

»Mark sagte, er würde mir, wenn ich ihm etwas verspräche, dazu verhelfen, aus dem Lager zu entfliehen. Offen gesagt glaubte ich, er spräche im Delirium, aber ich versprach ihm, das zu tun, worum er mich bat.«

Inzwischen liefen uns allen die Tränen herab, und ich mußte eine Pause machen, um mich zu fassen. Ich sah Cindy an und merkte, daß sie etwas zu sehen schien, was weit entfernt war. Dann flossen ihre Augen über, und sie schlug weinend die Hände vors Gesicht.

Sobald ich mich etwas gefaßt hatte, fuhr ich fort: »Er sagte: ›Versprich mir, daß du nach Texas fliegst und meiner Frau sagst, sie sei nach wie vor mein Pin-up-Girl und daß ich, als ich gestorben bin, an sie und die Kinder gedacht habe. Willst du mir das versprechen?‹

›Ja, Mark, ich verspreche es dir‹, antwortete ich.

Er gab mir dieses Foto und seinen Ehering, damit Sie wissen würden, daß ich die Wahrheit sage.« Ich reichte beides Cindy und hielt einen Augenblick lang ihre Hände fest. Dann nahm ich ein Dienstklappmesser aus der Innentasche meines Jacketts. »Das hier hat er mir dafür gegeben, und ich sagte zu ihm: ›Ich danke dir, Mark, und ich verspreche dir, irgendwie nach Texas zu kommen.‹

Und dann fragte ich: ›Kann ich sonst noch etwas für dich tun?‹

›Ja ... Kannst du mich in die Arme nehmen?‹ bat er. ›Halte mich einfach fest. Ich möchte nicht allein sterben.‹

Ich hielt ihn in den Armen und wiegte ihn für

eine lange, lange Zeit hin und her, während er immer wieder sagte: ›Leb wohl, Cindy, ich liebe dich, und es tut mir so leid, daß ich nicht dabei bin, wenn die Mädchen erwachsen werden.‹ Und dann starb er friedlich in meinen Armen.«

Ich schwieg eine Weile. »Ich möchte Ihnen eines sagen, Cindy«, fuhr ich dann fort, »und Sie müssen es verstehen ... Ich habe wirklich alles getan, was ich konnte, aber die Verletzungen waren zu schwer. Ich wußte nicht, wie ich die Blutungen stoppen sollte, ich hatte keinerlei Medikamente, ich ...« Dann brach mir vollends die Stimme.

Wieder weinten wir alle, und das bewog die Mädchen, zu uns hereinzukommen, um sich zu erkundigen, weshalb wir so traurig seien. Ich sah Cindy an, und uns war beiden klar, daß wir nicht mehr in der Lage waren, noch einmal alles zu wiederholen, und so sagte sie, ich hätte ein paar schlechte Nachrichten gebracht, aber bald würde wieder alles in Ordnung sein.

Das schien sie zu beruhigen, sie kehrten ins Eßzimmer zurück, blieben jedoch ein bißchen näher bei uns und spielten weiter.

Ich mußte noch erklären, was Marks tapferes Verhalten nach sich gezogen hatte, und so begann ich erneut. »Das Messer, das Mark mir gegeben hatte, ermöglichte mir, die Wachen zu überwältigen und zwölf weitere Amerikaner zu befreien, die sich im Lager befanden. Ihr Mann ist ein Held. Seinetwegen kamen wir anderen frei, und nun sitze ich hier – in seinem Stuhl – und muß Ihnen von seinem Tod erzählen. Es tut mir leid, entsetzlich leid.«

Erneut begann ich zu schluchzen, und Cindy stand von ihrem Stuhl auf und kam zu mir, um mich zu trösten. Sie, die diesen Verlust erlitten hatte, tröstete mich! Ich fühlte mich armselig und zugleich geehrt. Sie nahm mein Gesicht zwischen die Hände, sah mich an und sagte: »Wissen Sie, hier gibt es zwei Helden – meinen Mann Mark und Sie, Fred. Auch Sie sind ein Held. Danke. Danke, daß Sie hierhergekommen sind und mir alles persönlich erzählt haben. Ich weiß, es hat Sie viel gekostet, mich aufzusuchen, um mir zu berichten, daß mein Mann tot ist, aber Sie sind ein ehrenwerter Mensch. Sie haben ein Versprechen gegeben und es gehalten. Nicht viele andere hätten das getan. Ich danke Ihnen.«

Wie betäubt saß ich da. Ich fühlte mich keineswegs wie ein Held, aber da war ich nun und lauschte dieser Frau, die mir inmitten all ihres Kummers und Schmerzes erklärte, ich sei ein Held und ein ehrenwerter Mensch. Was ich empfand, waren lediglich Schuldgefühle und Zorn – Schuldgefühle, weil ich überlebt hatte und ihr Mann, der Vater ihrer Kinder, tot war; und Zorn, einen intensiven Zorn über die Dummheit und Kälte dieses Krieges. All diese Verwüstungen, diese Verluste. Ich konnte das weder meinem Land noch mir selbst verzeihen. Und doch war hier diese Frau, die selbst den größten Verlust erlitten hatte, den ihres Mannes, und sie vergab mir, dankte mir. Ich konnte es kaum ertragen.

Ich war auch zornig auf die Regierung. Weshalb hatte sie niemanden geschickt, um dieser Frau vom Tod ihres Mannes zu berichten? Wo war Mark Caldwells Leiche? Warum war sie nicht hier, warum waren ihm nicht seine Beerdigung und seine Trauerzeit zugestanden worden? Warum? Warum?

Nach einer Weile konnte ich wieder reden. »Ich habe Marks Leiche nach Südvietnam zurückgebracht, und ganz sicher werden sich die Marines wegen seiner Beerdigung mit Ihnen in Verbindung setzen. Es tut mir leid, daß ich dann nicht hier sein kann, aber bitte glauben Sie mir, daß ich an Sie denken werde. Ich werde Sie nie vergessen.«

Wir saßen noch eine Zeitlang beisammen, und dann fragte ich Maynard, ob er mich zur Busstation fahren würde, damit ich nach Dallas zurückkä-

me. Ich hatte Urlaub, und ich wollte mich betrinken und lange, lange Zeit betrunken bleiben.
Frederic E. Pulse III.

Erinnerung an Miss Murphy

Genervt von der Fahrerei auf der Schnellstraße, beschlossen mein Mann und ich im letzten Sommer, eine weniger befahrene Straße zum Strand zu benutzen.

Ein Aufenthalt in einer kleinen, unbedeutenden Stadt an der Ostküste führte zu einem Zwischenfall, den ich nie vergessen werde.

Es begann ganz normal. Eine Ampel schaltete auf Rot. Während wir darauf warteten, weiterfahren zu können, fiel mein Blick auf einen schon etwas schäbig aussehenden Backsteinbau, ein Pflegeheim.

In einem weißen Rohrsessel auf der vorderen Veranda saß eine ältere Dame. Sie blickte mir direkt in die Augen und schien mir etwas mitteilen zu wollen, ja, mich fast zu drängen, zu ihr zu kommen.

Die Ampel schaltete auf Grün, und plötzlich platzte ich mit den Worten heraus: »Jim, parke den Wagen in der nächsten Seitenstraße!«

Kaum waren wir ausgestiegen, als ich Jims Hand ergriff und ihn in Richtung Pflegeheim zog. Er blieb stehen. »Nun warte mal, wir kennen dort doch gar niemanden.« Doch ich überredete ihn, mit mir zu dem Pflegeheim zu gehen.

Die Frau, deren magnetischer Blick mich so angezogen hatte, erhob sich aus ihrem Stuhl und kam, auf einen Stock gestützt, langsam auf uns zu.

»Ich bin so froh, daß Sie gehalten haben.« Sie lächelte dankbar. »Ich habe darum gebetet, daß Sie es tun würden. Haben Sie ein paar Minuten Zeit, sich zu mir zu setzen und sich mit mir zu unterhalten?« Wir folgten ihr zu einer schattigen und abgelegenen Stelle an der einen Seite der Veranda.

Ich war beeindruckt von der Schönheit dieser Frau. Sie war schlank, aber nicht dünn. Abgesehen von den Fältchen in den Winkeln der haselnußbraunen Augen, war ihr elfenbeinerner Teint glatt, wirkte fast durchsichtig. Ihr seidiges silbernes Haar war glatt zurückgestrichen und in einem Knoten zusammengehalten.

»So viele Leute fahren hier vorbei«, begann sie, »vor allem im Sommer. Sie starren aus ihren Wagenfenstern heraus und nehmen nichts wahr außer einem alten Gebäude, das alte Leute beherbergt.

Aber Sie sahen mich – Margaret Murphy. Und Sie nahmen sich die Zeit, anzuhalten.« Nachdenklich fügte sie hinzu: »Manche Leute glauben, alle alten Leute seien senil; die Wahrheit ist, daß wir einfach einsam sind.« Und dann, mit leichter Selbstironie: »Aber wir alten Leutchen röcheln nun einmal weiter, nicht wahr?«

Während sie an einer schönen, von Diamanten umgebenen ovalen Kameebrosche am Spitzenkragen ihres geblümten Baumwollkleids herumfingerte, erkundigte sich Margaret Murphy nach unseren Namen und danach, woher wir stammten. Als ich »Baltimore« sagte, erhellte sich ihr Gesicht und ihre Augen funkelten.

»Meine Schwester, Gott segne sie, hat ihr ganzes Leben lang in der Gorusch Avenue in Baltimore gewohnt.«

Ich wurde ganz aufgeregt. »Als Kind habe ich nur ein paar Häuserblocks entfernt in der Homestad Street gewohnt. Wie hieß Ihre Schwester denn?« Und ich erinnerte mich sofort an Marie Gibbons. Sie war in meiner Klasse und damals meine beste Freundin gewesen. Über eine Stunde lang schwelgten Margaret und ich in Jugenderinnerungen.

Wir waren noch in unsere angeregte Unterhaltung vertieft, als sich uns eine Schwester näherte, ein Glas Wasser und zwei kleine rosa Pillen in den Händen. »Tut mir leid, Sie unterbrechen zu müssen«, sagte sie liebenswürdig, »aber es ist Zeit für Ihre Medizin und den Nachmittagsschlaf, Miss Margaret. Wir müssen das Ührchen schön am Ticken halten, verstehen Sie.« Sie lächelte und reichte Margaret die Pillen. Jim und ich wechselten Blicke.

Ohne zu protestieren, schluckte Margaret die Pillen hinunter. »Kann ich mit meinen Freunden hier nicht noch ein paar Minuten zusammenbleiben, Miss Baxter?« fragte sie dann.

Die Schwester weigerte sich freundlich, aber entschieden. Sie hielt Margaret den Arm hin und half ihr vom Stuhl auf. Wir versprachen ihr, in der darauffolgenden Woche, wenn wir vom Strand zurückkehren würden, wieder bei ihr hereinzusehen. Ihr bedrücktes Gesicht bekam wieder einen freudigen Ausdruck. »Das wäre ja herrlich!« sagte sie.

Nach einer Woche voller Sonne war der Tag, an dem Jim und ich wieder nach Hause fuhren, bedeckt und schwül. Das Pflegeheim wirkte unter den schiefergrauen Wolken ganz besonders trostlos.

Nachdem wir ein paar Minuten gewartet hatten, erschien Miss Baxter und übergab uns eine kleine Schachtel und einen Brief. Sie hielt meine Hand, während Jim den Brief vorlas.

Meine Lieben, diese letzten paar Tage waren die glücklichsten in meinem Leben, seit Henry, mein geliebter Mann, vor zwei Jahren gestorben ist. Ich habe wieder eine Familie bekommen, die ich liebe und die auch mich gern hat.

Gestern abend schien der Doktor meiner Herzprobleme wegen besorgt zu sein. Trotzdem fühle ich mich wunderbar. Und solange ich in dieser guten Stimmung bin, möchte ich Euch für die Freude danken, die Ihr in mein Leben gebracht habt.

Beverly, meine Liebe, ich möchte, daß Sie die Kameebrosche hier bekommen, die ich am Tag getragen habe, als wir uns kennenlernten. Mein Mann schenkte sie mir an unserem Hochzeitstag am 30. Juni 1939. Sie hatte seiner Mutter gehört. Tragen Sie sie und hoffen Sie darauf, daß sie eines Tages Ihren Töchtern und dann deren Kindern gehören wird. Mit der Brosche möchte ich Ihnen meine bleibende Zuneigung ausdrücken.

Margaret

Drei Tage nach unserem Besuch war Margaret friedlich im Schlaf gestorben. Tränen liefen mir über die Wangen, als ich die Brosche aus der Schachtel nahm. Ich drehte sie um und las die in den Rand aus Sterlingsilber eingravierte Inschrift: »Liebe währt ewig«.

Genau wie Erinnerungen, liebste Margaret, genau wie Erinnerungen.

Beverly Fine

Das junge Mädchen ist noch da

Das folgende Gedicht wurde von einer Frau geschrieben, die als Schwester in der Altenpflegeabteilung des Sunnyside Royal Hospital in Montrose, Schottland, gearbeitet hatte. Es erschien zuerst als anonymer Beitrag in der Mitarbeiterzeitung des Krankenhauses. Mehrere Monate später wurde der handgeschriebene Text unter den Habseligkeiten einer älteren Patientin im Ashludie Hospital bei Dundee in Schottland gefunden, die kurz zuvor gestorben war. Damit war seine Urheberin gefunden. Sie war im Alter von achtzig Jahren im Schlaf gestorben.

> *Was siehst du vor dir, Schwester, was siehst du?*
> *Was denkst du, wenn du mich anschaust –*
> *Eine mürrische alte Frau, nicht sehr gescheit,*
> *Unberechenbar und mit Augen,*
> *Die weit fort ins Nichts blicken?*
> *Die sabbert und nicht reagiert,*

Wenn du mit lauter Stimme sagst: »Ich wollte,
Sie würden sich ein bißchen Mühe geben!«
Die das, was du tust, nicht zu bemerken scheint,
Und ewig einen Strumpf oder einen Schuh verliert?
Die – widerstrebend oder auch nicht
– dich alles tun läßt,
Sie baden, sie füttern, den lieben langen Tag?
Ist es das, was du denkst, ist es das, was du siehst?
Dann öffne die Augen, Schwester, sieh mich an.
Ich sage dir, wer ich bin, die so still hier sitzt,
Die tut, was du willst, ißt, was du befiehlst ...
Ich bin ein kleines Mädchen von zehn Jahren,
Habe Eltern und Geschwister, die einander lieben,
Ein junges Mädchen mit Flügeln an den Füßen,
Das davon träumt, der großen Liebe zu begegnen;
Braut mit zwanzig – mein Herz klopft noch heute,

Wenn ich an die Gelübde denke, die zu halten ich versprach;
Mit fünfundzwanzig habe ich eigene Kinder,
Die ein sicheres und glückliches Zuhause brauchen;
Dann eine Frau von dreißig Jahren, die Kinder wachsen heran;
Mit vierzig, da sind meine Söhne erwachsen und fort,
Doch mein Mann ist neben mir, kein Grund zu trauern;
Mit fünfzig spielen die Enkel um meine Knie ...
Dann kommen die dunklen Tage. Mein Mann ist tot.
Denk' ich an die Zukunft, überkommt mich ein Schauder.
Denn meine Söhne ziehn nun die eigenen Kinder auf,
Und ich denke an all die Jahre, an die Liebe, die ich kennenlernte.
Ich bin eine alte Frau, und die Natur ist grausam;
Für sie ist's ein Scherz, daß Alte wie Trottel scheinen.
Der Körper verwelkt, Anmut und Kraft gehen dahin;

Wo einst mein Herz war, da ist nun ein Stein.
Und doch – im alten Gerippe lebt noch das junge Mädchen,
Und nun regt sich wieder mein verhärtetes Herz.
Ich erinnere mich an all die Freuden und Schmerzen,
Und ich liebe und lebe das Leben erneut,
Erinnere mich an die Jahre, zu wenige, zu schnell vergangen,
Und nehme es hin, daß nichts ewig dauern kann ...
Also, Schwester, öffne die Augen und sieh vor dir
Nicht nur ein mürrisches altes Weib;
Sieh genauer hin – sieh mich!
Phyllis McCormack

Ein letztes Lebewohl

»Ich kehre nach Dänemark zurück, Sohn, und ich möchte dir nur sagen, daß ich dich liebhabe.«

Im letzten Telefongespräch, das mein Vater mit mir führte, wiederholte er den letzten Teil dieses Satzes mindestens siebenmal in einer halben Stunde. Irgendwie war ich aber nicht auf der richtigen Wellenlänge. Ich hörte die Worte, begriff jedoch nicht die Botschaft und ganz gewiß nicht das, was an tieferem Sinn dahintersteckte. Ich war überzeugt, daß mein Vater über hundert Jahre alt würde – genau wie mein Großonkel, der erst mit hundertsieben Jahren starb.

Ich hatte weder Vaters Gewissensbisse bei Mutters Tod mitempfunden noch sein Gefühl der Verlassenheit, als er alleine geblieben war, begriffen, noch war mir wirklich bewußt geworden, daß die meisten seiner Freunde schon seit langem diesen Planeten verlassen hatten. Er verfolgte meine Brüder und mich erbarmungslos mit der Bitte, Enkel in die Welt zu setzen, damit er ein hingebungsvoller Großvater sein könnte. Ich war zu sehr mit meinem Unternehmen beschäftigt, um richtig hinzuhören.

»Dad ist tot«, sagte am 4. Juli 1982 mein Bruder Brian zu mir mit brechender Stimme. Mein jüngerer Bruder ist Rechtsanwalt, hat Witz und Humor und ist ein Schnelldenker. Ich dachte, er wolle mich mit irgendeinem Spaß hereinlegen und wartete auf die Pointe – es kam keine. »Er ist in dem Bett gestorben, in dem er geboren wurde – in Roskilde«, fuhr Brian fort. »Das Beerdigungsinstitut hat ihn in einen Sarg gelegt und schickt ihn und seine Sachen morgen per Flugzeug hierher. Wir müssen Vorbereitungen für das Begräbnis treffen.«

Mir verschlug es die Sprache. So etwas hätte nie geschehen dürfen. Hätte ich gewußt, daß dies Dads letzte Tage sein würden, so hätte ich ihn gebeten, ihn nach Dänemark begleiten zu dürfen. Ich glaube an den Ausspruch der Sterbehilfebewegung: »Niemand sollte allein sterben müssen.« Ein Mensch, den man liebt, sollte einem die Hand halten, um bei dem Übergang von einer Bewußtseinsebene zur anderen zu helfen. Ich hätte ihm in seiner letzten Stunde beistehen können, wenn ich ihm wirklich zugehört, nachgedacht und sensibler gewesen wäre. Vater hatte seinen Weggang so gut er konnte angekündigt, und ich hatte das nicht wahrgenommen. Ich empfand Trauer, Schmerz und Reue. Warum war ich nicht für ihn dagewesen? Er selbst war immer für mich dagewesen.

Als ich neun Jahre alt war, war er frühmorgens heimgekommen, nachdem er achtzehn Stunden lang in seiner Bäckerei gearbeitet hatte. Er weckte mich um fünf Uhr, indem er mit seinen kräftigen Händen meinen Rücken rieb, und flüsterte: »Zeit zum Aufstehen, Sohn!« Während ich mich anzog und startbereit machte, hatte er bereits die Zeitungen, die ich austrug, gefaltet, gebündelt und im

Korb auf dem Gepäckträger meines Fahrrads verstaut. Noch heute treibt mir die Erinnerung daran die Tränen in die Augen.

Als ich mich an Radrennen beteiligte, fuhr er mich jeden Dienstagabend fünfundsiebzig Kilometer weit nach Kenosha, Wisconsin, damit ich dort fahren und er mir zuschauen konnte. Er war da, um mich zu trösten, wenn ich verloren, und um meine Euphorie zu teilen, wenn ich gewonnen hatte.

Später begleitete er mich zu allen meinen Vorträgen in Chicago, wenn ich dort bei Century 21, Mary Kay, Equitable und in verschiedenen Kirchen sprach. Da war er dann, lächelte, hörte zu und verkündete jedem, neben dem er zu sitzen kam: »Das ist mein Junge!«

Und so empfand ich tiefen Schmerz, weil Dad immer für mich, aber ich nicht für ihn dagewesen war. Und mein demütiger Rat ist nun: Zeigen Sie immer, wirklich immer denen, die Sie lieben, Ihre Liebe. Und seien Sie bereit, an diesem geheiligten Übergang, in dem sich das physische ins spirituelle Leben umwandelt, teilzunehmen. Den Prozeß des Todes bei jemandem zu erfahren, den Sie lieben, wird Ihnen eine größere, umfassendere Dimension des Seins eröffnen.

Mark Victor Hansen

Tu es noch heute!

Wenn du wüßtest, daß du bald sterben wirst, und du dürftest nur einen Anruf machen – wen würdest du anrufen, und was würdest du sagen? Und warum wartest du noch?
Stephen Levine

Als ich Schulinspektor in Palo Alto, Kalifornien, war, schrieb Polly Tyner, Präsidentin unseres Kuratoriums, einen Brief, der in der »Palo Alto Times« abgedruckt wurde. Pollys Sohn Jim hatte große Schwierigkeiten. Er wurde als minderbegabt eingestuft, und im Umgang mit ihm brauchten sowohl Eltern als auch Lehrer eine Menge Geduld. Aber Jim war trotzdem ein fröhliches Kind mit einem strahlenden Lächeln, das seine gesamte Umgebung verzauberte. Seine Eltern kannten seine schulischen Probleme, waren aber immer bemüht, ihn auf seine Stärken hinzuweisen, so daß sein Selbstbewußtsein nicht litt. Kurz nachdem Jim die High-School hinter sich gebracht hatte, kam er bei einem Motorradunfall ums Leben. Nach seinem Tod schrieb seine Mutter folgenden Brief an die Zeitung:

Heute haben wir unseren zwanzigjährigen Sohn begraben. Er hatte am Freitag abend einen Motorradunfall und war sofort tot. Ich wünsche mir so sehr, ich hätte bei unserem Gespräch, bevor er wegfuhr, gewußt, daß es das letzte war. Hätte ich es geahnt, so hätte ich gesagt: »Jim, ich habe dich lieb, und ich bin so stolz auf dich!«

Ich hätte mir die Zeit genommen, die vielen Male aufzuzählen, in denen er denjenigen, die ihn liebten, eine Freude gemacht hat. Ich hätte mir die Zeit genommen, sein strahlendes Lächeln, die Art, wie er lachte, und seine Menschenfreundlichkeit zu loben.

Wenn man all die guten Eigenschaften in die Waagschale legt und die negativen Züge dagegenhält – wie zum Beispiel das immer zu laut gestellte Radio, der Haarschnitt, der uns nicht gefiel, die schmutzigen Socken unter dem Bett etc. –, dann waren letztere vergleichsweise geringfügig.

Ich habe keine Gelegenheit mehr, meinem Sohn das zu sagen, was ich ihm gern hätte sagen wollen, aber andere Eltern – Sie – haben diese Möglichkeit noch. Teilen Sie Ihren Kindern das mit, was Sie ihnen gern klarmachen würden, wenn Sie wüßten, es ist Ihre letzte Unterhaltung. Mein letztes Gespräch mit Jim war am Tag seines Todes. Er kam zu mir und sagte: »Hi, Mom – ich wollte dir nur sagen, daß ich dich liebhabe. Ich muß jetzt zur Arbeit. Bye.« Er gab mir damit etwas fürs Leben mit.

Wenn Jims Tod irgendeinen Sinn haben sollte, dann vielleicht den, zu bewirken, daß andere Menschen das Leben höher einschätzen und daß sie – vor allem, wenn es sich um Familien handelt – sich die Zeit nehmen, einander wissen zu lassen, wieviel ihnen am andern liegt.

Vielleicht wird die Gelegenheit nie wiederkommen. Tun Sie es noch heute!
Robert Reasoner

Heilmittel für ein gebrochenes Herz

Ich bin nur ein einziger Mensch. Aber immerhin einer. Ich kann nicht alles tun, aber ich kann wenigstens etwas tun. Und weil ich nicht alles tun kann, will ich mich nicht weigern, das zu tun, was ich tun kann.
Edward Everett Hale

Mein Mann Hanoch und ich schrieben ein Buch, *Akte der Freundlichkeit: Wie man eine Revolution der Güte auslöst,* das in Amerika großes Interesse erweckt hat. Die folgende kleine Geschichte wurde uns von einem anonymen Anrufer während einer Radio-Talk-Show in Chicago erzählt.

»Hi, Mommy, was machst du da?« fragte Susie.

»Ich koche einen Eintopf für Mrs. Smith von nebenan«, antwortete ihre Mutter.

»Warum?« fragte Susie, erst sechs Jahre alt.

»Weil Mrs. Smith sehr traurig ist; ihre Tochter ist gestorben, und das hat ihr das Herz gebrochen. Wir müssen uns eine Zeitlang um sie kümmern.«

»Warum, Mommy?«

»Weißt du, Susie, wenn jemand sehr, sehr traurig ist, dann hat er Mühe, all die kleinen Dinge zu erledigen – wie Kochen und andere Hausarbeiten. Weil wir Teil einer Gemeinschaft sind und Mrs. Smith unsere Nachbarin ist, müssen wir ihr helfen. Mrs. Smith wird nie mehr mit ihrer Tochter reden und sie umarmen und all die wunderschönen Dinge tun können, die Mütter und Töchter miteinander tun. Du bist doch ein gescheites Mädchen, Susie; vielleicht fällt dir was ein, wie du Mrs. Smith auch helfen kannst.«

Susie dachte ernsthaft über diesen Vorschlag nach und zerbrach sich den Kopf darüber, was sie für Mrs. Smith tun könnte. Dann, kurze Zeit später, klopfte sie an deren Tür. Nach einer Weile öffnete Mrs. Smith. »Hi, Susie.«

Susie fiel auf, daß Mrs. Smith' Stimme nicht den melodischen Klang hatte wie sonst, wenn sie jemanden begrüßte. Außerdem sah sie aus, als ob sie geweint hätte, denn ihre Augen waren rot und verschwollen.

»Was kann ich für dich tun, Susie?« fragte Mrs. Smith.

»Meine Mommy hat gesagt, daß deine Tochter gestorben ist und daß du sehr traurig bist und ein gebrochenes Herz hast.« Schüchtern streckte sie die Hand aus, in der sie ein Stück Heftpflaster hielt. »Das ist für dein gebrochenes Herz.«

Mrs. Smith schnappte nach Luft und schluckte ihre Tränen herunter. Sie kniete nieder und umarmte Susie. Durch die erneut aufsteigenden Tränen hindurch murmelte sie: »Danke, mein Liebes, das wird mir sehr helfen.«

Mrs. Smith akzeptierte Susies Freundlichkeit und ging noch einen Schritt weiter. Sie kaufte einen kleinen Schlüsselring mit einem Plexiglasrähmchen, in das man z. B. Familienfotos hineinstecken kann. In den Rahmen schob Mrs. Smith Susies Heftpflaster – in der Hoffnung, daß ihr Schmerz jedesmal, wenn sie es ansah, ein bißchen mehr nachließe. Sie ist klug genug, um zu wissen, daß eine Heilung Zeit und Hilfe von anderen braucht. Der Schlüsselring ist für sie ein Symbol dafür, und zugleich vergißt sie nie die Freude und die Liebe, die sie durch ihre eigene Tochter erfahren hat.

Meladee McCarty

Also dann – bis morgen

Dank meiner Mutter und ihrer Weisheit habe ich keine Angst vor dem Tod. Mom war meine beste Freundin und meine wunderbarste Lehrerin. Jedesmal, wenn wir uns trennten, sei es, um ins Bett zu gehen oder jemand hatte vor, tags darauf abzureisen, sagte sie: »Also dann – bis morgen!« – und sie hielt sich immer daran.

Mein Großvater war Pfarrer und damals – um die Jahrhundertwende – wurde jedes Gemeindemitglied nach seinem Tod im Besuchszimmer des Geistlichen aufgebahrt. Für eine Achtjährige kann so etwas ein ziemlich erschreckendes Erlebnis sein.

Eines Tages trug mein Großvater meine Mutter – damals eben acht Jahre alt – ins Besuchszimmer und forderte sie auf, die Wand zu betasten.

»Wie fühlt sich das an, Bobbie?« fragte er sie.

»Na ja, es ist hart und es ist kalt«, erwiderte sie.

Er trug sie zum Sarg hinüber und sagte: »Bobbie, ich bitte dich jetzt um das Schwierigste, um das ich dich jemals bitten werde. Aber wenn du es tust, wirst du nie wieder Angst vor dem Tod haben. Ich möchte, daß du die Hand auf Mr. Smith' Gesicht legst.«

Da sie ihn liebte und ihm völlig vertraute, tat sie es.

»Nun?« fragte mein Großvater.

»Daddy«, antwortete sie, »es fühlt sich an wie die Wand.«

»Ganz recht«, sagte er. »Das hier ist das alte Haus unseres Freundes Mr. Smith, und er selbst ist ausgezogen. Bobbie, es besteht kein Grund, sich vor einem alten Haus zu fürchten.«

Diese Lektion schlug Wurzeln, die im Lauf ihres Lebens noch kräftiger wurden. Sie hatte absolut keine Angst vor dem Tod. Acht Stunden, bevor sie selbst uns verließ, bat sie uns um etwas ganz Ungewöhnliches. Während wir um ihr Bett herumstanden und mit den Tränen kämpften, sagte sie: »Bringt keine Blumen an mein Grab, denn dort werde ich nicht sein. Wenn ich diesen Körper losgeworden bin, fliege ich nach Europa. Euer Vater wollte doch nie mit mir dorthin reisen.« Alle begannen zu lachen, und für den Rest des Abends gab es keine Tränen mehr.

Als wir sie dann küßten und ihr eine gute Nacht wünschten, lächelte sie und sagte: »Also dann – bis morgen.«

Aber um sechs Uhr fünfzehn am nächsten Morgen erhielt ich einen Anruf vom Arzt – sie hatte ihren Flug nach Europa angetreten.

Zwei Tage später war ich bei meinem Vater, um die Sachen meiner Mutter durchzusehen, als wir an einen großen Aktenordner gerieten, der alles enthielt, was sie je geschrieben hatte. Als ich ihn öffnete, fiel ein Blatt Papier heraus.

Darauf stand ein Gedicht. Ich weiß nicht, ob sie es selbst verfaßt hatte oder ob es von jemand anderem stammte und von ihr liebevoll aufbewahrt worden war. Ich weiß nur, daß es sich um das einzige lose im Ordner liegende Papier handelte. Das Gedicht lautete:

Das Vermächtnis

Wenn ich sterbe, gebt, was ich hinterlassen habe, den Kindern.
Wenn ihr weinen müßt, weint eurer Brüder wegen, die neben euch gehen.

Legt die Arme um jeden und gebt ihm, was ihr mir geben möchtet.
Ich möchte euch etwas zurücklassen, das besser ist als Worte oder Laute.
Sucht nach mir in den Menschen, die ich gekannt und geliebt habe.
Und könnt ihr nicht ohne mich leben, dann laßt mich leben in euren Augen, in eurem Geist und in euren Taten.
Am meisten könnt ihr mich lieben, wenn eure Hände die anderer berühren und ihr die Kinder loslaßt, die Freiheit brauchen. Menschen sterben, die Liebe nicht.
Wenn also Liebe alles ist, was von mir übrigbleibt ...
Laßt mich los ...

Mein Vater und ich lächelten einander zu, weil wir ihre Anwesenheit spürten – und es war wieder einmal morgen.

John Wayne Schlatter

Die Liebe verläßt dich nie

Ich wuchs in einer ganz normalen Familie mit zwei Brüdern und zwei Schwestern auf. Obwohl wir damals nicht viel Geld hatten, erinnere ich mich daran, daß meine Eltern mit uns zu Wochenendpicknicks oder in den Zoo fuhren.

Meine Mutter war eine sehr warmherzige Frau. Sie war stets bereit, jedem zu helfen, und oft brachte sie streunende oder verletzte Tiere mit nach Hause. Obwohl sie fünf Kinder zu versorgen hatte, fand sie immer Zeit, sich auch um andere zu kümmern.

Wenn ich an meine frühe Kindheit zurückdenke, sehe ich meine Eltern nicht als Mann und Frau mit fünf Kindern, sondern als frisch Verheiratete, die sich sehr liebten. Der Tag wurde mit uns Kindern zugebracht, aber die Nacht war die Zeit, in der sie sich einander widmen konnten.

Ich erinnere mich daran, daß ich eines Nachts im Bett lag. Es war an einem Sonntag, dem 27. Mai 1973. Ich wachte auf, als meine Eltern von einem mit Freunden gemeinsam verbrachten Abend heimkamen. Sie lachten und alberten herum, und als ich hörte, wie sie zu Bett gingen, drehte ich mich auf die andere Seite und schlief weiter – aber die ganze Nacht über hatte ich Alpträume.

Ich wachte erst am nächsten Morgen wieder auf. Es war Montag, der 28. Mai 1973, ein trüber, wolkenverhangener Tag. Meine Mutter war noch nicht aufgestanden, also machten wir uns alle fertig und gingen zur Schule. Den ganzen Tag über hatte ich ein seltsames Gefühl der Leere. Ich kam nach der Schule heim und schloß die Haustür auf. »Hi, Ma, ich bin wieder da.« Keine Antwort. Das Haus wirkte kalt und leer. Ich bekam Angst. Zitternd stieg ich die Treppe hinauf zum Schlafzimmer meiner Eltern. Die Tür stand einen Spalt offen, und ich konnte nur einen Teil des Zimmers sehen. »Ma?« Ich stieß die Tür auf – und da lag meine Mutter neben dem Bett auf dem Boden. Ich versuchte sie zu wecken, aber sie wachte nicht auf, und ich wußte, sie war tot. Ich drehte mich um, verließ das Zimmer und ging nach unten. Lange Zeit saß ich regungslos auf der Couch, bis meine ältere Schwester heimkam. Sie sah mich da sitzen und rannte blitzschnell die Treppe hinauf.

Ich saß im Wohnzimmer und sah zu, wie mein Vater mit dem Polizisten sprach. Ich sah zu, wie die Sanitäter die Bahre hinaustrugen, auf der meine Mutter lag. Alles, was ich tun konnte, war dasitzen und zusehen. Ich konnte nicht einmal weinen. Meinen Vater hatte ich bis dahin nie als alten Mann betrachtet, aber an diesem Tag sah er so alt aus wie nie zuvor.

Der nächste Tag, Dienstag, der 29. Mai 1973, war mein elfter Geburtstag. Es wurde nicht gesungen, es gab keine Party und keinen Kuchen, nur tiefe Stille, während wir um den Tisch herumsaßen und aufs Essen starrten. Alles war meine Schuld. Wäre ich früher heimgekommen, so würde sie noch leben. Wäre ich älter gewesen, so würde sie noch leben. Wäre ich ...

Viele Jahre lang schlug ich mich mit den Schuldgefühlen herum. Ich dachte an all das, was ich hätte tun sollen. An all die häßlichen Dinge, die ich zu ihr gesagt hatte. Ich glaubte tatsächlich, daß Gott mich, weil ich ein unartiges Kind war, mit dem Tod meiner Mutter bestraft hätte. Aber was mich am meisten bekümmerte war die Tatsache, daß ich keine Gelegenheit gehabt hatte, mich von ihr zu verabschieden. Nie wieder würde ich ihre Arme spüren, die mich umschlungen hielten, den herrlichen Duft ihres Parfums riechen oder einen Gutenachtkuß von ihr bekommen. All dies war mir zur Strafe weggenommen worden.

Am 29. Mai 1989, meinem siebenundzwanzigsten Geburtstag, fühlte ich mich sehr einsam und leer. Von dem, was durch den Tod meiner Mutter in mir ausgelöst worden war, hatte ich mich nie erholen können. Ich war emotional völlig gestört. Mein Zorn auf Gott hatte seinen Höhepunkt erreicht. Ich weinte und schrie. »Warum hast du sie mir weggenommen? Du hast mir nicht einmal die Möglichkeit gelassen, mich von ihr zu verabschieden. Ich liebte sie, und du hast mir diese Liebe entzogen. Ich hätte sie nur noch einmal umarmen wollen. *Ich hasse dich!*« Schluchzend saß ich in meinem Wohnzimmer und fühlte mich wie ausgedörrt, als mich plötzlich ein Gefühl von Wärme überkam. Ich konnte tatsächlich spüren, wie mich zwei Arme umschlangen. Ich roch den vertrauten, aber schon so lang vergangenen Duft im Raum. Sie war da. Ich konnte ihre Anwesenheit fühlen. Ich spürte ihre Berührung, ihr Duft hüllte mich ein. Gott, den ich gehaßt hatte, hatte meinen Wunsch erfüllt. Meine Mutter war zu mir gekommen, als ich sie gebraucht hatte.

Ich weiß, daß meine Mutter heute noch immer bei mir ist. Ich liebe sie nach wie vor von ganzem Herzen, und ich weiß, daß sie immer für mich dasein wird. Gerade als ich aufgegeben und mich damit abgefunden hatte, daß sie für immer fort war, gab sie mir zu erkennen, daß ihre Liebe mich niemals verlassen wird.

Stanley D. Moulson

Der schönste Engel

> Das Herz des Narren ist in seinem Mund, aber der Mund des Weisen ist in seinem Herzen.
> *Benjamin Franklin*

In den vergangenen zwanzig Jahren habe ich vor allen möglichen Zuhörerschaften in der Rolle Benjamin Franklins gesprochen. Auch wenn ich die meisten meiner Vorträge vor politischen Versammlungen halte, rede ich nach wie vor gern vor Schulgruppen. Wenn ich für politische Gruppen außerhalb von Philadelphia arbeite, dann bitte ich sie, zugunsten ihrer Gemeinden in zwei Schulen Auftritte für mich zu sponsern.

Ich finde, daß selbst noch sehr junge Schüler gut auf die Botschaft reagieren, die ich in der Rolle Benjamin Franklins überbringe. Ich ermuntere sie immer, alle Fragen zu stellen, die sie beantwortet haben wollen, und so fallen diese häufig recht interessant aus. Auf die Schüler wirkt mein Auftritt so realistisch, daß sie bereitwillig ihre Skepsis aufgeben und sich in einen Dialog mit mir verstricken lassen, so als wäre ich tatsächlich Benjamin Franklin.

Einmal besuchte ich die fünfte Klasse einer Volksschule, um Fragen von Schülern über amerikanische Geschichte zu beantworten. Einer von ihnen hob die Hand und sagte: »Ich dachte, Sie seien schon tot?« Das war keineswegs eine seltene Frage, und so antwortete ich: »Stimmt, ich bin am 17. April 1790 gestorben, als ich vierundachtzig Jahre alt war – aber nicht gern, und ich werde es auch nicht wieder tun.«

Dann bat ich um weitere Fragen und rief einen Jungen auf, der hinten in der Klasse saß und die Hand erhoben hatte. »Als Sie im Himmel waren, haben Sie dort meine Mutter gesehen?«

Mir stockte das Herz. Am liebsten wäre ich im Boden versunken. Mein einziger Gedanke war: »Mach jetzt nur nichts falsch!« Eines war mir bewußt: Wenn ein Elfjähriger eine solche Frage vor all seinen Klassenkameraden stellte, dann mußte seine Mutter entweder erst vor ganz kurzer Zeit gestorben sein oder ihr Tod bedeutete für ihn eine ständige Belastung. Aber ich wußte auch, daß ich etwas antworten mußte.

Dann hörte ich meine eigene Stimme sagen: »Ich bin nicht sicher, ob es deine Mutter war, an die ich jetzt denke, aber wenn ja, so war sie dort der schönste Engel.«

Das Lächeln auf dem Gesicht des Jungen verriet

mir, daß ich die richtige Antwort gefunden hatte. Ich weiß nicht recht, wer sie mir eingegeben hatte, aber vielleicht hatte ich ja eine kleine Hilfestellung vom schönsten Engel dort oben erhalten.

Ralph Archbold

4

Eine Frage der inneren Einstellung

Die bedeutendste Entdeckung
meiner Generation ist die,
daß Menschen ihr Leben verändern können,
indem sie ihre Geisteshaltung ändern.

William James

Entmutigt?

Als ich eines Tages von der Arbeit heimfuhr, hielt ich an, um einem Baseballspiel der lokalen Jugendliga zuzusehen. Als ich mich nahe bei der ersten Grundlinie niedergelassen hatte, fragte ich einen der Jungen, wie denn das Spiel stünde.

»Vierzehn zu null für die anderen«, antwortete er lächelnd. »Na wirklich, ich muß schon sagen, dafür wirkst du aber gar nicht entmutigt«, meinte ich. »Entmutigt?« fragte der Junge verblüfft. »Wieso entmutigt? Wir waren ja noch gar nicht dran!«

Jack Canfield

Mutters rotes Kleid

Es hing da im Schrank, als sie starb,
Mutters rotes Kleid,
Wie eine klaffende Wunde
In der Reihe dunkler alter Kleider,
In denen sie ihr Leben verschlissen hatte.

Sie hatten mich nach Hause geholt,
Und ich wußte, als ich sie sah,
Sie würde nicht mehr lange leben.

Als ich das Kleid erblickte, sagte ich:
»O Mutter – wie schön!
Ich habe es nie an dir gesehen.«

»Ich habe es nie getragen«, sagte sie leise.
»Setz dich, Millie. Ich möchte gern, bevor ich geh',
Ein paar Dinge loswerden – wenn ich's noch kann.«

Ich setzte mich an ihr Bett,
Und sie seufzte tiefer,
Als ich es bei ihr für möglich gehalten hätte.
»Jetzt, da ich bald weg sein werde,
Kann ich einiges erst richtig sehen.
Oh, ich hab' euch Gutes gelehrt – aber das Falsche.«

»Was meinst du damit, Mutter?«

»Nun – ich dachte immer, eine gute Frau

Will nichts für sich selbst,
Sie tut nur was für andere.
Tu dies, tu das, achte drauf, was die andern brauchen,
Und was du brauchst, kommt ganz zuletzt.
Vielleicht kommst du auch irgendwann mal dran.

Aber nein, natürlich nicht.
So war mein Leben – für deinen Vater sorgen,
Für die Jungen, für deine Schwestern und für dich.«

»Ja – alles, was eine Mutter tun kann,
hast du getan.«

»O Millie, Millie, das war nicht gut,
Nicht für euch und nicht für ihn.
Verstehst du nicht?
Ich hab' den schlimmsten Fehler von allen gemacht –
Ich hab' nichts verlangt – für mich!

Da sitzt dein Vater im andern Zimmer drüben,

Ganz verstört und starrt die Wände an.
Als ihm der Doktor sagte, wie es ist,

Da nahm er's schlecht auf – kam an
mein Bett
Und schüttelte mir fast das Leben aus
dem Leib.
›Du darfst nicht sterben, hörst du?
Was soll denn aus mir werden? Aus mir?‹
Stimmt schon, es wird hart für ihn,
wenn ich geh'.
Du weißt ja, er kann nicht mal die
Bratpfanne finden.

Und ihr Kinder –
Mutter macht's immer, für alle und
überall.
Ich war morgens die erste und abends
die letzte,
Sieben Tage in der Woche.
Immer nahm ich den angebrannten
Toast
Und das kleinste Stück Kuchen.

Wenn ich seh', wie ein paar von deinen
Brüdern
Nun ihre Frauen behandeln …

Es macht mich krank, weil ich es war,
Die's ihnen beigebracht hat. Und sie haben gut gelernt.
Sie haben gelernt, daß eine Frau gar nicht existieren kann,
Ohne alles zu geben.
Jeder einzelne Penny, den ich gespart hab',
Ging drauf für eure Kleider, eure Bücher,
Auch wenn's gar nicht nötig war.
Kann mich nicht erinnern, daß ich in der Stadt
Ein einziges Mal was Schönes für mich gekauft habe.

Außer letztes Jahr – das rote Kleid.
Ich fand zwanzig Dollar,
Die für nichts Besondres bestimmt waren,
Und war schon auf dem Weg,
Um damit die Waschmaschine schneller abzuzahlen.
Aber irgendwie – kam ich mit dieser großen Schachtel heim.
Da hat's mir dein Vater dann besorgt.
›Wo willst du den Fetzen denn tragen –

Vielleicht in der Oper oder sonstwo?‹
Und wahrscheinlich hat er recht gehabt.
Nie, außer im Laden, hab' ich das Kleid
angezogen.

O Millie – ich dachte immer, wenn du
in dieser Welt
Nichts für dich verlangst,
So kriegst du alles in der nächsten.
Aber das glaub' ich nicht mehr.
Ich mein', der Herr will, daß wir etwas
für uns haben,
Hier und jetzt.

Und ich sage dir, Millie, wenn ich durch
ein Wunder
Noch mal von diesem Bett aufsteh',
dann würdst du
Eine andere Mutter sehen, denn ich wär'
anders.
Ich hab's so lang verpaßt, auch mal dran
zu sein,
Daß ich kaum wissen würd', wie das ist.
Aber ich würd's lernen, Millie.
Ich würd's lernen!«

Es hing da im Schrank, als sie starb,
Mutters rotes Kleid,
Wie eine klaffende Wunde
In der Reihe dunkler alter Kleider,
In denen sie ihr Leben verschlissen hatte.

Die letzten Worte, die sie zu mir sprach,
waren:
»Mir zuliebe, Millie, mach's nicht wie ich.
Versprich mir's.«

Ich versprach es ihr.
Sie hielt den Atem an.
Und dann war Mutter dran
Zu sterben.

Carol Lynn Pearson

Lebenseinstellung – du hast die Wahl

> Ein glücklicher Mensch ist nicht der, der unter bestimmten Verhältnissen lebt, sondern der, der eine bestimmte Geisteshaltung hat.
>
> *Hugh Downs*

Meine Frau Tere und ich erstanden im Dezember einen neuen Wagen. Obwohl wir Flugtickets von Kalifornien nach Houston hatten, um dort über Weihnachten ihre Familie zu besuchen, beschlossen wir, statt dessen diesen Wagen zu nehmen, um ihn einzufahren. Wir packten den Kofferraum voll und starteten, um eine vergnügliche Woche zu verbringen.

Das taten wir dann auch und blieben bis zum letztmöglichen Augenblick dort. Auf der Rückfahrt hatten wir es eilig, also fuhren wir geradewegs durch – wobei einer von uns am Lenkrad saß, während der andere schlief. Nachdem wir mehrere Stunden durch starken Regen gefahren waren, kamen wir spät in der Nacht zu Hause an. Wir waren hundemüde und sehnten uns nur noch nach einer heißen Dusche und einem weichen Bett. Ich hatte das Gefühl, daß wir trotz unserer Erschöpfung sofort den Wagen auspacken sollten, aber Tere dachte nur noch an Dusche und Bett, und so beschlossen wir, es auf den Morgen zu verschieben.

Um sieben Uhr früh standen wir erfrischt und ausgeruht auf, bereit, den Wagen auszupacken. Als wir die Haustür öffneten, stand kein Wagen mehr in der Zufahrt! Tere und ich blickten einander an, starrten wieder auf die Zufahrt, blickten einander an, starrten erneut auf die Zufahrt und sahen uns anschließend wieder an. Dann stellte Tere die tiefgründige Frage: »Sag mal, wo hast du den Wagen geparkt?«

Ich lachte. »Da in der Zufahrt.« Nun wußten wir zwar, wo wir ihn geparkt hatten, aber wir gingen trotzdem hinaus auf die Straße in der Hoffnung, daß das Auto vielleicht wie durch ein Wunder rückwärts hinausgerollt war und sich am Straßenrand selbst geparkt hatte. Aber dem war nicht so.

Benommen gingen wir zur Polizei und füllten ein Meldeformular aus, das angeblich unser hochtechnisiertes Suchsystem aktivieren sollte. Um ganz sicher zu sein, wandte ich mich zudem selbst telefonisch an das betreffende Unternehmen. Man versicherte mir dort, sie hätten eine achtundneunzigprozentige Erfolgsrate innerhalb von zwei Stunden. Nach zwei Stunden rief ich also dort an und erkundigte mich, ob mein Wagen gefunden worden sei.

»Wir haben ihn bis jetzt noch nicht gefunden, Mr. Harris, aber wir haben eine vierundneunzigprozentige Erfolgsrate innerhalb von vier Stunden.«

Zwei weitere Stunden vergingen, ich rief erneut an und fragte: »Wo ist mein Wagen?«

Wieder antwortete man mir: »Wir haben ihn noch nicht gefunden, aber wir haben eine neunzigprozentige Erfolgsrate innerhalb von acht Stunden.«

Daraufhin teilte ich ihnen mit, daß mich ihr Erfolgsprozentsatz nicht interessierte, solange ich zum Mißerfolgsprozentsatz gehörte, und sie sollten mich anrufen, sobald sie den Wagen hätten.

Später am Tag tauchte in einem Werbespot im Fernsehen ein Auto auf, und der Sprecher fragte: »Würden Sie diesen Wagen nicht gern in Ihrer Zufahrt stehen haben?«

»Klar«, sagte ich. »Gestern hatte ich noch so einen dort stehen.«

Im Lauf des Tages regte Tere sich immer mehr auf, als ihr nach und nach einfiel, was sich alles im Wagen befunden hatte – unser Hochzeitsalbum, unersetzbare Familienfotos von vergangenen Generationen, Kleider, unsere gesamte Kameraausrüstung, meine Brieftasche und unsere Scheckbücher, um nur einiges davon zu erwähnen. Für unser Überleben waren diese Gegenstände nicht unbedingt wichtig, aber in diesem Augenblick schien es uns so.

Bedrückt und frustriert fragte mich Tere: »Wie kannst du dich bloß darüber amüsieren, wenn wir all das verloren haben und dazu noch unser brandneuer Wagen weg ist?«

Ich sah sie an. »Schätzchen, unser Wagen kann gestohlen werden und wir regen uns darüber auf, oder unser Wagen kann gestohlen werden und wir lachen darüber. Der Wagen bleibt so und so gestohlen. Aber unser Verhalten können wir selbst bestimmen, und ich habe mich dafür entschieden zu lachen.«

Fünf Tage später erhielten wir unseren Wagen ohne auch nur eine Spur unserer Habseligkeiten darin zurück, dafür aber mit einem Schaden in Höhe von dreitausend Dollar. Ich brachte ihn in die Reparaturwerkstatt und war erfreut zu erfahren, daß wir ihn innerhalb einer Woche zurückbekämen.

Am Ende besagter Woche gab ich den Leihwagen ab und nahm unseren Wagen in Empfang.

Ich war aufgeregt und erleichtert, ihn wiederzuhaben. Unglücklicherweise waren diese Gefühle nur von kurzer Dauer. Auf dem Heimweg fuhr ich einem anderen Wagen von hinten ins Heck. Das Auto, gegen das ich prallte, erlitt keinen Schaden, aber unseres durchaus – erneut dreitausend Dollar Reparatur und ein weiterer Anspruch an die Versicherung. Es gelang mir, den Wagen noch in unsere Zufahrt zu manövrieren, aber als ich ausstieg, um den Schaden genau zu betrachten, wurde der linke Vorderreifen platt.

Während ich noch dastand und wütend den Wagen anstarrte, traf Tere ein. Sie kam auf mich zu, blickte erst auf den Wagen und dann auf mich. Als sie sah, daß ich dabei war, mich innerlich zu zerfleischen, legte sie den Arm um mich. »Schätzchen, wir können einen kaputten Wagen haben und uns darüber aufregen, oder wir können einen kaputten Wagen haben und darüber lachen. So und so haben wir einen kaputten Wagen, also entschließen wir uns fürs Lachen.«

Ich kapitulierte und begann lauthals zu lachen. Danach verbrachten wir gemeinsam einen wundervollen Abend.

Bob Harris

5

Über Lernen und Lehren

Heute in fünfzig Jahren wird es keine Rolle mehr spielen, was für einen Wagen Sie fuhren, in was für einem Haus Sie wohnten, wieviel Sie auf Ihrem Bankkonto hatten oder wie Sie gekleidet waren. Aber vielleicht ist die Welt ein bißchen besser geworden, weil Sie für das Leben eines Kindes wichtig waren.

Anonym

Die magischen Steine

Ständiges Nachdenken ist es, was unser Leben bestimmt. Es beeinflußt uns mehr als selbst unsere intimsten Beziehungen. Unsere engsten Freunde formen unser Leben weniger als die Gedanken, die wir haben.

J. W. Teal

»Warum müssen wir all dieses blöde Zeug lernen?«

Von allen Beschwerden und Fragen, die ich während meiner Jahre als Lehrer zu hören bekam, war dies eine der häufigsten. Ich pflegte sie mit folgender Geschichte zu beantworten:

Eines Abends bereitete sich eine Gruppe von Nomaden zum Schlafen vor, als sie plötzlich von einem überwältigenden Licht umgeben waren. Sie wußten, daß dies die Anwesenheit eines göttlichen Wesens bedeutete. Mit großer Spannung erwarteten sie nun eine himmlische Botschaft von großer Wichtigkeit, die, wie sie wußten, speziell für sie bestimmt sein mußte.

Schließlich sprach eine Stimme: »Sammelt so viele Kieselsteine, wie ihr nur könnt. Steckt sie in eure Satteltaschen. Reitet morgen einen ganzen Tag lang, und am Abend werdet ihr glücklich und zugleich traurig sein.«

Nachdem die Erscheinung verschwunden war, waren die Nomaden enttäuscht und verärgert. Sie hatten die Offenbarung einer gewaltigen und umfassenden Wahrheit erwartet, die sie befähigen würde, Wohlstand und Gesundheit in der Welt zu schaffen und dem Leben einen Sinn zu geben. Aber statt dessen wurde ihnen eine niedrige Arbeit zugemutet, die für sie völlig sinnlos war. Trotzdem, der Eindruck, den der Glanz ihres himmlischen Besuchers bei ihnen hinterlassen hatte, bewog doch jeden, ein paar Kieselsteine aufzuheben und sie in die Satteltasche zu stecken, während sie noch immer ihrem Mißvergnügen Ausdruck verliehen.

Sie ritten dann den ganzen Tag lang, und als sie am Abend ihr Lager aufschlugen, griffen sie in ihre Satteltaschen und entdeckten, daß jeder Kieselstein, den sie gesammelt hatten, zu einem Diamanten geworden war. Nun waren sie glücklich, daß sie Dia-

manten hatten. Und sie waren traurig, daß sie nicht mehr Kieselsteine gesammelt hatten.

Eine Erfahrung, die ich mit einem Schüler – ich nenne ihn einmal Alan – in meinen Anfangsjahren als Lehrer machte, veranschaulicht für mich den Wahrheitsgehalt dieser Geschichte.

Als Alan in die achte Klasse kam, war sein Hauptfach Schwierigkeiten bereiten und sein Nebenfach Nichtstun. Er hatte nur gelernt, den brutalen Maulhelden zu spielen, und er hätte jedes Abschlußexamen in Verlogenheit mit Auszeichnung bestanden.

Jeden Tag ließ ich meine Schüler ein Zitat von einem bedeutenden Denker auswendig lernen. Es war meine Methode, ihre Anwesenheit zu kontrollieren. Ich rief einen Namen auf und begann mit dem Anfang eines Zitats. Von dem jeweiligen Schüler wurde erwartet, es zu Ende zu führen.

»Alice Adams: ›Es gibt kein Versagen, es sei denn ...«

»... du gibst auf.‹ Anwesend, Mr. Schlatter.«

Und so hatten sich am Ende des Jahres meine jungen Schützlinge rund hundertfünfzig wichtige Sätze eingeprägt.

»Glaube, du kannst es, glaube, du kannst es nicht – in jedem Fall hast du recht.«

»Wenn du die Hindernisse siehst, hast du das Ziel aus den Augen verloren.«

»Ein Zyniker ist jemand, der von allem den Preis kennt und von nichts den Wert.«

Und dann natürlich Napoleon Hills: »Was du begreifen und glauben kannst, das kannst du auch erreichen.«

Niemand beschwerte sich über diese tägliche Routine mehr als Alan – doch er wurde schließlich aus der Schule hinausgeworfen, und ich verlor ihn für fünf Jahre aus den Augen. Aber eines Tages tauchte er wieder auf. Er nahm an einem speziellen Programm an einem benachbarten College teil und hatte gerade eine Haftstrafe und seine Bewährungszeit hinter sich.

Alan erzählte mir, er sei, nachdem er erst in ein Erziehungsheim und dann in die Jugendstrafanstalt gesteckt worden war, so angewidert von sich selbst gewesen, daß er eine Rasierklinge genommen und sich die Pulsadern aufgeschnitten hatte.

»Wissen Sie was, Mr. Schlatter«, sagte er dann, »als ich da so lag und mir das Leben aus dem Körper rann, fiel mir plötzlich dieses blöde Zitat ein, das Sie mich früher einmal zwanzigmal hintereinander schreiben ließen. ›Es gibt kein Versagen, es sei denn, du gibst auf.‹ Plötzlich ergab das einen

Sinn für mich. Solange ich lebte, war ich also kein Versager, wenn ich mich aber umbrachte, würde ich mit Sicherheit als Versager sterben. Also rief ich mit all meinen verbliebenen Kräften um Hilfe und begann ein neues Leben.«

Als Alan damals das Zitat gehört hatte, war es nur ein Kieselstein gewesen. Als er im kritischen Moment Hilfe brauchte, war es zu einem Diamanten geworden. Und so liegt es an Ihnen zu sagen: »Sammle alle Kieselsteine, die du finden kannst, so kannst du auf eine mit Diamanten gefüllte Zukunft zählen.«

John Wayne Schlatter

Wir sind die Blöden

Der erste Tag, an dem ich unterrichtete, verlief zuerst ausgezeichnet. Lehrerin zu sein ist ein Kinderspiel, dachte ich. Dann kam die siebte Unterrichtsstunde, die letzte dieses Tages.

Als ich auf das Klassenzimmer zuging, hörte ich das Gepolter von Möbeln. Als ich eintrat, sah ich, wie ein Junge einen anderen auf den Boden hinabdrückte und festhielt. »Mensch, du Idiot!« schrie der, der auf dem Boden lag. »Deine Schwester ist mir doch scheißegal!«

»Du läßt die Finger von ihr, hast du gehört?« drohte ihm der Junge, der auf ihm lag.

Ich richtete mich zu meiner vollen, wenn auch geringen Größe auf und wies die beiden an, mit Raufen aufzuhören. Plötzlich waren vierzehn Paar Augen auf mein Gesicht gerichtet. Ich wußte, daß ich nicht sonderlich überzeugend wirkte. Mit finsteren Blicken, die sowohl einander wie auch mir galten, trollten sich die beiden Kampfhähne auf ihre Plätze. In diesem Augenblick streckte der Kollege, der in der Klasse gegenüber unterrichtete, den Kopf zur Tür herein und schrie meine Schüler an, sie sollten sich setzen, den Mund halten und das tun, was ich ihnen befahl. Ich blieb mit einem Gefühl der Hilflosigkeit zurück.

Dann versuchte ich, den Unterricht zu halten, den ich vorbereitet hatte, aber ich stand einem Meer von verschlossenen Gesichtern gegenüber. Als die Stunde aus war und die Schüler die Klasse verließen, hielt ich den Jungen zurück, der die Rauferei angefangen hatte. Ich will ihn Mark nennen. »Lady, verschwenden Sie nicht Ihre Zeit«, sagte er. »Wir sind die Blöden, die ›geistig Zurückgebliebenen‹.« Damit schlenderte er in den Korridor hinaus.

Vor Schreck sprachlos ließ ich mich auf meinen Stuhl fallen und fragte mich, ob es wirklich so eine gute Idee gewesen war, Lehrerin zu werden. War ich überhaupt fähig, mit derartigen Problemen fertig zu werden? Oder sollte ich einfach alles aufgeben? Schließlich beschloß ich, ein Jahr durchzustehen, um nach meiner Heirat im kommenden Sommer eine lohnendere Aufgabe zu suchen.

»Die haben Ihnen zugesetzt, was?« Das war mein Kollege von gegenüber. Ich nickte.

»Keine Sorge«, sagte er. »Ich habe viele von ihnen im Sommerkurs gehabt. Es sind ja nur vierzehn, und die meisten schaffen ihren Abschluß ohnehin nicht. Vergeuden Sie Ihre Zeit bloß nicht mit diesen Kindern.«

»Was meinen Sie damit?«

»Sie hausen in Hütten bei den Feldern draußen und stammen von Wanderarbeitern ab – Saisonarbeitern. Sie kommen überhaupt nur in die Schule, wenn ihnen danach zumute ist. Der Junge, der auf dem Boden lag, hat Marks Schwester belästigt, während sie zusammen Bohnen gepflückt haben. Ich mußte ihnen schon heute beim Lunch die Mäuler stopfen. Sehen Sie einfach zu, daß sie beschäftigt und still sind. Wenn sie Scherereien machen, schicken Sie sie zu mir.«

Während ich meine Sachen zusammenpackte, um nach Hause zu gehen, konnte ich den Ausdruck auf Marks Gesicht nicht vergessen, als er

»geistig Zurückgebliebene« gesagt hatte. Das Wort hallte in meinem Kopf nach. Ich wußte, ich mußte etwas Drastisches unternehmen.

Am darauffolgenden Nachmittag bat ich meinen Kollegen, nicht mehr in meine Klasse zu kommen. Ich müsse mit den Kindern auf meine eigene Weise zurechtkommen. Dann ging ich in das Klassenzimmer und sah jeden einzelnen Schüler ganz bewußt an. Anschließend ging ich an die Tafel und schrieb »ECINAJ« darauf.

»Das ist mein Vorname«, erklärte ich. »Könnt ihr euch darunter was vorstellen?«

Sie fanden ihn komisch und meinten, so was hätten sie noch nie gehört. Daraufhin ging ich wieder zur Tafel und schrieb diesmal »JANICE« darauf. Ein paar von ihnen wiederholten spontan das Wort und warfen mir dann merkwürdige Blicke zu.

»Ihr habt recht, ich heiße Janice«, sagte ich. »Ich bin lernbeeinträchtigt – ich habe etwas, das man ›Dyslexie‹ nennt. Als ich in der Schule anfing, konnte ich meinen eigenen Namen nicht richtig schreiben. Ich konnte keine Worte buchstabieren, und Zahlen verschwammen mir im Kopf. Man bezeichnete mich als ›zurückgeblieben‹. Ganz recht – ich war eine ›geistig Zurückgebliebene‹. Ich höre heute noch diese schrecklichen Stimmen und weiß, wie ich mich damals geschämt habe.«

»Aber wie sind Sie denn dann Lehrerin geworden?« fragte jemand.

»Weil ich es hasse, wenn man mir einen Stempel aufdrückt, und weil ich nicht dumm bin und gerne lerne. Und darum geht es auch bei euch. Wenn ihr den Stempel ›geistig zurückgeblieben‹ oder ›blöd‹ haben wollt, dann gehört ihr nicht hierher. Wechselt die Klasse. In diesem Raum gibt es keine ›geistig Zurückgebliebenen‹.

Es wird nicht leicht für euch sein«, fuhr ich dann fort. »Wir werden arbeiten und noch mal arbeiten, bis ihr die übrigen eingeholt habt. Ihr *werdet* euren Abschluß machen, und ich hoffe, daß einige auch aufs College gehen werden. Das ist kein Witz – es ist ein Versprechen. Ich möchte in diesem Raum hier nie wieder den Begriff ›geistig zurückgeblieben‹ hören, habt ihr verstanden?«

Mir schien, als setzten sich alle ein bißchen aufrechter hin.

Wir arbeiteten dann wirklich hart, und bald sah ich auch einen Silberstreifen am Horizont. Mark zum Beispiel war sehr intelligent. Ich hörte, wie er zu einem Jungen im Korridor sagte: »Das Buch ist wirklich gut. Wir lesen da drin keine Bücher für kleine Kinder.« Er hielt dabei eine Ausgabe von *To kill a Mockingbird* in der Hand.

Die Monate vergingen wie im Flug, und die

Fortschritte waren wunderbar. Dann erklärte Mark eines Tages: »Aber die Leute halten uns immer noch für blöd, weil wir nicht richtig reden.« Das war der Augenblick, auf den ich gewartet hatte. Nun konnten wir mit einem intensiven Studium der Grammatik beginnen, weil sie genau das haben wollten.

Mit Bedauern sah ich den Juni näher kommen; die Kinder wollten noch so viel lernen. Alle meine Schüler wußten, daß ich heiraten und in einen anderen Staat ziehen würde. Sie wurden auch jedesmal ganz aufgeregt, wann immer ich das erwähnte. Ich war froh, daß sie mich inzwischen ins Herz geschlossen hatten – aber was stimmte da nicht? Waren sie zornig, weil ich die Schule verlassen würde?

An meinem letzten Unterrichtstag begrüßte mich der Rektor, als ich das Gebäude betrat, mit einem »Wollen Sie bitte mit mir kommen?« Seine Stimme war streng. »Es gibt da ein Problem mit Ihrem Klassenzimmer.« Er starrte vor sich hin, als er mit mir den Korridor entlangging. Was ist jetzt bloß los? dachte ich.

Es verschlug mir den Atem. Das Klassenzimmer war ein Blumenmeer. Sträuße standen in den Ecken, auf den Schreibpulten der Schüler und auf den Schränken, auf meinem Tisch war ein riesiger Blumenteppich ausgebreitet. *Wie hatten sie das bloß zuwege gebracht?* fragte ich mich. Die meisten von ihnen waren so arm, daß sie, was warme Kleidung und ordentliches Essen betraf, auf das Schulhilfsprogramm angewiesen waren.

Die Tränen kamen mir, und den Schülern auch.

Später erfuhr ich, wie sie es fertiggebracht hatten. Mark, der an den Wochenenden in einem Blumenladen arbeitete, hatte gesehen, daß Schüler aus meinen anderen Klassen Blumen bestellt hatten. Er hatte das seinen Klassenkameraden erzählt. Zu stolz, um sich jemals wieder einen beleidigenden Stempel wie »arm« aufdrücken zu lassen, hatte Mark den Blumenhändler um die »müde gewordenen« Blumen im Laden gebeten. Dann hatte er Beerdigungsinstitute aufgesucht und dort erklärt, seine Klasse bräuchte Blumen für eine Lehrerin, die von der Schule weggine. Man hatte ihm bereitwillig die nach jeder Beisetzung übriggebliebenen Bouquets überlassen.

Das war nicht die einzige Anerkennung, die sie mir zukommen ließen. Zwei Jahre später bestanden alle vierzehn Schüler ihr Abschlußexamen, und sechs von ihnen bekamen Collegestipendien.

Nun, achtundzwanzig Jahre später, unterrichte

ich in einer im traditionellen Sinn anspruchsvollen Schule nicht weit von der entfernt, in der meine Lehrerinnenkarriere begann. Ich erfuhr, daß Mark seine Freundin im College geheiratet hatte und ein erfolgreicher Geschäftsmann ist. Und wie es der Zufall will, vor drei Jahren war Marks Sohn in meiner Begabten-Englischklasse.

Manchmal muß ich in Erinnerung an meinen ersten Tag als Lehrerin lachen. Wenn ich mir vorstelle, daß ich mir damals überlegte, ob ich nicht weggehen sollte, um etwas *Lohnenderes* zu suchen!

Janice Anderson Connolly

Was ist mit der Jugend von heute los?

> Wenn man ein Individuum so behandelt, als wäre es das, was es sein sollte und könnte, so wird es das werden, was es sein sollte und könnte.
>
> *Goethe*

Unsere jungen Leute wachsen heute viel schneller heran als früher. Sie brauchen unsere Hilfe.

Aber was könnte ich tun?

Meine innere Stimme wollte wissen, weshalb ich kein Vorbild für die heutige junge Generation geworden sei. Aber das wäre mir von jeher unmöglich gewesen. Ich bin kein Psychologe, und ganz gewiß habe ich nicht die Einflußmöglichkeiten eines Politikers, um massive Veränderungen zu bewirken.

Ich bin Ingenieur. Ich habe an der Universität von Virginia Elektrotechnik studiert und promoviert, und nun arbeite ich für Hewlett-Packard.

Aber der Gedanke ließ mich nicht los.

Also kam ich zu dem Schluß, daß ich etwas tun müßte. Am gleichen Vormittag rief ich in der örtlichen High-School an und teilte dem Rektor meinen Wunsch zu helfen mit. Er war begeistert und forderte mich auf, während der Lunchzeit zu kommen. Ich könnte mich mit den Schülern unterhalten, die Themen seien freigestellt. Ich war einverstanden.

Um die Mittagszeit fuhr ich zur Schule. Viele Gedanken gingen mir durch den Kopf: »Wird es mir gelingen, Kontakt zu ihnen zu bekommen? Wollen Schüler überhaupt mit Außenstehenden reden?«

Ich war seit langer Zeit in keiner Schule mehr gewesen. Als ich den Korridor entlangging, herrschte dort ein wildes Gedränge. Die Schüler sahen meinem Gefühl nach viel älter aus als ich. Die meisten von ihnen trugen sackartige und ausgebeulte Kleidung.

Schließlich gelangte ich zum Klassenzimmer Nr. 103, wo das Gespräch mit den Schülern stattfinden sollte. Ich holte tief Luft und öffnete die Tür. Drinnen fand ich zweiunddreißig Schüler vor, die alle durcheinanderredeten. Als ich eintrat, verstummten sie. Alle Augen waren auf mich gerichtet. »Hi – ich bin Marlon.«

»Hey, Marlon, nur herein.« Puuuh – ich war erst einmal erleichtert. Sie akzeptierten mich also.

Während dieser Stunde unterhielten wir uns mit großem Vergnügen über Zielsetzungen, die Wichtigkeit von Schulbildung und Konfliktlösung ohne Gewalt. Als die Stunde um war und es klingelte, hatte ich überhaupt keine Lust aufzuhören. Die Zeit war nur so verflogen, und ehe wir es uns versahen, mußte ich schon wieder gehen. Ich konnte gar nicht fassen, daß mir das Ganze solches Vergnügen gemacht hatte, und kehrte beflügelt zu meiner Arbeit zurück.

Dies ging monatelang so weiter. Ich nahm viele engere Beziehungen in der Schule auf. Die meisten der Schüler mochten mich. Aber nicht alle waren von meinem Auftauchen begeistert.

Da war zum Beispiel Paul.

Paul werde ich nie vergessen. Er war ein abgebrühter Bursche, rund ein Meter neunzig groß und an die zwei Zentner schwer. Er war eben erst an diese Schule versetzt worden. Gerüchten nach war er in zahlreichen Jugendhaftanstalten gewesen. Genaugenommen hatten die Lehrer Angst vor ihm; und das nicht ohne Grund – zwei Jahre zuvor war er verurteilt worden, weil er seinem Englischlehrer im Verlauf einer Auseinandersetzung ein Messer in die Brust gerammt hatte. Alle ließen ihn machen, was er wollte. Er kam zu spät in die Schule. Nie trug er ein Buch in der Hand, denn für die »school« war er einfach zu »cool«.

Von Zeit zu Zeit war er bei meinen mittäglichen Gesprächen dabei, äußerte jedoch nie ein Wort. Ich glaube, der einzige Grund, weshalb er überhaupt auftauchte, war der, die »Puppen zu begutachten«.

Wann immer ich versuchte, ihn mit einzubeziehen, starrte er mich lediglich mit durchbohrendem Blick an. Er schüchterte mich ein. Er wirkte wie eine Bombe kurz vor der Explosion. Aber ich war nicht bereit aufzugeben. Jedesmal, wenn er kam, versuchte ich ihn dazu zu bringen, sich an der Diskussion zu beteiligen, aber er war einfach nicht daran interessiert.

Eines Tages hatte ich genug, und die Bombe explodierte.

In dieser Stunde entwickelten wir eine Collage mit dem Titel »Ziele«. Die Schüler und Schülerinnen schnitten Bilder aus Zeitschriften aus, die ihre eigenen Zielvorstellungen ausdrückten oder symbolisierten, und klebten sie auf ein großes Plakat. Wir waren schon seit zwanzig Minuten damit beschäftigt, als Paul hereingeschlendert kam.

Ich bat jemanden aus der Klasse, sich freiwillig zu seinen – oder ihren – Zukunftsvorstellungen zu äußern. Julie, ein zierliches Mädchen, stand auf. Ich war froh darüber, denn anfangs war sie so scheu gewesen.

»Ich möchte Medizin studieren und Ärztin werden.«

Aus dem hinteren Teil des Klassenzimmers ertönte plötzlich Gelächter. »So was – du und Ärztin? Bleib bloß auf der Matte. Aus dir wird doch im Leben nichts.«

Alle Köpfe wandten sich nach hinten um. Paul lachte schallend über seine eigene Äußerung.

Ich war schockiert und konnte einfach nicht fassen, was da geschah. Es herrschte komplette Stille. Was sollte ich tun? Mein Adrenalinspiegel hob sich beträchtlich.

»Paul, das ist nicht richtig. Wer bist du eigentlich, daß du jemand anderen derartig herabsetzt?«

»Sie Besserwisser wollen mir was sagen? Sie unterschätzen mich! Wissen Sie überhaupt, wer ich bin? Hören Sie, Mann, ich bin ein O. G. – ein Originalgangster. Legen Sie sich bloß nicht mit mir an, oder es wird Ihnen leid tun.«

Er ging auf die Tür zu.

»Nein, Paul, so funktioniert das nicht. Du hast kein Recht, jemand anderen schlechtzumachen. Es reicht jetzt. Entweder bist du Teil der Gruppe oder du bist es nicht. Wir bilden hier ein Team, bei dem einer den anderen unterstützt. Und Paul, du hast so viel innere Kraft. Wir brauchen deine Mithilfe. Du hättest uns allen so viel zu bieten. Mir liegt an dir und an dieser Gruppe. Deshalb bin ich ja hier. Wirst du im Team mitspielen?«

Paul warf mir einen Blick über die Schulter zu und starrte mich entsetzt an. Dann öffnete er die Tür, ging hinaus und knallte sie hinter sich zu.

Die Klasse war erschüttert über diese Szene und ich ebenfalls.

Als die Stunde vorüber war, packte ich meine Sachen zusammen und machte mich auf den Weg zum Parkplatz. Als ich mich meinem Wagen näherte, hörte ich jemand meinen Namen rufen.

Ich drehte mich um und erblickte zu meinem Erstaunen Paul. Er kam schnell auf mich zu. Ich bekam plötzlich Angst und war nahe daran, irgendwo Hilfe zu suchen. Aber alles ging so schnell, daß ich mich nicht rühren konnte.

»Mr. Smith, wissen Sie noch, was Sie vorhin zu mir gesagt haben?«

»Ja, Paul.«

»War Ihnen das ernst, als Sie sagten, es läge Ihnen was an mir und Sie wollten, daß ich im Team mitmache?«

»Ja, natürlich, Paul.«

»Na ja, in meinem ganzen Leben hat mir noch keiner gesagt, daß ihm was an mir liegt. Sie sind der erste. Ich will in Ihrem Team mitmachen. Danke, daß Ihnen das so wichtig war, daß Sie sich von mir nicht haben einschüchtern lassen. Ich werde mich morgen vor der ganzen Klasse bei Julie entschuldigen.«

Ich traute meinen Ohren nicht. Es wirkte wie ein Schock, und ich brachte kaum ein Wort heraus.

Als er wegging, traten mir Freudentränen in die Augen und rollten über mein Gesicht. Ich war im tiefsten Innern getroffen. Und an diesem Tag faßte ich den Entschluß, mich dafür einzusetzen, daß junge Menschen darin bestärkt werden, ihre wahren Kräfte zu erkennen.

Marlon Smith

Ein Nichts im Schnee

Es begann mit einer Tragödie an einem bitterkalten Februarmorgen. Ich fuhr mit dem Auto hinter dem Milford Corners Bus her zur Schule, so wie meistens an verschneiten Tagen. Der Bus schwenkte ein und hielt dicht beim Hotel, wozu überhaupt kein Anlaß bestand, und ich war verärgert über den unerwarteten Aufenthalt. Ein Junge stieg unsicher aus dem Bus, taumelte, stolperte dann und brach auf dem aufgehäuften Schnee am Straßenrand zusammen. Der Fahrer und ich waren gleichzeitig bei ihm. Sein dünnes, eingefallenes Gesicht hob sich selbst noch gegen den Schnee weiß ab.

»Der ist tot«, flüsterte der Fahrer.

Ein paar Sekunden lang erfaßte ich gar nichts. Ich warf einen Blick auf die verängstigten jungen Gesichter, die vom Schulbus aus auf uns herabstarrten. »Ein Arzt! Schnell! Ich rufe vom Hotel aus an.«

»Das hat keinen Sinn. Ich sag' Ihnen, der ist tot.« Der Fahrer blickte auf die regungslose Gestalt des Jungen hinab. »Er hat nicht mal gesagt, daß er sich schlecht fühlt«, brummte er. »Hat mich bloß auf die Schulter getippt und ganz leise gesagt: ›Entschuldigung, ich muß am Hotel aussteigen.‹

Das war alles. Ganz höflich und – ja, so wie 'ne Entschuldigung.«

In der Schule verstummte schlagartig das morgendliche Gekicher und Gedränge, als sich die Nachricht auf den Gängen verbreitete. Ich kam an einer Gruppe Mädchen vorbei. »Wer war's denn? Wer ist da auf dem Schulweg tot hingefallen?« hörte ich eine von ihnen halblaut fragen.

»Ich kenn' seinen Namen nicht. Irgendwer von Milford Corners«, wurde geantwortet.

Ähnlich ging es im Lehrerzimmer und im Rektorat zu. »Ich wäre Ihnen dankbar, wenn Sie den Eltern Bescheid sagen würden«, teilte mir der Rektor mit. »Sie haben kein Telefon, und es sollte sowieso jemand von der Schule persönlich dorthin gehen. Ich kümmere mich um Ihre Klasse.«

»Wieso ich?« fragte ich. »Wäre es nicht besser, wenn Sie das tun würden?«

»Ich kannte den Jungen gar nicht«, erklärte der Rektor gelassen. »Und in der letztjährigen Semesterabschluß-Persönlichkeitsliste wurden Sie als sein Lieblingslehrer angegeben.«

Ich fuhr durch Schnee und Kälte die schlechte Straße entlang zum Heim der Evans. Dabei dachte ich über den Jungen, Cliff, nach. Ich – sein Lieblingslehrer! In zwei Jahren hatte er mit mir keine zwei Worte gesprochen! Ich sah ihn vor mir, wie er in der letzten Reihe saß. Er betrat und verließ die Klasse immer allein. »Cliff Evans«, murmelte ich vor mich hin. »Der Junge, der nie lächelte. Ich habe ihn nicht ein einziges Mal lächeln sehen.«

Die große Küche auf der Ranch war sauber und warm. Ich rückte irgendwie mit meiner Nachricht heraus. Mrs. Evans griff blindlings nach einem Stuhl. »Er hat nie gesagt, daß er krank ist ...«

Sein Stiefvater schnaubte. »Er hat überhaupt nix gesagt, seit ich hier eingezogen bin.«

Mrs. Evans stand wieder auf, schob eine Pfanne auf den hinteren Teil des Herds und begann, sich die Schürze aufzubinden. »Moment mal!« fuhr ihr Mann sie an. »Ich brauch' mein Frühstück, bevor ich in die Stadt fahr'. Tun können wir sowieso nix mehr. Wenn Cliff nich' so blöd gewesen wär', hätt' er uns gesagt, daß ihm nich' gut ist.«

Nach dem Unterricht saß ich im Büro und starrte düster auf die vor mir ausgebreiteten Unterlagen. Ich sollte die Akte des Jungen abschließen und einen Nachruf über ihn in der Schulzeitung schreiben. Die fast leeren Blätter vor mir schienen sich über meine Bemühungen lustig zu machen. »Cliff Evans, weiß, von seinem Stiefvater nie offiziell adoptiert, fünf Halbgeschwister.« Diese mageren Informationen und die Liste der D-Grade waren so ziemlich alles, was die Unterlagen zu bieten hatten.

Cliff Evans war morgens schweigend in die Schule gekommen und hatte sie nachmittags wieder verlassen, das war alles. Er hatte niemals einem Verein angehört. Er hatte nie in einem Team mitgespielt. Er hatte nie irgendeine Funktion in der Schule gehabt. Soviel ich wußte, hatte er sich niemals irgendeinen Lausbubenstreich oder dergleichen geleistet. Er war praktisch ein Niemand gewesen.

Wie schafft man es, einen Jungen in ein Garnichts zu verwandeln? Die Klassenunterlagen lieferten bis zu einem gewissen Grad eine Antwort. Die Beurteilungen der Lehrer der ersten und zweiten Klasse lauteten: »Liebes, scheues Kind; schüchtern, aber sehr bemüht.« In der dritten Klasse wurde der Angriff eröffnet. Mit energischer, deutlicher Schrift hatte irgendein Lehrer geschrieben: »Cliff redet nicht. Trägt nichts zum Unterricht bei. Schwerfällig im Lernen.« Der nächste aus der akademischen Schafherde war ihm mit einem »stumpf«, »begriffsstutzig« und »niederer Intelligenzquotient« gefolgt. Sie bekamen beide prompt recht. Der Intelligenzquotient des Jungen lag in der neunten Klasse bei dreiundachtzig. Aber in der dritten Klasse hatte er bei hundertsechs gelegen. Bis zur siebten Klasse war er nicht unter hundert gefallen. Selbst schüchterne, liebe Kinder verfügen über Widerstandskraft. Es dauert seine Zeit, bis sie gebrochen wird.

Ich stapfte zur Schreibmaschine und tippte einen wütenden Bericht, in dem ich darauf hinwies, was die schulische Erziehung Cliff Evans angetan hatte. Eine Kopie klatschte ich auf den Schreibtisch des Rektors und eine andere in den trübseligen Aktenordner samt seinem mit Eselsohren versehenem Inhalt, klappte ihn zusammen und knallte die Tür hinter mir zu, als ich wegging. Aber auch dann fühlte ich mich nicht viel besser. Ein kleiner Junge blieb mir beharrlich auf den Fersen, ein Junge mit spitzem Gesicht, magerem Körper in abgenutzten Jeans und großen Augen, die lange Zeit nach etwas gesucht hatten und am Ende verschleiert wirkten.

Ich konnte mir vorstellen, wie oft er bei den Entscheidungen, wer in die Sportteams aufgenommen werden sollte, als letzter genommen wurde, von wie vielen geflüsterten kindlichen Unterhaltungen er ausgeschlossen gewesen war. Ich sah die Gesichter und hörte die Stimmen, die immer wieder besagten: »Du bist blöd. Du bist blöd. Du bist 'ne Null, Cliff Evans.«

Das Kind ist ein gläubiges Geschöpf. Zweifellos glaubte Cliff den Stimmen und Gesichtern. Plötzlich schien mir alles klar: Als schließlich von Cliff

Evans gar nichts mehr übrig war, brach er auf einem Schneehaufen zusammen und ging aus der Welt. Der Arzt mochte als Todesursache »Herzversagen« feststellen, aber das konnte nichts an meiner Ansicht ändern.

Jean Tod Hunter

Eine einfache Berührung

Mein Freund Charlie schloß die Tür auf, trat ein und schlug sie hinter sich zu. Schnurstracks strebte er meinem Kühlschrank zu, holte sich ein Budweiser heraus und setzte sich auf einen Küchenstuhl. Ich betrachtete ihn interessiert.

Auf seinem Gesicht lag jener erschütterte, verwirrte Ausdruck eines Menschen, der soeben ein Gespenst gesehen hat oder möglicherweise mit seiner eigenen Sterblichkeit konfrontiert worden ist. Um seine Augen lagen dunkle Ringe, und er bewegte den Kopf hin und her, so als führte er lautlose Selbstgespräche. Schließlich nahm er einen tiefen Schluck aus der Flasche und sah mich an.

Ich teilte ihm mit, daß er ziemlich erschreckend aussähe. Er nahm es zur Kenntnis und fügte hinzu, er fühle sich sogar noch viel schlimmer – *tief erschüttert*. Dann packte er aus.

Charlie ist Kunsterzieher an einer der örtlichen High-Schools. Das ist er seit vielen Jahren, und er genießt dort den beneidenswerten Ruf, von Kollegen respektiert zu werden und bei Schülern beliebt zu sein. Offenbar hatte ihn an diesem Tag eine frühere Schülerin besucht, die nach fünf Jahren gekommen war und stolz von ihrem Mann, ihrem Baby und ihrem interessanten Job erzählt hatte.

Charlie hielt inne, um einen Schluck Bier zu trinken. Das war es also, dachte ich. Er hat seiner eigenen Sterblichkeit in die Augen gesehen. Für einen Lehrer fliegen die Jahre nur so dahin, und es ist immer irritierend, einmal zu blinzeln und dann plötzlich eine Frau vor sich stehen zu sehen, die doch erst gestern noch ein Kind gewesen war.

»Nein, das war es eigentlich nicht«, sagte Charlie. »Keine Lektion in Sterblichkeit. Und auch kein Gespenst.« Es hatte sich, so erklärte er, um eine Lektion in Demut gehandelt.

Die Besucherin, Angela, war vor fast fünf Jahren eine halbherzige Kunstschülerin gewesen. Charlie erinnerte sich an sie als ein stilles, unscheinbares Mädchen, das meistens für sich blieb, aber freundliche Annäherungen mit scheuem Lächeln quittierte.

Nun war sie eine selbstsichere junge Frau und

Mutter, die Unterhaltungen von sich aus begann, statt lediglich zu reagieren. Sie war gekommen, um ihren früheren Kunstlehrer zu sehen, und sie verband eine bestimmte Absicht damit. Nach ein paar einleitenden Liebenswürdigkeiten rückte sie mit der Sprache heraus.

»Als ich in der High-School war«, erklärte sie, »hat mich mein Stiefvater mißbraucht. Er schlug mich und kam nachts in mein Bett. Es war grauenhaft. Ich schämte mich entsetzlich. Erzählt habe ich das nie jemandem. Niemand wußte davon.

Einmal, als ich noch in der Unterstufe der High-School war, verreisten meine Eltern für ein Wochenende und ließen mich zum erstenmal zu Hause allein. Ich beschloß, allem ein Ende zu machen.

Meine Eltern fuhren am Donnerstag abend ab, und so verbrachte ich die gesamte Nacht mit Vorbereitungen. Ich erledigte meine Hausaufgaben, schrieb einen langen Brief an meine Mutter und brachte meine Sachen in Ordnung. Dann kaufte ich eine Rolle breites Heftpflaster und dichtete damit Türen und Fenster der Garage von innen ab. Ich steckte den Schlüssel ins Zündschloß des Wagens meiner Mutter, setzte meinen Teddybär auf den Beifahrersitz und ging dann ins Bett.

Ich hatte vor, am Freitag wie gewöhnlich in die

Schule zu gehen und anschließend mit dem Bus heimzufahren. Zu Hause wollte ich warten, bis meine Eltern angerufen hatten, mit ihnen reden und dann in die Garage gehen und den Motor anlassen. Ich rechnete damit, daß mich niemand vor Sonntag nachmittag, wenn meine Eltern heimkehrten, finden würde. Bis dahin würde ich tot sein. Und frei von allem.«

Angela hatte an ihrem Plan festgehalten, bis sich am Freitag beim Kunstunterricht ihr Lehrer, nämlich Charlie, neben sie auf den Hocker setzte, ihre Arbeit betrachtete und einen Arm um ihre Schultern legte. Er plauderte ein bißchen mit ihr, hörte sich ihre Antworten an, drückte dann leicht ihren Arm und ging weiter.

An diesem Freitagnachmittag war Angela dann heimgefahren und hatte einen zweiten, völlig anderen Abschiedsbrief an ihre Mutter geschrieben. Sie hatte das Heftpflaster in der Garage von Türen und Fenstern abgezogen, ihren Teddy herausgeholt und ihn zusammen mit ihren anderen Habseligkeiten eingepackt. Dann hatte sie ihren Pfarrer angerufen, der ihr sofort zu Hilfe kam. Sie hatte das Haus ihrer Eltern verlassen und war niemals mehr dorthin zurückgekehrt. Ihr Leben hatte sich danach in jeder Hinsicht gut entwickelt, und sie war der Ansicht, dies Charlie zu verdanken.

Als sich damit die Geschichte ihrem Ende näherte, diskutierten Charlie und ich ein bißchen über Schulen, die Lehrer davor warnen, ihre Schüler jemals zu berühren, über die teilweise vertretene Ansicht, persönlich auf sie einzugehen sei vertane Zeit, daß aber die meisten Schüler solche Zuwendung bräuchten. Wie oft, so überlegten wir, hatten wir selbst Schüler nicht ernst genommen, die sich irgendwie in Not befanden? Danach saßen wir eine ganze Weile schweigend da und grübelten über die Tragweite einer solchen Geschichte und die daraus zu ziehenden Konsequenzen nach. Solche Dinge passierten schließlich ständig in Schulen, Kirchen und Einkaufszentren. Eigentlich war es gar nichts Besonderes. Leute wie Charlie verhalten sich eben von Natur aus so, ohne darüber nachzudenken.

Dann äußerte Charlie seine eigene Interpretation. Angela hatte in diesem Augenblick, in diesem Kunstunterricht, eine Entscheidung getroffen: Wenn ein ungezwungen freundlicher Lehrer sich genügend aus ihr machte, um Zeit zu finden, mit ihr zu reden, sie anzusehen und ihr zuzuhören, dann gab es sicher auch noch andere Menschen, denen sie das wert war. Sie mußten nur gefunden werden, und das war möglich.

Charlie stützte den Kopf in die Hände, während ich mir die mit Gänsehaut überzogenen Arme rieb. Er blickte zu mir auf, noch immer tief beeindruckt von seiner Lektion in Demut. »Nancy«, sagte er sehr leise und nachdrücklich, »was mich am meisten bedrückt, ist, daß ich mich nicht einmal an den Vorfall erinnere!«

Und nach all diesen Jahren war Angela zurückgekommen, um ihm zu sagen, daß sie ihm ihr Leben verdankte.

Nancy Moorman

Miss Hardy

> Es gibt diese geheimnisvollen Begegnungen im Leben, in denen jemand anerkennt, wer wir eigentlich sind und was wir sein können, und damit der Auslöser dafür ist, daß wir zu unserer höchsten Leistungsfähigkeit gelangen.
> *Rusty Berkus*

Mein Schülerdasein begann ich als lernbehindertes Kind. Ich hatte eine Störung des psychovisuellen Systems, das man Dyslexie nennt. Solche Kinder lernen zwar Worte oft ganz schnell, aber sie wissen nicht, daß sie sie anders sehen als andere Leute. Ich empfand meine Welt als einen wunderbaren Raum, der mit diesen »Worte« genannten Formen ausgefüllt war, und entwickelte rein von deren Anblick her ein ziemlich umfangreiches Vokabular, das meine Eltern bezüglich meiner Lernfähigkeit sehr optimistisch stimmte. Zu meinem Entsetzen entdeckte ich dann in der ersten Klasse, daß die einzelnen Buchstaben wichtiger waren als ganze Worte. Kinder mit Dyslexie stellen die Buchstaben auf den Kopf oder schreiben sie umgekehrt und bringen sie nicht in dieselbe Reihenfolge wie alle anderen Kinder. Und so bezeichnete mich meine Lehrerin in der ersten Klasse als lernbehindert.

Sie schrieb ihre Beobachtungen nieder und ließ sie am Ende des Schuljahres meiner zukünftigen Lehrerin der zweiten Klasse zukommen, damit diese ein angemessenes Vorurteil gegen mich entwickeln konnte, bevor sie mich übernahm. Ich kam in die zweite Klasse und war durchaus fähig, die Lösungen von rechnerischen Problemen zu erfassen, hatte jedoch keine Ahnung, wie man das schriftlich darstellt, und kam dahinter, daß letzteres wichtiger war als die Lösung an sich. Inzwischen war ich durch den Prozeß des Lernens völlig eingeschüchtert und fing an zu stottern. Und so war ich dank meiner Unfähigkeit, richtig zu sprechen, normale rechnerische Funktionen darzustellen und Buchstaben in der erforderlichen Reihenfolge zu schreiben, eine absolute Katastrophe. Ich entwickelte die Strategie, mich in jeder Klasse nach hinten zu setzen, möglichst außer Sichtweite zu bleiben und, wenn ich dann doch wahrgenommen und aufgerufen wurde, »I-ich w-weiß n-n-nicht« zu knurren oder murmeln. Das besiegelte mein Schicksal.

Die Lehrerin in der dritten Klasse wußte schon, bevor sie mich gesehen hatte, daß ich weder sprechen, schreiben, lesen noch rechnen konnte, und so hatte sie wenig Hoffnung, mit mir zurechtzukommen. Ich kam schließlich dahinter, daß Krankspielen eine erfolgreiche Methode war, mich durch die Schule zu mogeln. Ich verbrachte mehr Zeit mit der Schulkrankenschwester als mit der Lehrerin, und manchmal blieb ich mit Hilfe vager Entschuldigungen zu Hause oder wurde heimgeschickt. Dies war meine Strategie während der dritten und vierten Klasse.

Als ich kurz davorstand, intellektuell zum völligen Nichts zu werden, kam ich in die fünfte Klasse. Und der liebe Gott gab mich in die Obhut der ehrfurchtgebietenden Miss Hardy, in den westlichen Vereinigten Staaten als eine der schreckenerregendsten Lehrerinnen bekannt, die je in den Rocky Mountains gesichtet wurden. Diese unglaubliche Frau, deren ein Meter dreiundachtzig hohe Gestalt vor mir aufragte, legte die Arme um mich und erklärte: »Er ist nicht lernbehindert, er ist exzentrisch.«

Nun beurteilen die Leute das Potential eines exzentrischen Kindes weit optimistischer als das eines auf schlichte gute alte Weise lernbehinderten. Aber dabei beließ es Miss Hardy nicht. Sie sagte: »Ich habe mit deiner Mutter gesprochen, und sie hat mir erzählt, daß du, wenn sie etwas mit dir zusammen liest, dir alles fast fotografisch genau merken kannst. Es klappt bei dir nur nicht, wenn man von dir verlangt, die Worte und Silben richtig zusammenzusetzen. Und laut zu lesen scheint auch ein Problem für dich zu sein. Wenn ich dich aufrufe, damit du in meiner Klasse vorlesen sollst, werde ich dir das im voraus sagen, damit du heimgehen und es dir am Abend vorher einprägen kannst, und dann machen wir am nächsten Tag den anderen Kindern was vor. Außerdem hat mir deine Mutter erzählt, daß du, wenn du etwas gelesen hast, es danach gut erklären kannst, aber daß du, wenn sie dich bittet, alles Wort für Wort zu lesen oder etwas darüber zu schreiben, anscheinend über die Buchstaben und Silben stolperst und den Sinn nicht mehr begreifst. Wenn also die anderen Kinder die Arbeiten schreiben oder lesen, die ich ihnen aufgebe, kannst du nach Hause gehen, sie in aller Ruhe erledigen und mir am nächsten Tag abgeben.«

Und weiterhin erklärte sie: »Ich habe festgestellt, daß du zögerst und Angst hast, wenn du deine Gedanken äußern sollst, aber ich glaube, daß jede Idee, die ein Mensch hat, wert ist, bedacht zu werden. Ich habe mir etwas überlegt, und ich weiß nicht, ob es klappen wird, aber es hat jedenfalls einem Mann namens Demosthenes geholfen – kannst du ›Demosthenes‹ sagen?«

»D-d-d-d ...«

»Na, das wirst du bald können. Er hatte eine ungebärdige Zunge, also stopfte er sich Steine in den Mund und machte damit Übungen, bis er sie unter Kontrolle hatte. Ich habe hier ein paar Murmeln – keine Angst, sie sind zu groß, um sie zu verschlucken, und gewaschen habe ich sie auch. Wenn ich dich von nun an anspreche, möchte ich, daß du sie in den Mund nimmst, aufstehst und redest, so lange, bis ich dich hören und verstehen kann.« Und, bestärkt durch ihren unerschütterlichen Glauben an mich und ihr großes Verständnis, nahm ich das Wagnis auf mich, zähmte meine

Zunge und war schließlich in der Lage, richtig zu sprechen.

Im nächsten Jahr kam ich in die sechste Klasse, und zu meinem Entzücken war wieder Miss Hardy meine Lehrerin. Und so bekam ich die Gelegenheit, zwei volle Jahre unter ihrer Obhut zu verbringen.

Ich hielt die Verbindung zu Miss Hardy über die Jahre hinweg aufrecht und erfuhr dann vor längerer Zeit, daß sie unheilbar an Krebs erkrankt war. Überzeugt davon, daß sie ohne ihren ehemaligen Problemschüler, der zudem über tausend Meilen von ihr entfernt lebte, völlig vereinsamt sein mußte, erstand ich eine Flugkarte und legte die ganze Strecke zurück, um dann – zumindest bildlich gesprochen – hinter Hunderten anderer Sonderfälle Schlange zu stehen. Auch sie hatten Miss Hardy nicht aus den Augen verloren und die Fahrt zu ihr unternommen, weil sie die persönliche Verbindung wiederaufnehmen, ihr in ihrer Krankheit beistehen und ihre Zuneigung bekunden wollten. Die ganze Gruppe bestand aus einer sehr interessanten Mischung von Leuten – es waren darunter drei U. S.-Senatoren, zwölf hohe juristische Staatsbeamte und eine ganze Reihe leitende Direktoren von Gesellschaften und Firmen.

Beim Austausch unserer Erfahrungen stellte

sich heraus, daß Dreiviertel von uns völlig eingeschüchtert durch die Bildungs- und Erziehungsmethoden in die fünfte Klasse gekommen waren, überzeugt davon, unfähig, unbedeutend und der Gnade oder Ungnade des Schicksals ausgeliefert zu sein. Doch Miss Hardy überzeugte uns davon, intelligente, wichtige und wertvolle Menschen zu sein, die über die Fähigkeit verfügten, ihr Leben zu verändern, wenn sie es nur versuchten.

H. Stephen Glenn

Drei Briefe von Teddy

Teddy Stallard rangierte mit Sicherheit »unter den letzten«: desinteressiert, muffige, unordentliche Kleidung, ungekämmtes Haar. Er gehörte zu diesen gewissen Schülern mit unbewegtem Gesicht und ausdruckslosem, leerem Blick. Wenn Miss Thompson ihn ansprach, antwortete er einsilbig. Unattraktiv, unmotiviert und abweisend, wie er war, fiel es ausgesprochen schwer, ihn zu mögen.

Auch wenn seine Lehrerin behauptete, alle Schüler ihrer Klasse gleich gern zu haben, war sie dabei nicht unbedingt ehrlich. Wann immer sie Teddys schriftliche Arbeiten vor sich liegen hatte, empfand sie ein gewisses perverses Vergnügen daran, seine Fehler anzustreichen. Dabei hätte sie es besser wissen müssen – ihr lagen Teddys Beurteilungen vor, und sie wußte mehr über ihn, als sie sich selbst eingestehen wollte.

In seinen Unterlagen stand:

1. Klasse: *Teddy ist vielversprechend, was Arbeit und Verhalten betrifft, aber seine familiären Verhältnisse sind problematisch.*
2. Klasse: *Teddy könnte Besseres leisten. Mutter ist ernsthaft erkrankt. Er erhält wenig Hilfe von zu Hause.*
3. Klasse: *Teddy ist ein guter Junge, aber zu ernst. Lernt langsam. Seine Mutter ist in diesem Jahr gestorben.*
4. Klasse: *Teddy ist in allem sehr langsam, benimmt sich aber gut. Sein Vater zeigt keinerlei Interesse.*

Weihnachten kam, und die Jungen und Mädchen in Miss Thompsons Klasse brachten ihr Geschenke. Sie häuften sie auf ihrem Pult auf und drängten sich dann um sie, um zuzusehen, wie sie alles auspackte. Unter den Geschenken befand sich auch eines von Teddy Stallard. Miss Thompson war überrascht, aber so war es nun einmal. Sein Geschenk war in braunes Papier eingewickelt, mit Klebeband zusammengehalten und trug die Aufschrift: »Für Miss Thompson von Teddy«. Als sie es auswickelte, fiel ein kitschiges Armband mit Rheinkieseln heraus, von denen die Hälfte fehlte, und außerdem ein Fläschchen billigen Parfums.

Die anderen Schüler begannen zu kichern und sich über Teddys Gabe lustig zu machen, aber Miss Thompson war vernünftig genug, sie dadurch zum Schweigen zu bringen, daß sie das Armband sofort überstreifte und etwas vom Parfum auf ihr Handgelenk träufelte. Sie hielt die Hand den anderen Kindern entgegen und fragte: »Riecht das nicht herrlich?« Und die Schüler verstanden den Wink ihrer Lehrerin und riefen bereitwillig: »Ooh!« und »Aah!«

Abends, als die Schule zu Ende war und die anderen Kinder weggegangen waren, lungerte Teddy noch herum. Langsam näherte er sich Miss Thompsons Pult und sagte leise: »Miss Thompson ... Miss Thompson, Sie riechen genau wie meine Mutter ... und ihr Armband steht Ihnen auch gut. Ich freu' mich, daß Ihnen meine Geschenke gefallen haben.« Als Teddy gegangen war, kniete Miss Thompson nieder und bat Gott um Verzeihung.

Als die Kinder am darauffolgenden Tag in die Schule kamen, fanden sie eine völlig neue Lehrerin vor. Miss Thompson hatte sich verändert. Sie war nicht mehr nur Lehrerin, sondern auch ein Mensch, der seine Schüler wirklich liebte und sich in einer

Weise für sie einsetzte, die ihnen auch nach ihrer Schulzeit noch in Erinnerung bleiben würde. Sie half allen Kindern, vor allem denen, die nur langsam lernten, und ganz besonders Teddy Stallard. Am Ende des Schuljahrs hatte er sich drastisch verbessert. Er hatte die meisten anderen in seinen Leistungen eingeholt und manche überflügelt.

Miss Thompson hörte längere Zeit nichts mehr von Teddy. Dann erhielt sie eines Tages einen Brief:

Liebe Miss Thompson,
Sie sollen es als erste wissen – ich bin der Zweite in meiner Klasse geworden.
   Alles Liebe
   Teddy Stallard

Vier Jahre später traf ein weiterer Brief ein:

Liebe Miss Thompson,
man hat mir gerade gesagt, daß ich in meinem Abschlußexamen als Bester abgeschnitten habe. Es war nicht leicht für mich auf der Universität, aber ich war gern dort.
   Alles Liebe
   Teddy Stallard

Und weitere vier Jahre später:

Liebe Miss Thompson,
ab heute bin ich Theodore Stallard, Doktor der Medizin. Wie klingt das? Und Sie sollen als erste erfahren, daß ich am 27. des nächsten Monats heiraten werde. Ich würde mich freuen, wenn Sie zur Hochzeit kämen und auf dem Platz säßen, auf dem meine Mutter sitzen würde, wenn sie noch lebte. Sie sind das einzige, was ich noch an Familie habe, mein Vater ist im vergangenen Jahr gestorben.
  Alles Liebe
  Teddy Stallard

Miss Thompson nahm an der Hochzeit teil und saß da, wo Teddys Mutter gesessen hätte. Und sie verdiente das auch – sie hatte für Teddy etwas getan, das er niemals vergessen konnte.
Elizabeth Silance Ballard

Was der Mensch sät ...

Als ich in der Unterstufe der High-School war, boxte mich ein brutaler Kerl aus der achten Klasse in den Magen. Das tat nicht nur weh und machte mich wütend, auch die Blamage und Demütigung waren unerträglich. Ich war wild entschlossen, es ihm heimzuzahlen, und hatte vor, ihm am nächsten Tag bei den Fahrradständern aufzulauern und es ihm dann zu besorgen.

Aus irgendeinem Grund erzählte ich Nana, meiner Großmutter, von diesem Vorhaben – was ein gewaltiger Fehler war. Sie hielt mir einen ihrer stundenlangen, langweiligen Vorträge (die Frau konnte reden!); aber unter anderem erinnere ich mich vage, daß sie mir versicherte, ich bräuchte mir wegen des Kerls keine Gedanken zu machen. »Gute Taten erzeugen Gutes, und schlechte Taten erzeugen Schlechtes.« Ich teilte ihr mit – auf nette Weise natürlich –, daß sie übergeschnappt sei, und erklärte ihr, ich täte die ganze Zeit über nur Gutes, und alles, was für mich dabei herauskäme, sei Mist. (Das Wort benutzte ich natürlich nicht.) Aber sie hielt an ihrem Grundsatz fest. »Jede gute Tat fällt eines Tages auf dich zurück, und jede schlechte Tat fällt eines Tages ebenfalls auf dich zurück.«

Es kostete mich dreißig Jahre, um die Weisheit in ihren Worten zu erkennen. Nana lebte inzwischen in einem Altersheim in Laguna Hills, Kalifornien. Jeden Dienstag kam ich zu ihr und holte sie zum Essen ab. Immer traf ich sie adrett angezogen in einem Sessel in der Nähe der Eingangstür an. Und ich erinnere mich lebhaft an unser letztes gemeinsames Essen, bevor sie dann ins Plegeheim kam.

Wir fuhren zu einem nahe gelegenen, einfachen kleinen Restaurant. Ich bestellte Schmorfleisch für Nana und für mich einen Hamburger. Das Essen wurde gebracht, und als ich in meinen Hamburger biß, fiel mir auf, daß Nana gar nicht aß. Sie starrte lediglich auf das Essen, das vor ihr stand. Also schob ich meinen eigenen Teller zur Seite, zog Nanas Teller zu mir und schnitt ihr Fleisch in kleine Stückchen. Dann stellte ich den Teller wieder vor sie hin. Als sie mit schwachen Bewegungen und unter großer Mühe das Fleisch mit der Gabel in den Mund steckte, überkam mich plötzlich eine Erinnerung, die mir die Tränen in die Augen trieb. Vor vierzig Jahren, als ich als kleiner Junge mit am Tisch saß, hatte Nana immer das Fleisch auf meinem Teller in kleine Stücke geschnitten, damit ich es besser essen konnte.

Es hatte zwar vierzig Jahre gedauert, aber ihre gute Tat war nun vergolten worden. Nana hatte recht. Wir ernten das, was wir säen. »Jede deiner guten Taten fällt eines Tages auf dich selbst zurück.«

Und was war mit dem brutalen Kerl aus der achten Klasse?

Er geriet an einen brutalen Kerl aus der neunten Klasse.

Mike Buetelle

6

Lebe deinen Traum

Die Zukunft gehört denen, die an die Herrlichkeit ihrer Träume glauben.

Eleanor Roosevelt

Ein kleiner Junge

Ein kleiner Junge
Sah zu einem Stern empor
Und begann zu weinen.
Und
Der Stern sagte
Junge
Warum weinst du?
Und
Der Junge sagte
Du bist so weit weg
Nie werde ich
Dich berühren können.
Und
Der Stern erwiderte
Junge
Wäre ich nicht
Schon in deinem Herzen
So würdest du
Mich nicht sehen.

John Magliola

Traum eines kleinen Mädchens

Es dauerte lange, bis das Versprechen erfüllt wurde. Aber das galt auch für den Traum.

In den frühen fünfziger Jahren wuchtete in einer kalifornischen Kleinstadt ein kleines Mädchen wieder einmal einen Stapel Bücher auf den Tisch der winzigen Leihbibliothek.

Das Mädchen war eine Leseratte. Ihre Eltern hatten zwar ein Haus voller Bücher, aber das waren nicht immer die, die sie interessierten. Also trat sie allwöchentlich den Gang zu dem kleinen gelben Gebäude mit den braunen Ornamenten an. Die Bibliothek bestand aus einem einzigen Raum, und in einer Nische war die Kinderbibliothek untergebracht. Diese Nische durchstöberte das Mädchen immer wieder auf der Suche nach interessantem Lesestoff.

Während die weißhaarige Bibliothekarin die ausgewählten Bücher registrierte, blickte die Kleine sehnsüchtig auf »Das Neue Buch«, das an vorderster Stelle auf dem Tisch stand. Und wieder einmal stellte sie sich vor, wie herrlich es wäre, selbst ein Buch zu schreiben und es dann hier stehen zu sehen, von aller Welt bewundert.

An diesem Tag sprach sie aus, was ihr größter Traum war.

»Wenn ich erwachsen bin«, erklärte sie, »werde ich Schriftstellerin. Ich werde Bücher schreiben.«

Die Bibliothekarin hob den Blick und lächelte – nicht mit der Herablassung, die Kindern so oft zuteil wird, sondern ermunternd.

»Wenn du das Buch geschrieben hast«, erwiderte sie, »dann bringe es in unsere Bibliothek, und wir werden es ausstellen – hier auf diesem Tisch.«

Das kleine Mädchen versprach es.

Als sie heranwuchs, wuchs der Traum mit ihr. In der neunten Klasse bekam sie ihren ersten Job: Sie schrieb Kurzbiographien bestimmter Leute, die ihr je einen Dollar fünfzig eintrugen. Das Geld bedeutete ihr nichts im Vergleich dazu, die eigenen Worte auf Papier gedruckt zu sehen.

Ein ganzes Buch gedruckt zu sehen lag dagegen in weiter Ferne.

Sie brachte ihren Schulabschluß hinter sich, heiratete und gründete eine Familie, aber der Drang zu schreiben blieb bestehen. Sie übernahm einen Teilzeitjob und war nun für die Schulnachrichten in einer Wochenzeitung zuständig. Das beschäftigte ihren Geist, während sie ihre Babys in den Armen schaukelte.

Aber kein Buch.

Sie arbeitete dann hauptberuflich für eine Tageszeitung, versuchte auch ihr Glück bei Zeitschriften.

Aber noch immer kein Buch.

Schließlich glaubte sie etwas zu sagen zu haben und schrieb ein Buch. Sie schickte es an zwei Verlage, bekam jedoch Absagen. Betrübt packte sie es weg. Mehrere Jahre später wurde der alte Wunschtraum immer drängender. Sie nahm sich einen Agenten und schrieb ein weiteres Buch. Dann holte sie das erste wieder hervor, und schließlich wurden beide angenommen.

Aber die Welt des Bücherverlegens bewegt sich schwerfälliger als die der Tageszeitungen, und sie mußte zwei lange Jahre warten. Am Tag, als das Paket mit den Freiexemplaren für den Autor bei ihr eintraf, riß sie es auf. Dann brach sie in Tränen aus. So lange hatte sie auf die Erfüllung ihres Traums gewartet – und nun hielt sie ihn sozusagen in Händen.

Dann fiel ihr die Aufforderung der Bibliothekarin und ihr eigenes Versprechen ein.

Natürlich war die damalige Bibliothekarin längst gestorben, und die kleine Leihbibliothek selbst war niedergerissen worden, um einem geräumigeren Gebäude Platz zu machen.

Die Autorin rief dort an und ließ sich den Namen der Chefbibliothekarin geben. Sie schrieb ihr einen Brief, in dem sie schilderte, wie wichtig die Worte ihrer Vorgängerin damals für das kleine Mädchen gewesen waren. Demnächst sei sie zum dreißigjährigen Klassentreffen wieder in der Stadt, und ob sie wohl ihre beiden Bücher bringen und in die Bibliothek stellen dürfe? Im nachhinein würde es für die damals Zehnjährige so viel bedeuten, und es schien ihr eine Möglichkeit zu sein, all die Bibliothekarinnen zu ehren, die jemals ein Kind ermutigt hätten.

Die Chefbibliothekarin rief sie an und sagte: »Kommen Sie!« Das tat sie dann auch, ihre beiden Bücher unter dem Arm.

Sie fand die neue große Bibliothek gleich gegenüber ihrer alten Schule – mit Blick auf das Fenster der Klasse, in der sie Algebra gebüffelt und dabei die Unerläßlichkeit eines Fachs nicht eingesehen hatte, für das Schriftsteller mit Sicherheit keinerlei Verwendung hatten. Auch ihr Elternhaus hatte hier einmal ganz in der Nähe gestanden und nun, samt der übrigen Umgebung, neuerbauten Bürogebäuden Platz gemacht, unter anderem der Bibliothek.

Die Bibliothekarin begrüßte sie voller Herzlichkeit. Sie stellte ihr einen Reporter der Lokalzeitung vor – einen Abkömmling jener Zeitung, für die zu schreiben sie sich vor so langer Zeit einmal selbst bemüht hatte.

Dann gab sie ihre Bücher der Bibliothekarin, die sie mit entsprechender Aufschrift auf den Ausleihtisch stellte. Der Autorin rannen die Tränen über die Wangen.

Sie umarmte die Bibliothekarin und ging hinaus, nicht ohne draußen noch fotografiert zu werden zum Beweis dafür, daß Träume sich verwirklichen und Versprechungen gehalten werden können. Selbst wenn es achtunddreißig Jahre dauert.

Die Zehnjährige und die Schrifstellerin, die aus ihr geworden ist, sie beide posieren neben dem Bibliotheksschild und der Büchertafel, auf der steht:
                 Frohe Wiederkehr
                 Jann Mitchell

Jann Mitchell

Eines Verkäufers erster Verkauf

> Haltet euch fern von Leuten, die versuchen, eure Sehnsüchte als belanglos hinzustellen. Kleinliche Naturen tun das, aber wirklich bedeutende Menschen geben euch das Gefühl, daß auch ihr Bedeutung erlangen könnt.
>
> *Mark Twain*

An einem Samstagnachmittag im Herbst 1993 eilte ich nach Hause, um endlich die seit langem fälligen Gartenarbeiten zu erledigen. Während ich Laub zusammenrechte, kam mein fünfjähriger Sohn Nick zu mir und zupfte mich am Hosenbein.

»Dad, du mußt mir ein Schild malen!« sagte er.

»Nicht jetzt, Nick, ich bin beschäftigt«, erwiderte ich.

»Aber ich brauche ein Schild«, beharrte er.

»Wofür denn?«

»Ich will ein paar von meinen Steinen verkaufen«, erklärte er in entschiedenem Ton.

Nick war von jeher von Steinen aller Art fasziniert. Überall hatte er welche gesammelt, und andere Leute hatten ihm auch verschiedene gebracht. In unserer Garage steht ein Korb voller Steine, die er regelmäßig reinigt, sortiert und anders anordnet. Sie stellen seinen Schatz dar. »Ich kann mich im Augenblick wirklich nicht damit befassen, Nick. Ich muß dieses Laub zusammenrechen«, erklärte ich. »Geh zu Mom, damit sie dir hilft.«

Kurze Zeit später kehrte Nick mit einem Stück Karton wieder. Auf ihm waren mit seiner Fünfjährigenhandschrift die Worte aufgemalt: »HEUTE ZU VERKAUFEN, 1 DOLLAR«. Seine Mutter hatte ihm bei der Anfertigung des Schilds geholfen, und nun war er im Geschäft. Er nahm das Schild, einen kleinen Korb und vier seiner schönsten Steine mit und ging zum Ende unserer Zufahrt hinunter. Dort arrangierte er die Steine in einer Reihe, stellte das Körbchen dahinter und setzte sich daneben. Ich beobachtete ihn aus der Ferne, amüsiert über seine Entschlossenheit.

Nach ungefähr einer halben Stunde war noch kein Mensch vorbeigekommen. Ich ging die Zufahrt hinunter, um zu sehen, wie es ihm ginge. »Wie läuft der Laden, Nick?«

»Gut«, antwortete er.

»Wozu steht der Korb da?« wollte ich wissen.

»Um das Geld reinzutun«, erklärte er sachlich.

»Wieviel verlangst du für deine Steine?«

»Einen Dollar für jeden«, erwiderte Nick.

»Nick, kein Mensch wird dir einen Dollar für einen Stein zahlen.«

»Doch, bestimmt!«

»Nick, in unserer Straße gibt es zu wenig Verkehr, als daß die Leute deine Steine überhaupt zu Gesicht bekommen. Warum packst du nicht alles wieder zusammen und spielst irgendwas?«

»Doch, Dad, hier gehen Leute spazieren und fahren mit ihren Rädern, um zu trainieren, und manche fahren auch mit ihren Autos, um die Häuser anzusehen. Es gibt genug Leute.«

Da es mir nicht gelungen war, Nick von der Vergeblichkeit seiner Bemühungen zu überzeugen, kehrte ich zu meinen Gartenarbeiten zurück. Er blieb geduldig auf seinem Posten. Einige Zeit später kam ein Mini-Lieferwagen die Straße entlang. Ich beobachtete, wie Nick den Kopf hob, sein Schild in die Höhe hielt und es in Richtung des Wagens streckte. Als dieser langsam vorüberfuhr, sah ich, wie darin ein junges Paar die Hälse reckte, um lesen zu können, was darauf stand. Sie fuhren unsere Sackstraße weiter bis zum Ende, wendeten dort, und als sie sich Nick wieder näherten, ließ die junge Frau das Fenster auf ihrer Seite herab. Ich konnte die Unterhaltung nicht verstehen, aber sie wandte sich an den Fahrer – und ich sah, wie er seine Brieftasche zückte! Er gab ihr einen Dollar, sie stieg aus und ging auf Nick zu. Nachdem sie die Steine prüfend betrachtet hatte, hob sie einen davon auf, gab Nick den Dollar, und danach fuhren beide weg.

Ich saß völlig verblüfft im Garten, als Nick auf mich zugerannt kam. Er fuchtelte mit dem Dollarschein in der Hand herum und schrie: »Ich hab' dir doch gesagt, ich würd' einen Dollar für einen Stein kriegen! Wenn man an sich selbst glaubt, bringt man alles fertig!« Ich ging ins Haus, holte einen Fotoapparat und machte eine Aufnahme von Nick und seinem Schild. Der kleine Bursche hatte eisern an seiner Überzeugung festgehalten und war entzückt, uns zu zeigen, was er zuwege brachte. Es war eine eindrucksvolle Lektion darin, wie man Kinder *nicht* erziehen sollte. Wir lernten daraus, und wir reden heute noch darüber.

Am selben Abend fuhren meine Frau Toni, Nick und ich zum Abendessen weg. Unterwegs fragte Nick, ob er Taschengeld bekommen könne. Seine Mutter erklärte ihm, Geld müsse man sich verdienen und wir wollten erst entscheiden, welche Aufgaben er übernehmen sollte.

»Okay«, sagte Nick. »Und wieviel krieg' ich dann?«

»Du bist erst fünf Jahre alt – wie wäre es mit einem Dollar pro Woche?« schlug Toni vor.

»Ein Dollar in der Woche?« kam es vom Hintersitz. »Das schaff' ich doch schon, wenn ich nur einen Stein verkaufe!«

Rob, Toni und Nick Harris

Komm, wir gehen im Garten spazieren

> Es gehört zu den schönsten Formen des Ausgleichs in diesem Leben, daß kein Mensch ernstlich versuchen kann, einem anderen zu helfen, ohne sich zugleich selbst zu helfen.
>
> *Ralph Waldo Emerson*

Ich halte Vorträge und gebe Kurse, bei denen ich meinen kanadischen Landsleuten beizubringen versuche, wie man auf kreative Weise Grundeigentum erwerben kann. Einer meiner allerersten Kursabsolventen, ein Polizeibeamter namens Roy, wandte meine Ideen auf die rührendste Weise an.

Die Geschichte begann Jahre bevor Roy an meinem Kurs teilnahm. Bei seinen regulären Runden hatte er sich angewöhnt, immer wieder einmal bei einem älteren Herrn hereinzuschauen, der in einer atemberaubend schönen großen Villa mit Blick auf eine Schlucht wohnte. Der Mann hatte hier den größten Teil seines Lebens verbracht und genoß die Aussicht auf die vielen alten Bäume und den kleinen Fluß unten.

Wenn Roy dann ein- oder zweimal pro Woche bei ihm auftauchte, bot ihm der alte Herr Tee an, sie saßen eine Weile zusammen und plauderten oder schlenderten ein paar Minuten lang durch den Garten. Einer dieser Besuche war sehr traurig. Der alte Herr erzählte mit Tränen in den Augen, daß seine Gesundheit nachließe und er sein schönes Zuhause verkaufen und in ein Pflegeheim umsiedeln müsse.

Zu diesem Zeitpunkt hatte Roy meinen Kurs besucht und kam auf die verrückte Idee, er könne das, was er dort gelernt hatte, anwenden, um diese Villa zu erstehen.

Der Mann wollte dreihunderttausend Dollar für das hypothekenfreie Haus haben. Roy hatte lediglich dreitausend Dollar angespart. Er zahlte derzeit fünfhundert Dollar Miete und verfügte über das nicht üppige Einkommen eines Polizeibeamten. Es schien völlig unmöglich, eine annehmbare Möglichkeit zu finden, um mit dem alten Mann handelseinig werden zu können ... so lange unmöglich, bis er die Macht des Gefühls in seine Überlegungen mit einbezog.

Roy erinnerte sich an meine Ratschläge im Kurs – man muß herausfinden, was sich der Verkäufer in Wahrheit wünscht, um ihm dann das zu geben. Nachdem er lange darüber nachgegrübelt hatte, fand Roy schließlich eine Lösung. Was der alte Mann am meisten vermissen würde, waren die Spaziergänge in seinem Garten.

Also platzte Roy mit seinem Vorschlag heraus: »Wenn ich Ihnen Ihr Haus abkaufen darf – wie auch immer –, verspreche ich Ihnen, Sie an ein oder zwei Sonntagen im Monat abzuholen, damit Sie sich hier in Ihren Garten setzen und mit mir darin herumschlendern können, ganz wie in alten Zeiten.«

Der alte Herr lächelte, als sei ein Wunder geschehen. Er wies Roy an, aufzuschreiben, was ihm als faires Angebot erschiene, und damit würde er sich dann einverstanden erklären. Roy bot ihm alles, was er sich nur leisten konnte. Der Kaufpreis war 300 000 Dollar. Die Anzahlung bestand aus 3000 Dollar. Der Verkäufer bekam den übrigen Betrag, also 297 000 Dollar, in monatlichen Raten von 500 Dollar bezahlt. Der alte Mann war so glücklich, daß er Roy als Geschenk das gesamte antike Mobiliar im Haus überließ, einschließlich eines kleinen Konzertflügels.

So überrascht Roy auch über seinen unglaublichen finanziellen Erfolg war – der eigentliche Gewinner war der glückliche alte Mann und die Beziehung, die sie beide miteinander verband.

Raymond L. Aaron

Die Geschichte des Cowboys

Als ich meine Telekommunikationsfirma gründete, wußte ich, daß für ihren Erfolg gute Verkäufer unerläßlich waren. Ich machte also publik, daß ich qualifizierte Vertreter suchte, und begann mit den Einstellungsgesprächen. Was mir vorschwebte, waren Leute, die Erfahrung im Marketing der Telekommunikation hatten, sich auf dem örtlichen Markt auskannten, über die verschiedenen Typen der verfügbaren Systeme Bescheid wußten sowie über ein professionelles Auftreten und Eigeninitiative verfügten. Da ich selbst keine Zeit hatte, jemanden intensiv zu schulen, war es wichtig, daß der Vertreter von vornherein selbständig arbeiten konnte.

Während der ermüdenden Arbeit der Einstellungsgespräche tauchte in meinem Büro ein Cowboy auf. Er trug eine Hose und eine Jacke aus Cordsamt, die farblich nicht zueinander paßten. Dazu ein kurzärmliges Hemd mit Druckknöpfen, eine Krawatte, die nur zur Hälfte die Brust bedeckte, dafür aber über einen faustgroßen Knoten verfügte, Cowboystiefel und eine Baseballkappe. Sie können sich vorstellen, was ich dachte: Nicht unbedingt das, was ich mir für mein neues Unternehmen vorstelle. Er ließ sich vor meinem Schreibtisch nieder, nahm die Kappe ab und sagte: »Mister, ich hätt' gern 'ne Schanze, 's in der Tel'fonbrangsche zu was zu bringen.« Er sagte tatsächlich: »Tel'fonbrangsche« ...

Ich überlegte, wie ich dem Burschen – ohne ihn zu verletzen – beibringen konnte, daß er keinesfalls das war, was ich mir als Vertreter vorstellte. Also erkundigte ich mich erst einmal nach seinen Voraussetzungen. Er erklärte, er habe seinen Abschluß als Landwirt an der Staatsuniversität in Oklahoma gemacht und habe in Bartlesville, ebenfalls Oklahoma, während der letzten paar Jahre im Sommer auf einer Ranch gearbeitet. Das sei aber nun alles vorbei, erklärte er, er wolle es jetzt »geschäftlich« zu was bringen und wäre dankbar, wenn man ihm »'ne Schanze« gäbe.

Wir unterhielten uns weiter. Er war so versessen darauf, geschäftlich erfolgreich zu sein, und versicherte mir immer wieder, wie sehr er es zu würdigen wisse, wenn man ihm die »Schanze« gäbe, daß ich beschloß, genau das zu tun. Ich erklärte ihm, ich würde mich ihm zwei Tage lang widmen und ihm dabei alles beibringen, was er für den Verkauf eines sehr kleinen Telefonsystemtyps wissen müßte. Nach diesen beiden Tagen sei er dann auf sich allein angewiesen. Er fragte mich, wieviel Geld er dabei verdienen könne.

»Nach dem, wie Sie aussehen und was Sie wissen, können Sie bestenfalls auf rund tausend Dollar pro Monat kommen.« Ich setzte ihm dann auseinander, daß die Durchschnittsprovision bei den kleinen Telefonsystemen bei ungefähr zweihundertfünfzig Dollar pro Stück läge. Wenn er also pro Monat hundert mögliche Kunden aufsuche, so würden voraussichtlich vier davon dieses System erwerben, so daß er demnach auf tausend Dollar käme. Ich wollte ihn auf strikter Provisionsbasis anstellen – ohne Grundgehalt.

Er erwiderte, das käme ihm großartig vor, denn das Höchste, was er bisher als Rancharbeiter verdient habe, seien vierhundert Dollar im Monat gewesen, und er sei scharf darauf, zu Geld zu kommen. Am nächsten Morgen begann ich, so viel an Wissen über die »Tel'fonbrangsche« in ihn hineinzustopfen, wie dies bei einem zweiundzwanzigjährigen Cowboy ohne einschlägige Branchen- und Verkaufserfahrung nur eben möglich war. Er sah nach allem anderen aus als nach einem professionellen Vertreter für Telekommunikationssysteme. Genaugenommen verfügte er über keine der Qualitäten, die mir für einen meiner Angestellten unerläßlich schienen – mit Ausnahme einer einzigen: Er war total darauf fixiert, Erfolg zu haben.

Am Ende des zweitägigen Trainings verzog sich der Cowboy (so nannte ich ihn damals, und ich nenne ihn auch heute noch so) in sein Kämmerchen, holte ein Blatt Papier hervor und schrieb vier Punkte auf:

1. Ich will im Geschäft erfolgreich sein.
2. Ich will hundert Leute pro Monat aufsuchen.
3. Ich will vier Telefonsysteme pro Monat verkaufen.
4. Ich will eintausend Dollar im Monat verdienen.

Er heftete diesen Zettel an die Wand seines Büros, so daß er ihn immer im Blick hatte, und machte sich an die Arbeit.

Am Ende des ersten Monats hatte er keine vier Telefonsysteme verkauft – sondern *sieben* nach zehn Tagen!

Am Ende seines ersten Jahres hatte der Cowboy

keine zwölftausend Dollar an Provisionen eingeheimst – nein, er hatte sechzigtausend Dollar verdient!

Es war einfach erstaunlich. Eines Tages tauchte er mit einem Liefervertrag und der vollen Summe in meinem Büro auf. Ich fragte ihn, wie er es denn diesmal geschafft habe. Er erklärte, er habe seiner Kundin gesagt: »Ma'am, wenn's auch nix anderes tut als klingeln und Sie dann'n Hörer abnehmen müssen, sieht's trotzdem verdammt viel hübscher aus als das, was Sie jetzt rumstehn haben.« – »Und dann hat sie's gekauft.«

Die Frau wollte ihm einen Scheck für das Telefon ausstellen, aber der Cowboy war sich nicht sicher, ob ich ihn annehmen würde, und so fuhr er sie zur Bank, damit sie ihn anschließend bar bezahlen konnte. Er brachte die Tausenddollarnoten in mein Büro und fragte: »Larry, hab' ich's gut gemacht?« Ich versicherte ihm, daß er es wirklich gut gemacht hatte!

Nach drei Jahren gehörte ihm die Hälfte meiner Firma. Am Ende eines weiteren Jahres gehörten ihm drei weitere Firmen. Zu dem Zeitpunkt hatten wir uns als Geschäftspartner bereits getrennt. Er fuhr einen schwarzen Kleintransporter im Wert von 32 000 Dollar. Er trug Sechshundertdollaranzüge im Cowboyschnitt, Fünfhundertdollar-Cowboystiefel und einen dreikarätigen, wie ein Hufeisen geformten Diamantring. Er hatte seine »Schanze« in der »Brangsche« genutzt!

Was hatte den Cowboy so erfolgreich gemacht?

Daß er ein harter Arbeiter war? Sicher, das hatte dazu beigetragen. Daß er schlauer war als alle anderen? Nein. Er verstand, als er anfing, nichts von Telekommunikation. Woran lag es also? Ich glaube, er kannte einfach das ABC DES ERFOLGES:

ER WAR VÖLLIG AUF ERFOLG KONZENTRIERT. Er wußte, daß er das und nichts anderes wollte, und verhielt sich entsprechend.

ER TAT ALLES IN EIGENER VERANTWORTUNG. Er fühlte sich selbst verantwortlich dafür, wo er war, wer er war und was er war (ein Rancharbeiter). Dann trat er in Aktion, um die Dinge zu ändern.

ER FASSTE DEN ENTSCHLUSS, die Ranch in Oklahoma zu verlassen, um nach wirklichen Erfolgsmöglichkeiten Ausschau zu halten.

ER NAHM VERÄNDERUNGEN VOR. Es gab für ihn keine Möglichkeit, bei seiner bisherigen Arbeit weiterzukommen. Und er war *bereit,* das Nötige zu unternehmen, um zu Erfolg zu gelangen.

ER HATTE VISIONEN UND ZIELE. Er sah sich selbst als Erfolgsmensch. Er hatte seine spezifischen Ziele sogar aufgeschrieben – die vier Punkte, an die er sich zu halten gedachte – und sie vor sich an die Wand geheftet. Diese Ziele hatte er jeden Tag vor Augen, und er konzentrierte sich darauf, sie zu erreichen.

Er arbeitete für seine Ziele und blieb beharrlich dabei, auch wenn es ihm schwerfiel. Es war wirklich nicht immer leicht für ihn. Er erlebte Rückschläge, so wie andere auch. Ebensooft wie allen anderen Vertretern, die ich kenne, wurde ihm die Tür vor der Nase zugeschlagen oder am anderen Ende der Telefonleitung einfach aufgelegt. Aber dadurch ließ er sich nicht beirren. Er machte weiter.

Er fragte. Junge, Junge, und wie er fragte! Zuerst fragte er mich, ob ich ihm nicht eine Chance gäbe. Dann fragte er nahezu alle Leute, auf die er stieß, ob sie ihm nicht sein Telefonsystem abkaufen wollten. Und seine Fragerei zahlte sich aus. Oder, wie er sich auszudrücken pflegte: »Auch 'n blindes Schwein findet hin und wieder mal 'ne Eichel.« Das soll ganz einfach heißen, wenn man nur genug Fragen stellt, sagt irgendwann einmal jemand ja.

Er kümmerte sich um seine Umgebung. Er kümmerte sich um mich und um seine Kunden. Er kam dahinter, daß seine Sorge um das Wohlergehen seiner Kunden zur Folge hatte, daß es ihm selbst auch gutging – und es dauerte nicht lange, bis er sich um sein Wohlbefinden überhaupt keine Gedanken mehr zu machen brauchte.

Und das Wichtigste: DER COWBOY FING JEDEN EINZELNEN TAG ALS SIEGER AN! Er tauchte vor den Haustüren in der festen Gewißheit auf, daß die Dinge in seinem Sinne laufen würden. Er glaubte unerschütterlich daran, daß alles gut für ihn ausginge, ganz gleich, was hinterher wirklich geschah. Er rechnete einfach nicht mit Pannen, sondern nur mit Glück. Und ich habe herausgefunden, daß man, wenn man nur auf Erfolg setzt und sein Verhalten danach richtet, auch fast immer Erfolg hat.

Der Cowboy hat Millionen Dollar verdient. Er hat sie zwischendurch auch alle einmal verloren, nur um sie wieder zurückzuerobern. Sein wie auch mein Leben beweisen es: Man kann sich, wenn man die Prinzipien des Erfolgs kennt und sie praktiziert, darauf verlassen, daß sie immer wieder funktionieren.

Der Cowboy kann auch für Sie eine Anregung sein. Er ist der beste Beweis dafür, daß es weder die Umgebung noch die Bildung und Erziehung, noch die technischen Kenntnisse oder Fähigkeiten allein sein müssen, die jemanden zum

Erfolgsmenschen machen. Es gehört mehr dazu, nämlich die Prinzipien, die wir so oft übersehen oder für gegeben hinnehmen: Das ABC DES ERFOLGES.

Larry Winget

Warum warten? ... Tu es einfach!

> Die wichtigste Frage ist die, ob du zu dem, was du vorhast, ein herzhaftes »Ja« sagen kannst.
>
> *Joseph Campbell*

Mein Vater behauptete, Gott müsse mit Sicherheit einen Grund dafür gehabt haben, daß ich heute das bin, was ich bin. Ich fange an, das selbst zu glauben.

Ich war der Typ Junge, bei dem immer alles glattzugehen scheint. Ich wuchs in Laguna Beach, Kalifornien, auf und liebte Surfen und Sport über alles. Aber zu einem Zeitpunkt, an dem die meisten Kinder außer Fernsehen und Strand nichts im Sinn haben, begann ich darüber nachzudenken, wie ich unabhängiger werden, mehr vom Land sehen und meine Zukunft planen könnte.

Ich begann im Alter von zehn Jahren zu arbeiten. Als ich fünfzehn war, hatte ich neben der Schule ständig einen, zwei oder auch drei Jobs. Ich verdiente genügend Geld, um mir ein neues Motorrad kaufen zu können. Ich wußte zu dem Zeitpunkt nicht einmal, wie man damit fuhr. Aber nachdem ich die Maschine und gleich für ein volles Jahr Versicherung bezahlt hatte, übte ich auf Parkplätzen, darauf zu fahren. Nachdem ich eine Viertelstunde lang Achter gefahren war, brauste ich nach Hause. Ich war damals fünfzehneinhalb, hatte soeben einen Motorradführerschein erworben – und ein neues Motorrad. Das veränderte mein Leben.

Ich gehörte nicht zu den Wochenendfahrern, die das nur so zum Spaß betreiben. Ich liebte Motorradfahren. Jede freie Minute, jede Gelegenheit nutzte ich aus, um mich auf die Maschine zu setzen; ich fuhr im Durchschnitt hundert Meilen pro Tag. Sonnenauf- und untergänge sahen einfach schöner aus, wenn ich sie von einer gewundenen Bergstraße aus genießen konnte. Selbst jetzt kann ich noch die Augen schließen und spüre das Motorrad unter mir, als ob es ein Teil von mir wäre. Auf ihm zu fahren war mir vertrauter als zu Fuß zu gehen. Wenn ich fuhr, vermittelte mir der Wind ein Gefühl totaler Entspannung. Während ich die Umgebung erforschte, träumte ich davon, wie ich mein Leben gestalten wollte.

Zwei Jahre und fünf Motorräder später gab es für mich in Kalifornien keine unbekannte Straße mehr. Jeden Abend las ich Motorsportzeitschriften, und irgendwann fiel mein Blick auf das Foto eines BMW-Motorrads. Das Motorrad war über und über schmutzig, hatte eine Packtasche auf dem Gepäckträger, und es war am Rand einer ungeteerten Straße vor einem Schild geparkt, auf dem »Willkommen in Alaska« stand. Ein Jahr später machte ich eine Aufnahme von einem noch schmutzigeren Motorrad vor genau dem gleichen Schild. Ja, es war meines! Mit siebzehn Jahren hatte ich es geschafft, allein mit meinem Motorrad nach Alaska zu kommen, eine Strecke, auf der über tausend Meilen ungeteerter Straßen zu bewältigen waren!

Vor meinem siebenwöchigen, siebzehntausend Meilen langen Trip hatten alle meine Bekannten gesagt, ich sei verrückt. Meine Eltern fanden, ich sollte damit noch warten. Verrückt? Warten? Worauf? Seit ich ein Kind gewesen war, hatte ich davon geträumt, Amerika auf einem Motorrad zu durchqueren. Irgendeine Stimme in meinem Innern sagte mir, wenn ich diese Fahrt nicht jetzt unternähme, würde ich sie nie machen. Und außerdem – wann würde ich später dazu wieder Zeit finden? Ich mußte demnächst wegen eines Stipendiums mit dem College anfangen, dann kam der Beruf und eines Tages vielleicht eine Familie. Ich wußte damals nicht, ob das Ganze ausschließlich meiner eigenen Befriedigung diente oder ob ich im Innersten das Gefühl hatte, die Fahrt würde mich von einem Jungen in einen Mann verwandeln. Aber was ich mit Bestimmtheit wußte, war, daß dieser Sommer mir das Abenteuer meines Lebens bescheren würde.

Ich kündigte alle meine Jobs, und da ich erst siebzehn war, mußte meine Mutter mir ein Schreiben mitgeben, in dem stand, daß ich ihre Erlaubnis für diese Fahrt hätte. Mit tausendvierhundert Dollar in der Tasche, zwei Packtaschen und einer Schuhschachtel voller Landkarten auf dem Gepäckträger, einer kleinen Taschenlampe und jeder Menge Begeisterung fuhr ich in Richtung Alaska und Ostküste.

Ich lernte sehr viele Leute kennen, genoß die rauhe Schönheit des Landes und den dortigen Lebensstil, aß am offenen Feuer zu Abend und dankte Gott jeden Tag, daß er mir diese Reise ermöglicht hatte. Manchmal sah und hörte ich für zwei oder drei Tage nichts und niemanden und fuhr einfach in endlosem Schweigen auf meinem Motorrad dahin, nur das Geräusch des Winds um meinen Helm in den Ohren. Ich ließ mein Haar nicht schneiden, duschte mich kalt, wenn ich auf Campingplätzen dazu Gelegenheit hatte, und hatte sogar mehrere ungeplante Begegnungen mit Bären während dieser Fahrt. Ja, es war das großartigste Abenteuer, das man sich vorstellen kann!

Obwohl ich hinterher noch mehrere Trips unternahm, ließ keiner von ihnen sich mit dieser Fahrt nach Alaska vergleichen. Sie nimmt in meinem Leben noch heute einen ganz besonderen Platz ein. Nie wieder kann ich dorthin zurückkehren, die Straßen und Berge erforschen, die Wälder und Gletscherseen betrachten so wie damals auf dieser Fahrt, ganz allein mit meinem Motorrad. Denn im Alter von dreiundzwanzig Jahren wurde ich auf einer Straße in Laguna Beach von einem betrunkenen Drogendealer zusammengefahren. Seither bin ich querschnittsgelähmt.

Zur Zeit meines Unfalls war ich in Topform, sowohl physisch wie psychisch. Ich war Polizeibeamter und fuhr an freien Tagen nach wie vor Motorrad. Ich war verheiratet und finanziell abgesichert. Mit einem Wort: Ich hatte es geschafft. Aber im Bruchteil einer Sekunde veränderte sich mein gesamtes Dasein. Ich verbrachte acht Monate im Krankenhaus, wurde geschieden, erkannte, daß ich nie mehr in der Weise arbeiten konnte wie bisher, und während ich lernen mußte, mit chronischen Schmerzen umzugehen und mich an den Rollstuhl zu gewöhnen, sah ich alle meine Zukunftsträume dahinschwinden. Zu meinem Glück bekam ich Hilfe und Unterstützung, um neue Träume zu schaffen und sie auch verwirklichen zu können.

Wenn ich an all meine Reisen zurückdenke, an all die Straßen, die ich entlanggefahren bin, dann steht mir immer vor Augen, welches Glück ich gehabt habe, all das erleben zu können. Jedesmal, wenn ich unterwegs war, sagte ich zu mir selbst: »Tu's jetzt. Freu dich an deiner Umgebung, auch wenn du gerade im Smog einer Innenstadt steckst. Genieße dein Leben, denn du kannst dich nicht darauf verlassen, daß du eine zweite Chance bekommst, wieder an den gleichen Ort zu kommen oder dasselbe zu tun wie jetzt.«

Nach meinem Unfall sagte mein Vater, daß Gott einen Grund haben müsse, mich zum Querschnittsgelähmten werden zu lassen. Und ich glaube das. Meine Persönlichkeit ist dadurch gestärkt worden. Ich bin in den Polizeidienst zurückgekehrt, arbeite jetzt am Schreibtisch, habe mir ein Heim geschaffen und wieder geheiratet. Ich habe auch mein eigenes Beraterunternehmen und halte öffentliche Vorträge. Manchmal, wenn mir alles zu sehr an die Nieren geht, erinnere ich mich an all das, was ich getan habe, und denke daran, was ich noch tun muß – und an die Worte meines Vaters.

Ja, er hatte recht. Gott hatte mit Sicherheit einen Grund. Aber was noch wichtiger ist: Ich nehme mir ständig vor, jeden Augenblick meines Lebens zu genießen. Und wenn Sie etwas tun können, tun Sie es. Tun Sie es jetzt gleich!

Glenn McIntyre

7

Hindernisse überwinden

Die wunderbare Fülle menschlicher Erfahrung
würde man nicht so sehr genießen können,
wenn es keine Hindernisse zu überwinden gäbe.
Der Augenblick, in dem man den Gipfel erreicht,
wäre nicht so herrlich, hätte man nicht zuvor
dunkle Täler durchschritten.

Helen Keller

Denken Sie einmal darüber nach ...

Anstrengung wird erst dann in vollem Maß belohnt, wenn ein Mensch sich weigert aufzugeben.
Napoleon Hill

Die Geschichte hat bewiesen, daß die bekanntesten Erfolgsmenschen niederschmetternde Schwierigkeiten überwinden mußten, bevor sie sich durchsetzten. Sie gewannen, weil sie sich weigerten, sich durch ihre Niederlagen entmutigen zu lassen.
B. C. Forbes

Denken Sie einmal darüber nach:
- Woody Allen – Schriftsteller und Oscar-Gewinner, Produzent, Regisseur und Schauspieler – fiel bei seinen Bewerbungen bei der Filmproduktion an der New-York-City-Universität

und dem City College in New York mit Pauken und Trompeten durch. Außerdem versagte er in Englisch auf der Universität in New York.
- Leon Uris, Autor des Bestsellers »Exodus«, fiel auf der High-School dreimal in Englisch durch.
- Als Lucille Ball 1927 als Schauspielschülerin anfing, riet ihr ihr Lehrer an der John-Murray-Anderson-Schule: »Versuchen Sie's mit einem anderen Beruf. Mit irgendeinem.«
- 1959 entließ ein Direktor der Universal Pictures Clint Eastwood und Burt Reynolds aus einer Besprechung mit folgenden Begründungen. Zu Burt Reynolds: »Sie haben kein Talent.«
Zu Clint Eastwood: »Sie haben einen angebrochenen Zahn, Ihr Adamsapfel steht zu weit vor, und Sie reden zu langsam.« Wie Sie zweifellos wissen, machten sowohl Burt Reynolds wie auch Clint Eastwood weiter und wurden große Stars.
- 1944 erklärte Emmeline Snively, Direktorin der Blue-Book-Modellagentur, dem hoffnungsfrohen Model Norma Jean Baker (Marilyn Monroe): »Sie werden besser Sekretärin oder heiraten irgendwen.«
- Liv Ullman, die zweimal für den Oscar als beste Schauspielerin nominiert wurde, wurde beim

Vorsprechen an der staatlichen Schauspielschule in Norwegen abgelehnt. Die Beurteiler fanden, sie hätte kein Talent.
- Malcolm Forbes, ehemaliger Chefherausgeber des Magazins »Forbes«, einer der erfolgreichsten Publizisten der Welt, brachte, als er Student an der Princeton-Universität war, keinen Redaktionsstab für eine Universitätszeitung auf die Beine.
- 1962 spielten vier nervöse junge Musiker den Direktoren der Decca Recording Gesellschaft vor. Die Herren waren in keiner Weise beeindruckt. Einer von ihnen begründete die Ablehnung dieser britischen Rockband namens *Beatles* folgendermaßen: »Uns gefällt der Sound nicht. Gitarrenbands sind auf dem absteigenden Ast.«
- Paul Cohen, Mann für Decca Records in Nashville für »Künstler und Repertoires«, bezeichnete den von ihm gefeuerten Buddy Holly als »das beachtlichste Untalent, mit dem ich je zusammengearbeitet habe«. Zwanzig Jahre später wurde Holly von der Zeitschrift »*Rolling Stone*« zusammen mit Chuck Berry der »größte Einfluß auf die Rockmusik der sechziger Jahre« zugeschrieben.
- 1954 feuerte Jimmy Denny, Manager der

»Grand Ole Opry«, Elvis Presley nach nur einem Auftritt. Er sagte zu ihm: »Du wirst es zu nichts bringen ... mein Sohn. Am besten fährst du wieder Lastwagen.« Elvis machte weiter und wurde der populärste Sänger Amerikas.

- Als Alexander Graham Bell 1876 das Telefon erfand, klappte es keineswegs sofort mit finanzkräftigen Geldgebern. Nach einem Demonstrationsanruf äußerte Präsident Rutherford Hayes: »Das ist ja eine erstaunliche Erfindung, aber wer möchte so was schon benutzen?«
- Thomas Edison war wahrscheinlich der größte Erfinder in der amerikanischen Geschichte. Als er in Port Huron, Michigan, mit der Schule anfing, beschwerten sich seine Lehrer, daß er »zu langsam« und schwierig im Umgang sei. Daraufhin entschloß sich Edisons Mutter, ihren Sohn aus der Schule zu nehmen und ihn zu Hause zu unterrichten. Der junge Edison war von den Wissenschaften fasziniert. Im Alter von zehn Jahren hatte er bereits sein erstes chemisches Labor eingerichtet. Edisons unerschöpfliche Energie und seine Genialität (von ihm selbst angeblich als »ein Prozent Inspiration und neunundneunzig Prozent Transpiration« definiert) brachten im Laufe seines Lebens über tausenddreihundert Erfindungen hervor.

- Als Thomas Edison die Glühbirne erfand, unternahm er mehr als zweitausend Versuche, bevor sie funktionierte. Ein junger Reporter wollte wissen, was man empfinde, wenn einem so oft etwas mißlinge. Edison antwortete: »Mir ist kein einziges Mal etwas mißlungen. Es handelte sich einfach um einen Prozeß, zu dem zweitausend Schritte notwendig waren.«
- In den vierziger Jahren suchte ein weiterer junger Erfinder namens Chester Carlson zwanzig Firmen auf – darunter einige der größten im Land –, um ihnen seine Idee zu unterbreiten. Alle wiesen ihn ab. 1947 – nach sieben langen Jahren der Ablehnung – fand er schließlich eine winzige Firma in Rochester, New York, die Haloid Company, die die Rechte für seine elektrostatische Fotokopiermethode erwarb. Aus Haloid wurde Xerox Corporation, und sowohl sie als auch Carlson wurden sehr reich.
- John Milton wurde im Alter von vierundvierzig Jahren blind. Sechzehn Jahre später schrieb er den Klassiker *Paradise Lost – Das verlorene Paradies.*
- Als Pablo Casals fünfundneunzig Jahre alt wurde, stellte ein junger Reporter folgende Frage an ihn: »Mr. Casals, Sie sind jetzt fünfundneunzig und der größte Cellist, den es je gegeben hat.

Warum üben Sie noch immer sechs Stunden am Tag?« Casals antwortete: »Weil ich glaube, daß ich Fortschritte mache.«

- Nach Jahren zunehmenden Gehörverlusts war Ludwig van Beethoven im Alter von sechsundvierzig Jahren völlig taub geworden. Trotzdem komponierte er danach noch seine wunderbarste Musik, einschließlich fünf Symphonien.
- Nach dem Verlust beider Beine bei einem Flugzeugabsturz kehrte der britische Kampfpilot Douglas Bader mit zwei Prothesen in die Royal Air Force zurück. Während des Zweiten Weltkriegs wurde er dreimal von den Deutschen gefangengenommen – und konnte dreimal entfliehen.
- Als dem jungen krebskranken Kanadier Terry Fox ein Bein amputiert werden mußte, verpflichtete er sich, auf einem Bein von Küste zu Küste durch ganz Kanada zu hüpfen, um dadurch eine Million Dollar für die Krebsforschung zu sammeln. Er mußte auf halbem Weg aufgeben, weil der Krebs inzwischen seine Lungen erfaßt hatte, aber er und die Stiftung, die er gegründet hatte, erhielten über zwanzig Millionen für die Krebsforschung.
- Wilma Rudolph war das zwanzigste von zweiundzwanzig Kindern. Sie war eine Frühge-

burt, und es war nicht sicher, ob sie überleben würde. Als sie vier Jahre alt war, bekam sie eine beidseitige Lungenentzündung und Scharlach, wonach eines ihrer Beine gelähmt blieb. Als sie neun Jahre alt war, nahm sie die Metallstütze ab, auf die sie bis dahin angewiesen war, und begann ohne sie zu gehen. Mit dreizehn hatte sie einen vollkommen rhythmischen Gang, was die Ärzte als reines Wunder bezeichneten. Im gleichen Jahr beschloß sie, Läuferin zu werden. Sie beteiligte sich an einem Rennen und wurde letzte. In den darauffolgenden Jahren war es nicht anders. Alle rieten ihr aufzugeben, aber sie lief weiter. Eines Tages gewann sie dann tatsächlich ein Rennen. Und dann noch eines. Von da an siegte sie in jedem Rennen, an dem sie sich beteiligte. Schließlich gewann dieses kleine Mädchen, dem man prophezeit hatte, es würde niemals wieder richtig gehen können, drei olympische Goldmedaillen.

> Meine Mutter brachte mir sehr früh bei zu glauben, daß man alles erreichen könne, wenn man es nur wirklich wolle. Das erste war, ohne Stütze zu gehen.
> *Wilma Rudolph*

- Franklin D. Roosevelt erkrankte mit neununddreißig Jahren an spinaler Kinderlähmung. Er hielt durch und wurde einer von Amerikas beliebtesten und einflußreichsten Politikern. Viermal wurde er zum Präsidenten der Vereinigten Staaten gewählt.
- Sarah Bernhardt, die als eine der bedeutendsten Schauspielerinnen der Welt galt, mußte im Alter von siebzig Jahren wegen einer Verletzung ein Bein amputiert werden, aber sie trat danach noch acht Jahre lang auf der Bühne auf.
- Louis L' Amour, erfolgreicher Autor von über hundert Westernromanen mit Auflagen von über zweihundert Millionen, erhielt dreihundertfünfzig Ablehnungen, bevor er sein erstes Buch verkaufte. Er war der erste amerikanische Schriftsteller, der vom Kongreß in Anerkennung seiner Verdienste um die Nation für seine auf amerikanischer Geschichte basierenden Romane eine besondere Goldmedaille erhielt.
- 1954 unterzeichneten Julia Child und ihre beiden Mitarbeiterinnen einen Verlagsvertrag für ein Buch mit dem Arbeitstitel *French Cooking for the American Kitchen*. Julia und ihre Kolleginnen schrieben fünf Jahre lang daran. Der Verleger lehnte dann das achthundertfünfzig Seiten starke Manuskript ab. Julia Child und

ihre Mitarbeiterinnen überarbeiteten das Manuskript ein weiteres Jahr lang. Wieder lehnte es der Verleger ab. Aber Julia Child gab nicht auf. Die drei machten sich erneut an die Arbeit, fanden einen neuen Verleger, und 1969 – acht Jahre nachdem sie begonnen hatten – wurde *Mastering the Art of French Cooking* veröffentlicht und hat inzwischen eine Auflage von über eine Million. 1966 brachte die Zeitschrift »*Time*« Julia Child auf der Titelseite. Sie ist heute, fast dreißig Jahre später, noch immer Spitzenreiterin auf ihrem Gebiet.
- General Douglas MacArthur wäre ohne seine Beharrlichkeit wohl nie zu Macht und Ansehen gekommen. Als er sich um seine Aufnahme in West Point bewarb, wurde er dort nicht nur ein-, sondern zweimal abgelehnt. Aber er versuchte es ein drittes Mal, wurde aufgenommen und ging in die Geschichte ein.
- Abraham Lincoln begann den Blackhawk-Krieg als Hauptmann und war an dessen Ende zum Gefreiten degradiert worden.
- 1952 unternahm Edmund Hillary den Versuch, den Mount Everest zu besteigen, mit 8848 Metern der höchste Berg der Erde. Wenige Wochen nach Mißlingen dieses Versuchs wurde er gebeten, in England einen Vortrag zu halten.

Hillary ging zum Rand der Bühne, auf der er sprechen sollte, ballte die Faust und wies damit auf ein Bild des Berges. Mit lauter Stimme sagte er: »Mount Everest, du hast mich beim erstenmal besiegt, aber beim nächstenmal werde ich dich besiegen, denn du kannst nicht mehr größer werden ... aber ich wachse noch!« Nur ein Jahr später, am 29. Mai, gelang es Edmund Hillary, als erster Mensch den Mount Everest zu bezwingen.

Jack Canfield

Neununddreißig Jahre – zu kurz – zu lang – lang genug

Oh, die schlimmste aller Tragödien ist nicht die, jung zu sterben, sondern die, fünfundsiebzig zu werden, ohne jemals wirklich gelebt zu haben.

Martin Luther King jr.

Zwischen 1929 und 1968 liegen nur neununddreißig kurze Jahre.

Zu kurz, um die Früchte deiner Arbeit zu ernten.
Zu kurz, um die Eltern zu trösten, wenn dein Bruder ertrinkt.
Zu kurz, um deinen Vater zu trösten, wenn Mutter stirbt.
Zu kurz, um zu erleben, daß deine Kinder die Schule beenden.
Zu kurz, um dich an deinen Enkeln zu erfreuen.
Zu kurz, um den Ruhestand zu erleben.
Neununddreißig Jahre sind einfach zu kurz.

Zwischen 1929 und 1968 liegen nur neununddreißig kurze Jahre, und doch ist es
Zu lang, um von den Handschellen der Rassentrennung und den Ketten der Diskriminierung gefesselt zu sein,
Zu lang, um im Treibsand rassistischen Unrechts zu stehen,
Zu lang, um Drohanrufe zu bekommen – oft bis zu vierzigmal am Tag,
Zu lang, um unter der drückenden Hitze ständigen Drucks zu leben, es ist
Zu lang – neununddreißig Jahre sind einfach zu lang.

Zwischen 1929 und 1968 liegen nur neununddreißig kurze Jahre, und doch ist es lang genug –

Lang genug, um die weite Reise nach Indien zu machen, um bei einem großen Lehrer zu lernen, wie man durch eine zornige Menge geht und dabei gelassen bleibt.

Lang genug, um von Polizeihunden gejagt und vom Strahl der Feuerwehrspritzen getroffen zu werden, weil du laut gesagt hast, daß die Justiz Mittel und Wege findet, dir und deinem Bruder keine Gerechtigkeit zukommen zu lassen.

Es ist lang genug.

Lang genug, um viele Tage im Gefängnis zu verbringen, weil du die Not anderer angeprangert hast.

Lang genug, um zu erleben, wie eine Bombe auf dein Haus geworfen wird.

Lang genug, um zornige und gewalttätige Menschen zu lehren, still zu sein, während du für die Bombenwerfer betest.

Es ist lang genug.

Lang genug, um viele Menschen dem Christentum zuzuführen.

Lang genug, um zu erkennen, daß es besser ist, für Recht zu kämpfen, statt in Frieden mit der Ungerechtigkeit zu leben.

Lang genug, um zu erkennen, daß schlimmer als bigotte und haßerfüllte Menschen diejenigen

sind, die still dasitzen und tagtäglich Ungerechtigkeiten schweigend mitansehen.
Lang genug, um klar zu erkennen, daß Ungerechtigkeit keine Unterschiede kennt und Menschen aller Rassen und Glaubensrichtungen früher oder später in ihre grausamen Fänge geraten.

Es ist lang genug.

Lang genug, um zu erkennen, daß jemand, der um seiner Bürgerrechte willen zivilen Ungehorsam begeht, damit nicht gegen die Gesetze der Konstitution der Vereinigten Staaten verstößt – viel eher ist er bemüht, das Prinzip hochzuhalten, daß alle Menschen gleiche Rechte haben; er bekämpft lokale Verordnungen, die bereits gegen die Gesetze der Konstitution der Vereinigten Staaten verstoßen haben.

Es ist lang genug.

Lang genug, um den Aufforderungen zu folgen, vor den führenden Persönlichkeiten der Nation zu sprechen.
Lang genug, um zu Tausenden von Menschen bei Hunderten von verschiedenen Gelegenheiten zu sprechen.

Lang genug, um zweihunderttausend Menschen in die Hauptstadt der Nation zu führen, um zu demonstrieren, daß *alle* Amerikaner Erben eines gemeinsamen Besitztums sind – dem des Rechts auf Leben, auf Freiheit und menschliches Glück.

Es ist lang genug, um im Alter von fünfzehn Jahren ins College einzutreten.

Lang genug, um es erfolgreich abzuschließen und mehrere akademische Grade zu erwerben.

Lang genug, um Hunderte von Auszeichnungen zu erhalten.

Lang genug, um zu heiraten und Vater von vier Kindern zu werden.

Lang genug, um zum Tambourmajor des Friedens zu werden.

Lang genug, um den Nobelpreis zu bekommen.

Lang genug, um die 54 000 Dollar des Preises dem Kampf für Gerechtigkeit zukommen zu lassen.

Lang genug, um die Spitze des Bergs zu erreichen.

Und gewiß ist es lang genug, um einen Traum zu haben.

Wenn wir aufzeichnen, wieviel Martin Luther King in neununddreißig kurze Jahre gedrängt hat, dann wissen wir, daß es lang genug für jeden Menschen ist, der sein Land und seine Mitmenschen so sehr liebt, daß sein Leben an sich keinen Wert besitzt – es sei denn, alle Menschen können als Brüder am Tisch der Brüderlichkeit sitzen. Neununddreißig Jahre sind lang genug für jeden Menschen, der bewußt an jedem Tag seines Lebens mit dem Tod spielt – weil er weiß, daß, wenn er sich selbst Schmerzen und Sorgen erspart, dies für seinen Bruder morgen zwei Schritte zurück bedeuten kann.

Martin Luther King lebte mehrere Jahrhunderte lang, alle in neununddreißig Jahre zusammengedrängt. Die Erinnerung an ihn wird für alle Zeiten wach bleiben. Wie herrlich wäre es, wenn wir alle so leben könnten.

Er hätte, wie wir alle, gern ein langes Leben gehabt – und doch, wenn er die Dinge gegeneinander abwog, so sagte er: »Es kommt nicht darauf an, wie lange ein Mensch lebt, sondern darauf, wie gut er die ihm zugeteilte Zeit genutzt hat.«

Und so ehren und achten wir die Erinnerung an einen Mann, der in der Verworrenheit des Unrechts sein Leben gelebt hat – neununddreißig Jahre lang, die zu kurz, zu lang und lang genug waren ... »Denn er ist endlich frei.«

Willa Perrier

Nichts als Probleme

Der Mensch, der keine Probleme
hat, hat schon verspielt.
Elbert Hubbard

Am Weihnachtsabend 1993 starb Norman Vincent Peale, Autor des Bestsellers *Die Macht des positiven Denkens,* im Alter von fünfundneunzig Jahren. Er starb zu Hause, umgeben von Liebe, Frieden und Fürsorge. Norman Vincent Peale hatte nichts anderes verdient. Seine Botschaft des positiven Denkens hatte Generationen von Menschen Frieden und neue Zuversicht beschert. Sie entnahmen seinen Predigten, Ansprachen, Radio- und Fernsehsendungen und Büchern, daß wir selbst verantwortlich sind für den Zustand, in dem wir uns befinden. Norman Peale erinnerte daran, daß wir uns jeden Morgen, wenn wir aufwachen, zwischen zwei Dingen entscheiden können: uns gut oder miserabel zu fühlen. Ich höre noch immer, wie er laut und deutlich rief: »Warum solltet ihr euch für das letztere entscheiden?«

Ich lernte ihn im Juli 1986 kennen. Larry Hughes, der Leiter meines Verlags, hatte vorgeschlagen, daß er und ich überlegen sollten, ob wir nicht gemeinsam ein Buch über Ethik schreiben könnten. Wir entschieden uns dafür, und die nächsten beiden Jahre der Zusammenarbeit mit Norman an *The Power of Ethical Management* gehören zu den absoluten Höhepunkten meines Lebens.

Seit unserem ersten Zusammentreffen übte Norman großen Einfluß auf mein Leben aus. Er behauptete stets, daß Menschen mit positiver Denkweise auch positive Resultate erzielten, weil sie sich vor Problemen nicht fürchteten. Im Gegenteil, statt ein Problem für etwas Negatives zu halten, das so schnell wie möglich beseitigt werden sollte, empfand Norman Probleme als Zeichen für Lebendigkeit. Um diesen Punkt zu veranschaulichen, bringe ich hier eine seiner Lieblingsgeschichten, die ich selbst in meinen Vorträgen auch häufig erzählt habe:

Eines Tages ging ich die Straße entlang und sah meinen Freund George, der mir entgegenkam. Seinem niedergeschlagenen Gesichtsausdruck nach war offensichtlich, daß er nicht gerade vor Lebenslust überschäumte – eine diskrete Umschreibung der Tatsache, daß George am Boden zerstört wirkte.

Natürlich fragte ich ihn: »Wie geht's, George?« Obwohl das eher eine Routinefrage war, nahm George sie durchaus wörtlich und teilte mir eine Viertel-

stunde lang mit, wie elend er sich fühlte. Und je länger er redete, desto elender fühlte ich mich selbst.

Schließlich sagte ich zu ihm: »George, es tut mir leid, daß du so deprimiert bist. Woher kommt das bloß?«

Das löste ihm vollends die Zunge. »Das liegt an meinen Problemen«, antwortete er. »Probleme – nichts als Probleme. Ich stecke bis zum Hals in Problemen. Wenn du sie für mich löst, spende ich fünftausend Dollar für eine Wohlfahrtseinrichtung deiner Wahl.«

Nun, ein solches Angebot stößt bei mir nie auf taube Ohren, und so grübelte ich über den Vorschlag nach und fand schließlich eine Lösung, die ich für gut befand.

Ich sagte: »Gestern war ich an einem Ort, der Tausende von Menschen beherbergt. Soweit ich das beurteilen konnte, hat kein einziger von ihnen irgendwelche Probleme. Möchtest du dahin gehen?«

»Wann können wir aufbrechen? Das scheint genau das richtige für mich zu sein«, antwortete George.

»Wenn es so ist, George«, sagte ich, »nehme ich dich morgen mit auf den Friedhof von Woodlawn, denn die einzigen Leute, die ich kenne und die keinerlei Probleme haben, sind tot.«

Mir gefällt diese Geschichte sehr gut. Sie rückt das Leben in die richtige Perspektive. Ich hörte Norman viele Male sagen: »Ich warne dich – wenn du überhaupt keine Probleme hast, bist du in ernsthafter Gefahr. Du stehst vor einem Abgrund und merkst es nicht einmal! Wenn du glaubst, keinerlei Probleme zu haben, dann würde ich vorschlagen, daß du von dort, wo du gerade stehst, wegrennst, in deinen Wagen steigst und so schnell wie möglich nach Hause fährst, dort sofort in dein Schlafzimmer gehst und die Tür hinter dir zuschlägst. Und dann knie nieder und bete: ›Was ist los, Herr? Vertraust Du mir nicht mehr? Gib mir wenigstens ein paar Probleme!‹«

Ken Blanchard

Engel sagen niemals: »Hallo!«

Meine Großmama erzählte mir immer von Engeln. Sie sagte, sie kämen und klopften an die Tür unserer Herzen und versuchten, uns eine Botschaft zu übermitteln. Vor meinem geistigen Auge sah ich sie dann immer vor mir, einen großen Postsack zwischen den Flügeln und eine Schildmütze schräg auf dem Kopf. Ich grübelte darüber nach, ob auf den Poststempeln ihrer Briefe wohl »Durch himmlischen Eilboten« stünde.

»Es hat keinen Sinn, darauf zu warten, daß der Engel deine Tür öffnet«, erklärte Großmama.

»Weißt du, es gibt nur eine Klinke an der Tür deines Herzens. Und nur einen Riegel. Beide sind auf der Innenseite – auf deiner Seite. Du mußt es hören, wenn der Engel kommt, den Riegel zurückschieben und die Tür selbst aufmachen.«

Ich liebte diese Geschichte und bat meine Großmutter immer wieder aufs neue, mir zu sagen, was der Engel dann täte.

»Der Engel sagt niemals: ›Hallo!‹ Du streckst die Hand aus, nimmst die Botschaft entgegen und der Engel gibt dir seine Anweisungen: ›Erhebe dich und schreite voran!‹ Und dann fliegt er weg. Es liegt dann an dir, etwas zu tun.«

Wenn ich von den Medien interviewt werde, dann werde ich oft gefragt, wie es mir gelungen sei, mehrere internationale Unternehmen aufzubauen – ohne Collegeausbildung, anfangs nur zu Fuß, meine beiden Sprößlinge in einem schäbigen Kinderwagen mit einem Rad, das immer abfiel, vor mir herschiebend.

Zuerst erzähle ich den Interviewern, daß ich mindestens sechs Bücher pro Woche lese, und zwar seit der Zeit, als ich lesen gelernt hatte. Ich höre die Stimmen aller bedeutenden und erfolgreichen Leute aus deren Büchern heraus.

Als nächstes erzähle ich dann, daß ich jedesmal, wenn ich einen Engel anklopfen höre, die Tür öffne. Die Botschaften der Engel enthalten neue Geschäftsideen, Anregungen für zu schreibende Bücher und wunderbare Lösungsvorschläge für berufliche und persönliche Probleme. Die Engel kommen sehr oft, wie ein nie versiegender Strom, eine Flut von Gedanken.

Jedoch gab es durchaus eine Zeit, als nicht mehr angeklopft wurde. Das war, als meine Tochter Lilly bei einem Unfall schwer verletzt wurde. Sie fuhr auf einem Gabelstapler, den ihr Vater gemietet hatte, um Heu für unsere Pferde zu transportieren. Lilly und zwei unserer Nachbarskinder bettelten, auf diesem Gabelstapler mitfahren zu dürfen, wenn er ihn zurückbrächte.

Als sie einen Hügel hinabfuhren, versagte die Lenkung. Lillys Vater riß sich fast die Arme aus den Schultern, um das große Fahrzeug auf der Straße zu halten, bevor es umkippte. Das kleine Nachbarsmädchen brach sich den Arm. Lillys Vater schlug mit dem Kopf auf und war besinnungslos. Lilly selbst wurde unter dem Fahrzeug eingeklemmt, das ganze Gewicht des Gerüsts lag auf ihrer linken Hand. Gasolin spritzte auf ihren Oberschenkel. Es brennt, auch wenn es nicht angezündet wird. Der Nachbarsjunge blieb unverletzt und behielt einen kühlen Kopf. Er rannte weg und hielt einen Autofahrer an.

Wir rasten mit Lilly in die orthopädische Klinik, wo sie eine lange Reihe von Operationen durchzustehen hatte. Jedesmal wurde ihr ein Stück ihrer Hand wegamputiert. Man erklärte mir, daß ein menschliches Glied in solchen Fällen zwar manchmal wieder angenäht werden kann, aber nicht dann, wenn es zerschmettert und völlig zerdrückt ist.

Lilly hatte gerade erst mit Klavierstunden begonnen. Da ich selbst Autorin bin, hatte ich mich schon darauf gefreut, ihr im nächsten Jahr Maschinenschreiben beibringen zu lassen.

Während dieser Zeit fuhr ich oft allein weg, um weinen zu können – andere sollten das nicht sehen. Ich konnte nicht damit aufhören. Ich brachte nicht mehr die Konzentration auf, etwas zu lesen. Keine Engel klopften an. Ich war innerlich tot. Ich dachte ununterbrochen an all das, was Lilly wegen dieses schrecklichen Unfalls nie würde tun können.

Als wir sie zur achten Operation in die Klinik brachten, war ich zutiefst deprimiert. Ich konnte immer nur denken: »Sie wird nie Maschine schreiben! Sie wird nie tippen können!«

Wir stellten Lillys Tasche im Krankenzimmer ab und drehten uns dann plötzlich um, weil ein junges Mädchen im Bett nebenan im Befehlston zu uns sagte: »Ich habe auf Sie gewartet! Gehen Sie jetzt sofort den Korridor hinab, dritte Tür rechts! Da liegt ein Junge, der bei einem Motorradunfall verletzt worden ist. Gehen Sie dorthin und muntern ihn auf – jetzt gleich!«

Sie hatte die Stimme eines Feldmarschalls, und wir gehorchten umgehend. Wir unterhielten uns mit dem Jungen und sprachen ihm Mut zu. Danach kehrten wir in Lillys Krankenzimmer zurück.

Zum erstenmal bemerkte ich, daß das merkwürdige Mädchen vornübergebeugt dasaß. »Wer bist du?« fragte ich.

»Ich heiße Tony Daniels.« Sie lachte. »Und ich gehe in die High-School für Behinderte. Diesmal wollen mich die Ärzte ganze drei Zentimeter größer machen. Wissen Sie, ich hatte Kinderlähmung. Ich habe schon viele Operationen hinter mir.«

Sie hatte das Charisma und die Energie eines General Schwartzkopf. Unwillkürlich sagte ich: »Aber du bist doch gar nicht ›behindert‹!«

»O nein, Sie haben recht«, erwiderte sie und sah mich von der Seite an. »In unserer Schule bringen sie uns bei, daß wir nicht behindert sind, solange wir jemand anderem noch helfen können. Wenn Sie meine Schulkameradin kennenlernen, die der Klasse Maschinenschreiben beibringt, dann würden Sie glauben, sie *sei* behindert, weil sie ohne Arme und Beine geboren ist. Aber sie hilft uns allen beim Tippen – mit einem Stab zwischen den Zähnen.«

»Bangbang ...« Plötzlich hörte ich es wieder – das vertraute Klopfen und Rufen vor der Tür meines Herzens!

Ich rannte aus dem Zimmer und auf der Suche nach einem Telefon den Gang entlang. Dann rief ich bei IBM an und ließ mich mit einem der Manager verbinden. Ihm erklärte ich, meine kleine Tochter habe den größten Teil ihrer linken Hand verloren und fragte ihn, ob es bei ihnen Anleitungen zum Maschinenschreiben für Einhändige gäbe.

»O ja«, erwiderte er. »Wir haben Anleitungen sowohl für Rechts- wie für Linkshändige. Anleitungen dafür, wie man die Füße mit Hilfe von Pedalen einsetzt, und sogar eine dafür, wie man mit einem Stab im Mund arbeitet. Diese Unterlagen gibt es umsonst. Wohin soll ich sie schicken?«

Als wir schließlich Lilly wieder in die Schule schicken konnten, nahm ich die Anleitung mit. Ihre Hand und ihr Arm waren immer noch im Gipsverband. Ich fragte den Rektor, ob Lilly statt Turnen Unterricht im Maschinenschreiben nehmen könne. Er erwiderte, das sei bisher noch nie geschehen, und vielleicht wolle der zuständige Lehrer nicht gern die zusätzliche Mühe auf sich nehmen, aber ich könne ihn ja fragen.

Als ich die Klasse betrat, fiel mir sofort auf, daß ringsherum im Raum Karten mit Zitaten von Florence Nightingale, Ben Franklin, Ralph Waldo Emerson und Winston Churchill hingen. Ich holte tief Luft und merkte, daß ich am richtigen Ort war. Der Lehrer sagte, er habe vorher noch nie Maschinenschreiben mit einer Hand gelehrt, aber er wolle gerne mit Lilly in der Mittagspause üben. »Wir werden das einfach gemeinsam lernen.«

Bald tippte Lilly ihre gesamten Hausarbeiten für den Englischunterricht. Ihr Englischlehrer hatte Kinderlähmung gehabt. Sein rechter Arm hing bewegungslos herab. Er schalt Lilly: »Deine Mutter verwöhnt dich, Lilly. Du hast eine tadellose rechte Hand. Schreib deine Hausaufgaben selbst.«

»Tu' ich ja, Sir.« Sie lächelte ihn an. »Ich schreibe mit einer Hand fünfzig Worte in der Minute. Ich halte mich an das IBM-System für Einhändige.«

Der Englischlehrer ließ sich auf seinen Stuhl fallen. Dann sagte er ganz langsam: »Maschinenschreiben zu können war schon immer mein Traum.«

»Kommen Sie während der Lunchzeit zu mir.

Auf der Rückseite meiner Anleitung steht die für Linkshändige. Ich bringe es Ihnen bei«, schlug ihm Lilly vor.

Nach der ersten Stunde mit ihrem Englischlehrer kam sie heim und sagte: »Mama, Tony Daniels hatte recht. Ich bin nicht mehr behindert, weil ich jemandem helfen kann, seinen Traum zu erfüllen.«

Heute ist Lilly die Autorin zweier international anerkannter Bücher. Sie hat unserem gesamten Büropersonal beigebracht, den Apple Computer mit der Maus auf der linken Seite zu bedienen, denn das kann sie selbst mit ihrem verbliebenen Finger und dem Stummel ihres Daumens.

Horch ... Hörst du das Klopfen? Schieb den Riegel zurück! Öffne die Tür! Bitte, denkt an mich und vergeßt es nicht – Engel sagen niemals: »Hallo!« Ihr Gruß lautet immer: »Erhebe dich und schreite voran!«

Dottie Walters

Warum müssen solche Dinge geschehen?

Wir sind alle Stifte in der Hand Gottes.

Mutter Teresa

Eines der Dinge, die mir am meisten Freude machen, ist meine Stimme. Ich trete in den hiesigen Gemeindetheatern auf. Während einer besonders zermürbenden Probe begann meine Kehle zu schmerzen. Es war mein erster Auftritt in einer Opernaufführung, und ich hatte eine Todesangst, meine Stimmbänder hätten ernsthaft Schaden genommen. Ich spielte eine Hauptrolle, und die Premiere stand unmittelbar bevor. Also machte ich einen Termin bei unserem Hausarzt fest, wo ich jedoch eine Stunde lang warten mußte. Verärgert ging ich wieder ins Büro zurück, griff dann nach einem Telefonbuch und stellte fest, daß es ganz in der Nähe einen Hals-Nasen-Ohren-Arzt gab. Ich kündigte mein Kommen an und machte mich gleich auf den Weg.

Die Schwester führte mich ins Wartezimmer, und ich setzte mich, um auf den Arzt zu warten. Ich hatte schlechte Laune. An sich bin ich selten krank, und da saß ich nun und war genau das, obwohl ich dringend gesund sein mußte. Trotz vieler Arbeit mußte ich mir die Zeit nehmen, zu zwei Ärzten zu gehen, die mich beide warten ließen. Es war ausgesprochen frustrierend. Warum mußte mir so etwas passieren? Gleich darauf kehrte die Schwester zurück und sagte: »Darf ich Sie etwas ganz Persönliches fragen?«

Das kam mir merkwürdig vor; was außer persönlichen Fragen wurden einem schon in einer Arztpraxis gestellt? Aber ich sah die Schwester an und erwiderte: »Ja, natürlich.«

»Mir ist Ihre Hand aufgefallen«, begann sie zögernd.

Ich hatte, als ich elf Jahre alt war, bei einem Unfall mit einem Gabelstapler die Hälfte meiner linken Hand verloren. Ich nehme an, das war einer der Gründe, weshalb sich mein Traum, Schauspielerin zu werden, nicht erfüllte, obwohl alle sagten: »Ach, geh schon, das wäre mir nie aufgefallen! Du bist so natürlich.« Irgendwie hatte ich das Gefühl, daß die Leute nur perfekte Menschen auf der Bühne sehen wollten. Mich würde niemand sehen wollen. Außerdem bin ich zu groß, zu dick und eigentlich nicht sonderlich talentiert ... nein, keiner würde mich sehen wollen. Aber ich liebe Musicals, und ich habe wirklich eine gute Stimme. Also versuchte ich es eines Tages an unserem hiesigen Theater. Und ich war die erste, für die sie sich entschieden! Das war vor drei Jahren. Seit dieser Zeit trete ich fast in allem auf, wofür ich geprobt habe.

Die Schwester fuhr fort: »Ich würde gern wissen, wie sehr das Ihr Leben beeinflußt hat.«

Nie in den vergangenen fünfundzwanzig Jahren seit dem Unfall war ich so etwas gefragt worden. Man sagte vielleicht: »Stört es Sie sehr?« Aber nie hatte mich jemand etwas gefragt, das mich so tief getroffen hat wie dies.

Nach einer etwas verlegenen Pause fügte sie hinzu: »Sehen Sie, vor kurzem habe ich ein Baby bekommen, und seine Hand ist ähnlich wie die Ihre. Ich – na ja, ich muß einfach wissen, inwieweit das Ihr Leben beeinflußt hat.«

»Inwieweit es mein Leben beeinflußt hat?« Ich überlegte eine Weile, um die richtigen Worte zu finden. Schließlich sagte ich: »Es hat mein Leben beeinflußt, aber nicht im negativen Sinn – ich mache so viele Dinge, die selbst Leute mit zwei normalen Händen schwierig finden. Ich tippe fünfundsiebzig Worte in der Minute, ich spiele Gitarre, ich reite und führe seit Jahren Pferde vor. Ich trete im Musiktheater auf und halte öffentliche Vorträge – stehe also häufig vor einem Publikum. Vier- oder fünfmal im Jahr nehme ich an Fernsehshows teil. Ich glaube, es war nie ›schwierig‹ für mich, denn ich habe von meiner Familie nur Liebe und Ermutigung erfahren. Sie sprachen immer davon, wie sehr ich bewundert würde, wenn ich einmal gelernt hätte, mit einer Hand Dinge zu tun, die andere mit zwei Händen kaum bewältigten. Das Ganze wurde für uns eine sehr spannende Angelegenheit. Es war der Hauptgesichtspunkt, nicht das Handicap.

Ihre Tochter hat gar kein Problem. Sie ist völlig normal. *Sie* sind diejenige, die ihr beibringen wird, sich als etwas Besonderes zu betrachten. Sie wird selbst merken, daß sie ›anders‹ ist, aber Sie werden ihr klarmachen, daß *anders* wundervoll ist. ›Normal‹ bedeutet, daß man durchschnittlich ist. Was soll daran erfreulich sein?«

Die Schwester schwieg eine Weile. Dann sagte sie einfach: »Danke« und ging hinaus.

Ich saß noch immer da und grübelte. »Warum müssen solche Dinge geschehen?« Alles geschieht aus einem bestimmten Grund – selbst wenn einem als Kind ein Gabelstapler auf die Hand fällt. All die Umstände, die mich nun hier in die Praxis dieses Arztes geführt und mir diesen Augenblick soeben beschert hatten – alles geschah aus einem sinnvollen Grund heraus.

Der Arzt kam herein, blickte in meinen Hals

und erklärte, er wolle eine Lokalanästhesie vornehmen, um einen Abstrich zu machen und ihn zu untersuchen. Nun ja, Sängerinnen sind eher paranoid, was medizinische Instrumente betrifft, die ihnen in den Rachen geschoben werden – vor allem solche, die so scharf sind, daß eine Lokalanästhesie erforderlich ist. Also sagte ich: »Nein danke« und ging hinaus.

Am nächsten Tag ging es meinem Hals beträchtlich besser. Warum müssen solche Dinge geschehen?

Lilly Walters

Der beste Stahl wird im heißesten Feuer geschmiedet

> Charakter kann sich nicht in Bequemlichkeit und Ruhe entwickeln. Nur durch Prüfungen und Leiden kann die Seele gestärkt, die Erkenntnisfähigkeit geschärft und ein sinnvolles Ziel erreicht werden.
> *Helen Keller*

Ich werde nie die Nacht im Jahr 1946 vergessen, als die Katastrophe über unser Zuhause hereinbrach.

Mein Bruder George kam vom Football-Training heim und brach mit hohem Fieber zusammen. Nach der Untersuchung informierte uns der Arzt darüber, daß es sich um Kinderlähmung handle. Damals gab es noch keine Impfung dagegen, und jeder wußte, daß viele Kinder und Jugendliche an Kinderlähmung gestorben oder durch sie zu Krüppeln geworden waren.

Nachdem die Krise überstanden war, hatte der Arzt das Gefühl, George mit der furchtbaren Wahrheit konfrontieren zu müssen. »Es ist mir schrecklich, dir das mitteilen zu müssen, mein Junge«, sagte er, »aber du wirst wahrscheinlich nie mehr gehen können, ohne zu hinken, und deinen linken Arm wirst du nicht mehr benutzen können.«

George hatte sich von jeher als zukünftigen Meisterringer gesehen, sobald er in die höheren Klassen käme – in der vorangegangenen Saison hatte er die Meisterschaft knapp verfehlt. Kaum fähig zu sprechen, flüsterte George: »Doktor ...«

»Ja?« Der Arzt beugte sich über das Bett.

»Scheren Sie sich zum Teufel«, erwiderte George mit einer zum Äußersten entschlossenen Stimme.

Am nächsten Tag kam die Krankenschwester ins Zimmer und fand George bäuchlings auf dem Boden liegend vor.

»Was soll das denn?« fragte sie erschrocken.

»Ich gehe«, erwiderte George in aller Ruhe.

Er weigerte sich, Gehstützen oder auch nur Krücken zu benutzen. Manchmal brauchte er zwanzig Minuten, um von einem Stuhl aufzustehen, aber er lehnte jegliche Hilfe ab.

Ich erinnere mich gesehen zu haben, wie er einen Tennisball mit einer Mühe aufhob, die ein Gesunder beim Hochhieven von Fünfzigkilohanteln gehabt hätte.

Aber ich erinnere mich auch, gesehen zu haben, wie er später als Mannschaftsführer eines Ringerteams auf die Matte trat.

Aber hier ist die Geschichte keineswegs zu Ende. Im darauffolgenden Jahr, als er nominiert worden war, für das Missouri College Football zu spielen, ein Spiel, über das im lokalen Radiosender berichtet werden sollte, erkrankte er an Pfeifferschem Drüsenfieber.

Es war mein Bruder Bob, der George mit allen Kräften in seiner ohnehin ausgeprägten Einstellung unterstützte, niemals aufzugeben.

Die Familie saß bei George im Krankenhaus, als Valleys Abwehrspieler einen Zwölfyardpaß zur Ziellinie vollbrachte, und der Sprecher im Radio sagte: »Und George Schlatter macht den ersten Fang des Spiels.«

Entsetzt starrten wir alle auf das Bett, um uns zu vergewissern, daß George wirklich darin lag. Dann wurde uns klar, was vorgefallen war: Bob, der ebenfalls zur Startmannschaft gehörte, trug Georges Nummer, damit sein Bruder den Nachmittag über mit anhören konnte, wie er selbst sechs Bälle weitergab und unzählige Gegenspieler stoppte.

Er überstand das Drüsenfieber mit Hilfe von Bobs Einsatz an diesem Tag – nach dem Motto: »Es gibt immer einen Weg!«

Das Schicksal wollte es, daß George die Herbstmonate der nächsten drei Jahre ebenfalls jeweils im Krankenhaus zubringen mußte. 1948 war er in einen verrosteten Nagel getreten. 1949 bekam er eine Mandelentzündung, kurz bevor er Phil Harris vorsingen sollte. Und 1950 zog er sich Verbrennungen dritten Grades zu, von denen vierzig Prozent seines Körpers betroffen waren, und erlitt zudem einen Lungenkollaps. Mein Bruder Allen hatte ihm bei diesem Unfall das Leben gerettet. Als George nach einer Explosion in Flammen stand, hatte er sich auf ihn geworfen und die Flammen dadurch erstickt. Er selbst bekam dabei ebenfalls ernsthafte Verbrennungen ab.

Aber aus jeder dieser Herausforderungen ging George gekräftigt und in seiner Überzeugung bestärkt hervor, jedes Hindernis überwinden zu können. Er hatte gelesen, daß der, der auf die Hindernisse blickt, das Ziel aus den Augen verliert.

Erfüllt von dieser Einstellung und der Heiterkeit seiner Seele wandte er sich der Welt des Showgeschäfts zu, hatte dort großen Erfolg und gewann schließlich einen »Emmy« für seine Sendung über Sammy Davis jr.

Er war buchstäblich durch das heißeste Feuer gegangen und mit einem Charakter wie aus bestem Stahl daraus hervorgegangen.

John Wayne Schlatter

Das Rennen

I

»Schluß! Gib auf! Du bist geschlagen!«
Schreien sie und fleh'n mich an.
»Zu viele sind jetzt gegen dich,
Diesmal kannst du nicht gewinnen!«

Und als mein Kopf sich langsam senkt
Angesichts meines Versagens,
Hält plötzlich eine Erinnerung
Mein Abgleiten in Resignation auf.

Hoffnung stärkt den geschwächten Willen,
Als eine Szene wieder vor mir ersteht,
Denn allein der Gedanke an jenes Rennen,
So kurz es war, macht mich wieder jung.

II

Wettrennen zwischen Kindern – kleine
Jungen –
Wie gut ich mich erinnere ...
Aufregung, klar – aber auch Angst,
Das war deutlich zu erkennen.

Alle in einer Reihe aufgestellt,
Erfüllt von Hoffnung, dieses Rennen
Zu gewinnen, wenn nicht als Erster,
So doch vielleicht als Zweiter.

Und die Väter sehen von der Seite her zu,
Jeder ruft: »Kopf hoch!« und winkt seinem
Sohn.
Und jeder Junge hofft, dem Vater zu zeigen,
Daß er der Sieger ist.

Der Pfiff ertönt, und sie stieben los,
Junge Herzen, in denen die Hoffnung
brennt,

Zu gewinnen und hier der Held zu sein.
Das wollen sie alle, die kleinen Jungen.

Besonders einer von ihnen,
Dessen Vater unter den anderen Vätern steht,
Rennt bei den vordersten Läufern und denkt:
»Mein Dad wird so stolz auf mich sein!«

Aber während er über die Wiese rennt,
Über eine flache Mulde hinweg,
Stolpert er und fällt hin –
Vornüber aufs Gesicht.

Gelächter ertönt aus der Menge,
Während alle Hoffnung in ihm erlischt;
Gewinnen kann er nun nicht mehr.
Beschämt möchte er irgendwo verschwinden.

Aber während er noch auf dem Boden liegt,
Sieht er das Gesicht des Vaters, besorgt –
Und doch, für ihn sagt es:
»Steh auf und gewinne!«

Schnell steht er auf, nichts ist passiert,
Er ist nur ein bißchen nach hinten geraten,
Und er rennt und rennt, bemüht,
Den Sturz wiedergutzumachen.
So ängstlich bestrebt, die andern einzuholen
– Und vielleicht doch noch zu gewinnen –
Eilt sein Verlangen den Beinen voraus,
Er rutscht aus und fällt erneut!

Ach, hätte er doch schon vorhin aufgegeben,
Und sich dann nur einmal blamiert.
»Als Läufer hab' ich nun keine Chance mehr.

Ich sollte es gar nicht erst versuchen!«

In der lachenden Menge sucht er
Und findet das Gesicht seines Vaters,
Das ihm ganz ruhig sagt:
»Steh auf und gewinne das Rennen!«

Und so rafft er sich auf, versucht es erneut–
Zehn Meter hinter dem letzten.
»Wenn ich den einholen will«, so denkt er,
»Dann muß ich mich aber beeilen.«

Alle Kräfte, die er hat, setzt er ein,
Überholt aufs neue acht oder zehn der andern,
Versucht an die Spitze zu kommen –
Rutscht aus und fällt erneut!

Alles aus! Da liegt er nun,
Und Tränen steigen ihm in die Augen.
Alle Hoffnung ist zunichte – ich bin raus,
Warum sollte ich's noch einmal versuchen?

Doch dann glaubt er Vaters Stimme zu hören:
»Steh auf, noch hast du nicht alles verloren.
Du bist nicht hier, um zu versagen.
Nimm all deine Kraft und steh auf.

Denn Gewinnen bedeutet nicht mehr als das:
Jedesmal aufstehen, wenn man gefallen ist!«
Und so rafft er sich auf, um weiterzulaufen.
Gewinnen oder verlieren – aber aufgeben nie!

So weit hinter den anderen ist er nun
– Weiter hinten als je zuvor –
Und doch gibt er alles, was er hat
Und rennt, als könnte er noch gewinnen.

Dreimal ist er gestolpert und gefallen,
Dreimal ist er wieder aufgestanden.
Auch wenn er nicht mehr gewinnen kann,
So wird er durchhalten bis zum Ziel.

Nun jubeln sie dem Sieger zu,
Als er über die Ziellinie läuft,
Mit erhobenem Kopf, stolz und von Glück erfüllt,
Kein Stolpern, kein Sturz, keine Schande.

Aber als der kleine Junge, der hinfiel,
Als letzter über die Linie läuft,
Jubeln die Zuschauer noch mehr,
Weil er das Rennen zu Ende gelaufen ist.

Auch wenn er der Letzte ist,
Sein Kopf gesenkt, gedemütigt,
So hätte man denken können,
Die Leute jubeln dem Sieger zu.

Zu seinem Vater sagt er bedrückt:
»Ich hab's nicht gut gemacht …«
»Für mich hast du gewonnen«, sagt sein Vater,
»Jedesmal, wenn du hinfielst, standest du wieder auf.«

III

Und wenn alles düster und hoffnungslos scheint,
Und schwer zu ertragen,
So hilft mir in meinem »Rennen«
Die Erinnerung an den kleinen Jungen.

Denn das Leben ist wie das Rennen damals,
Mit allen Höhen und Tiefen.
Und was ich tun muß, um zu gewinnen ist,
Nach jedem Sturz wieder aufzustehen.

»Schluß! Gib auf, du bist geschlagen!«
So schreien sie mir noch immer ins Gesicht.
Aber in mir sagt eine andere Stimme:
»STEH AUF UND GEWINNE DAS RENNEN!«

D. H. Groberg

Nach einer Weile ...

Nach einer Weile erkennst du den feinen Unterschied zwischen Hand halten und Seele anketten.

Und du lernst, daß Liebe nicht sich anlehnen und daß Zusammensein nicht Sicherheit bedeutet,

Und du fängst an zu begreifen, daß Küsse keine Verpflichtungen sind und Geschenke keine Versprechungen,

Und du beginnst, deine Niederlagen mit erhobenem Kopf und offenen Augen zu akzeptieren, mit der Würde eines Erwachsenen, nicht mit dem Kummer eines Kindes,

Und du lernst, alle deine Straßen schon heute zu bauen, denn der Untergrund von morgen ist zu unsicher für Pläne.

Nach einer Weile merkst du, daß selbst Sonnenschein Brandwunden verursacht, wenn du dich ihm zu lange aussetzt.

Also bepflanze deinen Garten selbst und schmücke deine eigene Seele, statt darauf zu warten, daß jemand dir Blumen schenkt.

Und du lernst, daß du wirklich vieles ertragen kannst ...

Daß du wirklich stark bist,

Und daß du von wirklichem Wert bist.

Veronica A. Shoffstall

Gipfel Amerika

»Warum gerade ich?« schrie Todd, als sein Vater seinen blutverschmierten Körper aus dem trüben Wasser des Sees ins Boot zog. Todd blieb bei Bewußtsein, als sein Vater, seine beiden Brüder und drei Freunde mit ihm zum Ufer rasten, um Hilfe zu holen.

Alles wirkte so irreal. Sie hatten einen wundervollen Tag verbracht: Sie waren Wasserski gelaufen, auf dem See in Oklahoma, an dem die Großeltern wohnten. Todd wollte, nachdem man beschlossen hatte aufzuhören, auf das Motorboot kommen. Während er die Seile der Skier löste, setzte sich plötzlich das Getriebe des Motors nach rückwärts in Gang, und seine Beine wurden in die Schiffsschraube gerissen – alles innerhalb von Sekunden. Niemand hörte ihn schreien, bis es zu spät war. Nun lag er im Krankenhaus und kämpfte um sein Leben.

Beide Beine waren schwer verletzt. Der Ischiasnerv des rechten Beins war durchtrennt worden, so daß es vom Knie an abwärts gelähmt bleiben würde. Die Ärzte sagten, es bestünde die Gefahr, daß er nie mehr gehen könnte. Todd erholte sich langsam von seinen Verletzungen, aber dann setzte Knochenfraß im rechten Fuß ein. Im Verlauf der nächsten sieben Jahre setzte er all seine körperlichen und psychischen Kräfte ein in dem Kampf, das Bein zu behalten. Aber dann kam doch die Zeit, in der er der Tatsache ins Gesicht sehen mußte, daß seine schlimmste Befürchtung wahr wurde.

An einem Tag im April 1981 lag Todd noch bei vollem Bewußtsein auf einem Operationstisch des Massachusetts-General-Krankenhauses und wartete darauf, daß die Amputation stattfinden würde. Er unterhielt sich ruhig mit dem Krankenhauspersonal darüber, welche Sorte Pizza er hinterher essen wollte. »Ich möchte am liebsten eine mit kanadischem Schinken und Ananas haben«, scherzte er. Als sich der gefürchtete Augenblick näherte, überkam ihn plötzlich ein Gefühl völliger Ruhe. Ein Bibelvers aus seiner Kindheit fiel ihm ein, und er empfand tiefen Frieden: »Die Gerechtigkeit des Frommen macht seinen Weg eben.«

Er war nun von der absoluten Überzeugung erfüllt, daß ihm vorbestimmt war, die Amputation auf sich zu nehmen und durchzustehen. Jeder im Hintergrund lauernde Zweifel war verschwunden, es war nur der Mut, dem Unvermeidlichen ins Gesicht zu sehen, übriggeblieben. Um so zu leben, wie er es sich wünschte, mußte er sein Bein verlieren. Das Bein war in wenigen Minuten weg

– aber für ihn eröffnete sich eine neue Zukunft.

Auf die Vorschläge seiner Freunde und seiner Familie hin studierte er Psychologie, schloß ab mit »magna cum laude« und übernahm dann das Amt des klinischen Direktors im Amputierten-Rehabilitationszentrum in Südkalifornien. Mit seinem Wissen als Psychologe und seiner persönlichen Erfahrung als Amputierter erkannte er, daß er in der Lage war, durch seine Arbeit andere Amputierte zu inspirieren.

»Die Schritte, die ich in meinem Leben unternehmen muß, sind vorgegeben«, dachte er. »Ich nehme an, daß ich auf dem richtigen Weg bin – aber was *wird* mein nächster Schritt sein?«

Bis zu seinem Unfall hatte er ein normales Leben geführt. Er war gewandert, hatte gezeltet, Sport betrieben, mit Mädchen geflirtet und sich mit seinen Freunden herumgetrieben. Nach seiner Verletzung war er noch weiterhin mit seinen Freunden zusammen, aber mit Sport war es vorbei. Das künstliche Bein, das er nach der Amputation erhielt, ermöglichte ihm zwar zu gehen, aber auch nicht mehr.

Es gab Nächte, in denen Todd träumte, er liefe über grüne Wiesen, nur um dann in die rauhe Wirklichkeit zurückzukehren. Verzweifelt sehnte er sich danach, wieder rennen zu können.

1993 erfüllte sich sein Wunsch. Ein neuer Typ von Prothesen, »Flex-Foot«, wurde entwickelt. Er bekam sie.

Anfangs quälte er sich sehr mit dem Laufen; er stolperte über die eigenen Füße und litt an Atemnot. Doch dann konnte er dank seiner Ausdauer bald achtzehn Kilometer pro Tag joggen.

Während er so an seinem Körper arbeitete, geriet einem seiner Freunde zufällig ein Artikel in die Hände, von dem er dachte, er würde Todd interessieren. Eine Organisation suchte einen Beinamputierten, der bereit war, in jedem der fünfzig Staaten Amerikas den jeweils höchsten Berg zu erklimmen. Zusammen mit vier anderen behinderten Kletterern sollten sie einen Rekord brechen, indem sie diese Aufgabe in hundert oder weniger Tagen bewältigten.

Der Gedanke elektrisierte Todd. »Warum soll ich's nicht versuchen?« überlegte er. »Schließlich bin ich früher gern gewandert, und damit hätte ich jetzt die Gelegenheit, meine Grenzen auszuloten.« Er bewarb sich und wurde sofort angenommen.

Der Beginn der Expedition wurde auf April 1994 festgelegt. Todd konnte sich also fast ein Jahr lang darauf vorbereiten. Er fing an, sich durch systematisches tägliches Training, Umstellung seiner

Ernährung und Übungen an Kletterfelsen während der Wochenenden auf die Tour vorzubereiten. Die meisten in seiner Umgebung hielten das Ganze für eine gute Idee, aber einige fanden doch, es handle sich dabei um einen recht waghalsigen Entschluß.

Todd ließ sich durch die Besorgnis dieser Freunde nicht abhalten. Er wußte, daß er recht hatte. Ihm war klar, daß dies der nächste Schritt sein mußte, wenn er seinem Leben eine neue Richtung geben wollte.

Alles schien vorzüglich zu klappen – bis er im Februar 1994 eine entmutigende Nachricht bekam. Die Organisation brachte die erforderlichen Geldmittel nicht auf. Der Projektleiter erklärte, es täte ihm leid, aber es bliebe nichts anderes übrig, als das gesamte Vorhaben aufzugeben.

»Aber ich gebe nicht auf!« rief Todd. »Dazu habe ich inzwischen zu viel Zeit und Mühe in die Sache gesteckt. Es handelt sich um ein solch wichtiges Anliegen, man kann es nicht einfach fallenlassen. Mit Gottes Hilfe werde ich auch Mittel und Wege finden, um diese Expedition durchzuführen!«

Unerschrocken machte er sich daran, die Sache in Gang zu setzen. Während der folgenden sechs Wochen brachte er ausreichend finanzielle Unterstützung zusammen, um eine neue Expedition auf den Weg zu bringen. Er nahm die Hilfe von Freunden in Anspruch, die mit ihm zusammen die Logistik der Klettertouren ausarbeiteten. Whit Rambach war sein Kletterpartner, und ich, Lisa Manley, erledigte alles Geschäftliche von zu Hause aus. Nachdem dies alles geregelt war, brach er mit seiner Expedition auf, die den Namen »Gipfel Amerika« erhielt.

Während Todd sich auf die Expedition vorbereitete, erfuhr er, daß lediglich einunddreißig Leute alle Gipfel dieser fünfzig höchsten Berge bestiegen hatten. Der Mount Everest, höchster Berg der Erde, war von mehr Menschen erfolgreich erklommen worden.

Todd und Whit begannen mit der Ersteigung dieser fünfzig Berge um 5.10 Uhr am 1. Juni 1994 beim Mt. McKinley in Alaska. Der bisherige Rekordhalter Adrian Crane und ein Sergeant Mike Vining halfen den beiden dabei, den »Denali« – der indianische Name für den Mt. McKinley – zu erklimmen.

»Die Verhältnisse am Berg waren völlig unberechenbar«, erzählte Todd später. »Innerhalb weniger Stunden konnte ein Sturm aufkommen. Es ist ein Katz-und-Maus-Spiel, den Gipfel zu erreichen. Gelegentlich fiel die Temperatur auf null

Grad. Wir brauchten zwölf Tage, um mit dem Wetter, der Höhenkrankheit und der Erkenntnis der Gefahren zurechtzukommen. Ich wußte vorher schon, daß der Berg gefährlich werden konnte – aber nicht, *wie* gefährlich, bevor ich sah, wie vor mir zwei gefrorene Leichen ins Tal hinuntergeschleppt wurden.

Wir kamen nur schrittweise voran. Die letzten dreihundert Meter waren die schwierigsten. Bei jedem Schritt holte ich dreimal Atem. Fortwährend sagte ich mir, daß mein Anliegen nur sinnvoll sei und meine Botschaft nur gehört werden könne, wenn ich es bis zum Gipfel schaffte. Diese Erkenntnis trieb mich förmlich die letzten Meter hinauf.«

Im weiteren Verlauf der Expedition überstürzten sich die Ereignisse. »Hooked on Phonics« kam »Gipfel Amerika« zu Hilfe, indem sie den Rest der Klettertouren finanzierte. Die Leute begannen sich für Todd zu interessieren, seine Entschlossenheit, den Rekord zu brechen, und seine Geschichte faszinierten sie. Die Zeitungen verbreiteten sich darüber und ebenso Fernsehen und Radio, während er im Land umherreiste.

Alles verlief reibungslos, bis es Zeit war, den 47. Gipfel zu ersteigen, Mt. Hood in Oregon. Eine Woche zuvor waren zwei Menschen dort ums Leben gekommen. Jedermann riet Todd und Whit von der Klettertour ab – es sei keinesfalls das Risiko wert.

Erfüllt von Ungewißheit und Besorgnis setzte sich Todd mit seinem alten Schulfreund und Kletterexperten Fred Zalokar in Verbindung. Als Fred von seiner mißlichen Lage erfuhr, sagte er: »Todd, du bist inzwischen viel zu weit gekommen. Ich komme sofort zu dir und bringe dich auf diesen Berg – heil und sicher.«

Nach einer Reihe von Diskussionen mit den für Gebirge zuständigen Behörden und nach Stunden sorgfältigster Planung gelang es Todd, Whit und Fred tatsächlich, den Gipfel des Mt. Hood zu erreichen. Nun standen nur noch drei Gipfel zwischen Todd und dem Rekord.

Dann, am 7. August 1994, stand Todd um 11.57 Uhr vormittags auf dem höchsten Punkt des Mauna Kea auf Hawaii. Er hatte alle fünfzig Gipfel der höchsten Berge Amerikas in 66 Tagen, 21 Stunden und 47 Minuten geschafft – den alten Rekord also um 35 Tage unterboten!

Und was noch bemerkenswerter war: Todd hatte als Amputierter den Rekord eines Mannes gebrochen, der zwei gesunde Beine hatte.

Todd war in Hochstimmung – nicht nur, weil er einen neuen Kletterweltrekord aufgestellt hatte, sondern weil er nun die Antwort auf seine Frage »Warum gerade ich?« wußte, die ihn seit seinem Unfall auf dem See verfolgt hatte.

Im Alter von dreiunddreißig Jahren erkannte er, wie sein Triumph über seine eigene Tragödie dazu dienen konnte, in anderen Menschen den Glauben zu erwecken, ihren persönlichen Herausforderungen gewachsen zu sein.

Während seiner gesamten Klettertour und bis zum heutigen Tag dringt Todd Hustons Botschaft zu den Menschen durch. Mit ruhiger Zuversicht stellt er fest: »Durch Glauben an Gott und an die Fähigkeiten, die er dir gegeben hat, kannst du alle Herausforderungen, die dir im Leben begegnen, bewältigen.«

Lisa Manley

Ein unentdecktes Meisterwerk

> Nichts auf der Welt kann Ausdauer ersetzen. Talent jedenfalls nicht – nichts ist so häufig wie erfolglose Leute mit Talent. Auch Genialität nicht – verkannte Genies sind sprichwörtlich. Allein Beharrlichkeit und Entschlossenheit sind allmächtig.
> *Calvin Coolidge*

Vor ein paar Jahren hatte meine Freundin Sue ernsthafte Gesundheitsprobleme. Sie war als Kind kränklich gewesen und litt nach wie vor an einem Geburtsfehler, der ein Loch in einer ihrer Herzkammern hinterlassen hatte. Die Geburten ihrer fünf Kinder – zu Beginn gleich ein Kaiserschnitt – hatten ebenfalls ihren Tribut gefordert. Sie hatte eine Operation nach der anderen über sich ergehen lassen müssen und hatte auch über mehrere Jahre weg stark an Gewicht zugenommen. Diäten hatten nichts genützt. Sie litt fast konstant an nicht zu diagnostizierenden Schmerzen. Ihr Mann Dennis hatte gelernt, ihre gesundheitlichen Einschränkungen zu akzeptieren. Er hoffte zwar immer, ihr Gesundheitszustand würde sich verbessern, aber eigentlich glaubte er nicht mehr daran.

Eines Tages saß die Familie beisammen, und alle stellten eine »Wunschliste« der Dinge auf, die ihnen im Leben am wichtigsten schienen. Einer von Sues Wünschen war, einen Marathonlauf zu bewältigen. Angesichts ihrer Krankheitsgeschichte und physischen Beschränkungen fand Dennis diese Vorstellung vollkommen unrealistisch, aber Sue war von dem Gedanken völlig fasziniert.

Sie begann, sehr bedächtig in dem Viertel, in dem sie wohnten, zu joggen. Jeden Tag lief sie ein bißchen weiter als am vorhergegangenen – jeweils nur eine Hauseinfahrt weiter. »Wann werde ich es schaffen, einen Kilometer weit zu rennen?« fragte sie sich. Bald lief sie fünf. Dann sieben und acht. Aber Dennis soll den Rest der Geschichte mit seinen eigenen Worten erzählen.

»Ich erinnere mich, daß Susan mir etwas erzählte, das sie erfahren hatte: ›Das Unterbewußte und das Nervensystem können den Unterschied zwischen einer realen und einer lebhaft vorgestellten Situation nicht wahrnehmen. Wir können uns positiv verändern und uns selbst dazu bringen, unbewußt unsere dringendsten Sehnsüchte mit nahezu absoluter Wahrscheinlichkeit zu erfüllen, wenn wir nur unsere Vorstellungen im Geist klar genug umreißen.‹ Ich wußte, daß Sue davon überzeugt war – sie hatte sich für den St.-George-Marathonlauf im südlichen Utah angemeldet.

›Könnte der Geist auch einer Vorstellung erliegen, die zur Selbstvernichtung führt?‹ überlegte ich, während ich die Gebirgsstraße von Cedar City nach St. George entlangfuhr. Ich parkte den Wagen nahe der Ziellinie und wartete dort auf Sues Ankunft. Es regnete unentwegt, und ein kalter Wind wehte. Der Marathon hatte vor über fünf Stunden begonnen. Mehrere durchgefrorene und verletzte Läufer waren an mir vorbeitransportiert worden, und ich begann in Panik zu geraten. Die Vorstellung, Sue könnte allein und halb erfroren irgendwo neben der Straße liegen, machte mich krank vor Angst. Die schnellen und starken Sportler waren schon lange durchs Ziel gekommen, nun trafen nur noch vereinzelt Läufer ein, es wurden immer weniger. Dann konnte ich auf weitere Sicht überhaupt niemand mehr sehen.

Fast alle entlang der Marathon-Route geparkten Wagen waren nach und nach verschwunden, und es bildete sich allmählich etwas wie ein normaler Verkehr. Ich konnte nun direkt über die Rennroute zurückfahren. Während der nächsten zwei bis drei Kilometer waren keine Läufer zu sehen. Dann, hinter einer Kurve, erspähte ich eine kleine Gruppe, die auf mich zukam. Als ich langsam näher fuhr, erkannte ich Sue, die mit drei anderen zusammen lief. Sie lächelten und unterhielten sich sogar miteinander. Sie befanden sich auf der anderen Straßenseite, als ich anhielt und durch die jetzt ständig vorbeifahrenden Autos hindurch rief: ›Bist du okay?‹

›O ja!‹ rief Sue zurück. Sie keuchte nur mäßig. Ihre neuen Freunde lächelten zu mir herüber.

›Wie weit ist's noch bis zum Ziel?‹ fragte einer von ihnen.

›Nur noch ein paar Kilometer‹, antwortete ich.

›*Ein paar Kilometer?*‹ dachte ich. ›*Bin ich verrückt?*‹ Ich bemerkte, daß zwei der Läufer hinkten. Ihre Füße schlurften in den nassen Turnschuhen. Gern hätte ich ihnen gesagt, sie hätten einen phantastischen Lauf hinter sich gebracht und mich angeboten, sie mit dem Wagen das letzte Stück zum Ziel zu fahren, aber ich sah die eiserne Entschlossenheit in ihren Augen. Also wendete ich den Wagen und folgte der Gruppe im Abstand, immer besorgt, daß jemand von den vieren hinfallen könnte. Sie liefen seit über fünfeinhalb Stunden! Dann überholte ich sie und wartete ungefähr anderthalb Kilometer vor der Ziellinie auf sie.

Als Sue wieder in Sichtweite kam, merkte ich, daß sie anfing, sich zu quälen. Sie lief jetzt langsamer, und ihr Gesicht war leicht verzerrt. Entsetzt blickte sie von Zeit zu Zeit auf ihre Beine hinab, so als ob sie nicht mehr recht funktionierten. Aber irgendwie bewegte sie sich weiter, wenn auch fast taumelnd.

Die kleine Gruppe zog sich weiter auseinander. Nur eine junge Frau hielt sich neben Sue. Es war offensichtlich, daß sich die beiden unterwegs angefreundet hatten. Ich wurde mitgerissen und begann, mit den beiden zu laufen. Nach rund hundert Metern versuchte ich etwas zu sagen, ihnen irgend etwas Eindrucksvolles über Erkenntnis und Motivation mitzuteilen, aber es verschlug mir sowohl die Worte wie auch den Atem.

Die Ziellinie kam in Sicht. Ich war froh, daß man noch nicht alles abgerissen hatte, denn ich hatte das Gefühl, daß nun erst die eigentlichen Gewinner eintrafen. Einer der Läufer, ein schlanker Halbwüchsiger, hielt an, setzte sich hin und begann zu schluchzen. Ich sah zu, wie ein paar Leute, wahrscheinlich seine Familie, herbeikamen und ihn zu ihrem Wagen trugen. Ich konnte auch erkennen, daß Sue nahezu am Ende ihrer Kräfte war – aber seit zwei Jahren hatte sie von diesem Tag geträumt und wollte nicht klein beigeben. Sie wußte, sie würde bis zum Ende durchhalten, und dieses Wissen bewog sie, zuversichtlich – ja glücklich – ihren Laufschritt über die letzten hundert Meter bis zur Ziellinie beizubehalten.

Nur wenige Leute waren noch da, um meiner Frau, dieser so außergewöhnlichen Marathonläuferin, zu gratulieren. Sie hatte ein gutes Rennen hinter sich gebracht, hatte angehalten, um Übungen zu machen, hatte unterwegs an den entsprechenden Stellen viel Wasser getrunken und ihr Tempo vernünftig eingeteilt. Sie war die Anführerin einer kleinen Gruppe von weniger erfahrenen Läufern gewesen und hatte die meisten mit ermutigenden und beruhigenden Worten angespornt. Als wir uns später im Park trafen, lobten und umarmten sie sie.

›Sie hat uns den Glauben vermittelt, daß wir es schaffen können‹, stellte ihre neue Freundin fest.

›Sie hat so lebhaft geschildert, wie es sein würde, wenn wir am Ziel ankämen, daß ich einfach wußte, ich würde es fertigbringen‹, sagte eine andere.

Der Regen hatte aufgehört, wir schlenderten im Park umher und unterhielten uns. Ich sah Sue an. Sie hatte eine ganz andere Haltung bekommen. Sie trug den Kopf höher, ihre Schultern wirkten straffer. Ihr Gang hatte, obwohl sie hinkte, etwas Selbstsicheres, genauso wie ihre Stimme. Es war nicht so, als wäre sie ein völlig neuer Mensch ge-

worden – eher so, als hätte sie einen Teil ihres eigentlichen Ichs entdeckt, den sie bisher nicht gekannt hatte. Es war wie bei einem Bild: Noch war die Farbe nicht trocken, aber schon war erkennbar, daß es sich um ein bisher nicht entdecktes Meisterwerk handelte, über das man noch unendlich viele Dinge erfahren konnte. Ihr gefiel dieses neu entdeckte Ich. Und mir auch.«
Charles A. Coonradt

Wenn ich es kann, kannst du es auch!

Mein Leben begann mit nichts. Von meiner biologischen Mutter, einer jungen unverheirateten Frau aus der Kleinstadt Moose Jaw in Saskatchewan, Kanada, weggegeben, wurde ich von einem armen Paar mittleren Alters, John und Mary Linkletter, adoptiert.

Mein Adoptivvater war einer der warmherzigsten Menschen, die ich je kennengelernt habe, aber beruflich verfügte er über keinerlei Fähigkeiten. An sich evangelischer Teilzeitprediger, versuchte er sich als Versicherungsvertreter, Inhaber eines kleinen Ladens und als Schuhmacher, aber alles ohne viel Erfolg. Schließlich fanden wir uns in einem Wohlfahrtsheim wieder, das von einer

Kirche in San Diego betreut wurde. Dann fühlte sich Vater Linkletter von Gott berufen, Vollzeitprediger zu werden, und wir hatten noch weniger Geld. Und das, was wir hatten, wurde für gewöhnlich mit irgendeinem hilflosen Nachbarn geteilt, der gerade etwas zu essen brauchte.

Ich brachte die High-School schnell hinter mich und lebte schon im zarten Alter von sechzehn Jahren auf der Straße, immer in der Hoffnung, irgendwo mein Glück zu finden. Was ich jedoch als erstes herausfand, war sozusagen das falsche Ende einer Pistole: Mein Kumpel und ich wurden von zwei Rowdys aufgestöbert, als wir gerade in einem Güterwaggon schliefen.

»Hände nach oben und flach liegenbleiben!« befahl einer der beiden. »Wenn das Streichholz hier ausgeht und ich noch irgendwas höre, dann schieße ich.« Während sie unsere Taschen durchsuchten und uns überall abtasteten, fragte ich mich, ob sie wirklich nur auf Geld aus waren. Ich hatte Angst, denn ich hatte Geschichten über ältere Tramps gehört, die Jungs sexuell mißbraucht hatten. In diesem Augenblick erlosch das Streichholz ... und ein neues wurde hastig entzündet. Wir rührten uns nicht. Die Diebe fanden bei mir einen Dollar und dreißig Cents, aber die zehn, die ich in mein Jackenfutter eingenäht hatte, entgingen ihnen. Meinem Freund Denver Fox nahmen sie zwei Dollar ab.

Das Streichholz erlosch wieder, und an dem Zögern der beiden merkte ich, daß sie irgendwie unentschlossen waren. Während Denver und ich nur ein paar Zentimeter voneinander entfernt im Dunkeln dalagen, hörte ich, wie die Pistole entsichert wurde, und ein kalter Schauder lief mir über den Rücken. Ich wußte, die beiden überlegten sich, ob sie uns umbringen sollten. Das Risiko, erwischt zu werden, war für sie nicht groß. Der Regen, der draußen auf das Dach des Waggons herabprasselte, übertönte jedes Geräusch. Starr vor Entsetzen dachte ich an meinen Vater und wie er für mich gebetet hätte, wenn er von dem hier gewußt hätte. Und plötzlich spürte ich, wie mich alle Angst verließ und wie ich ganz gelassen und ruhig wurde. Dann, wie als Reaktion auf meine eigene wiedergefundene Selbstsicherheit, wandten sich die beiden uns wieder zu. Ich spürte, wie einer von ihnen etwas unter meinen Arm schob.

»Da sind deine dreißig Cents«, sagte er. »Fürs Frühstück.«

Heute kann ich auf viele erfolgreiche Jahre zurückblicken: Ich bin seit fünfundvierzig Jahren der Star zweier überaus beliebter Fernsehshows; ich habe großen Erfolg als Geschäftsmann, Autor und Vortragsredner; und ich bin stolz auf meine großartige Familie – achtundfünfzig Jahre mit der gleichen Frau, fünf Kinder, sieben Enkel und acht Urenkel. Ich erwähne das nicht, um damit zu prahlen, sondern um andere zu ermutigen, die auf der untersten Sprosse der Karriereleiter stehen. Denkt daran, wo ich angefangen habe, und vergeßt nicht: Wenn ich es geschafft habe, könnt ihr es auch schaffen! Ja – ihr könnt es!

Art Linkletter

8

Gesammelte Weisheit

Das Leben ist eine Folge von Erfahrungen,
die durchlebt werden müssen,
um begriffen zu werden.

Helen Keller

Napoleon und der Kürschner

> Blicke nicht zurück im Zorn,
> blicke nicht voraus in Angst,
> aber blicke um dich mit wachem
> Bewußtsein.
>
> *James Thurber*

Während Napoleons Invasion in Rußland kämpften seine Truppen einmal in einer der vielen Kleinstädte in diesem riesigen winterlichen Land, als Napoleon zufällig von seinen Leuten getrennt wurde. Eine Gruppe russischer Kosaken erkannte ihn, und sie begannen, ihn durch die gewundenen Gassen zu verfolgen. Napoleon rannte um sein Leben und schlüpfte in den kleinen Laden eines Kürschners. Als er keuchend eintrat und den Kürschner sah, schrie er kläglich: »Rette mich! Rette mich! Wo kann ich mich verstecken?« Der Kürschner sagte: »Schnell, dort unter dem großen Haufen Pelze in der Ecke!« und deckte Napoleon mit diesen Pelzen zu.

Kaum war er damit fertig, als die russischen Kosaken eindrangen und schrien: »Wo ist er? Wir haben gesehen, daß er hier hereingekommen ist.« Ungeachtet der Proteste des Kürschners nahmen sie fast den Laden auseinander, um Napoleon ausfindig zu machen. Sie stachen auch mit den Säbeln in den Stapel von Pelzen, fanden ihn jedoch nicht. Bald gaben sie auf und verschwanden wieder.

Gerade als seine Leibwächter zur Tür hereinkamen, kroch Napoleon unverletzt unter dem Haufen Pelze hervor. Der Kürschner wandte sich ihm zu und sagte schüchtern: »Verzeihen Sie mir, daß ich an einen so großen Mann diese Frage richte – aber wie war es, unter diesen Pelzen zu liegen und zu wissen, daß der nächste Augenblick wahrscheinlich Ihr letzter sein würde?«

Napoleon richtete sich zu seiner vollen Größe auf und erwiderte dem Kürschner entrüstet: »Wie kannst du mir eine solche Frage stellen, mir, dem Kaiser Napoleon! Wächter, bringt diesen Unverschämten hinaus, bindet ihm die Augen zu und erschießt ihn. Ich werde persönlich das Kommando dazu geben.«

Die Wächter packten den armen Kürschner, schleppten ihn hinaus, stellten ihn an eine Mauer und verbanden ihm die Augen. Der Kürschner konnte nichts sehen, aber er hörte, wie sich die

Leibwächter langsam nebeneinander aufreihten und ihre Gewehre vorbereiteten; er konnte das leise Rascheln seiner Kleidung im kalten Wind hören und spüren, wie er den Stoff bewegte und über seine Wangen strich. Dann hörte er, wie Napoleon sich räusperte und in gemessenem Ton ausrief: »Fertig ... legt an ...« In diesem Augenblick, als dem Kürschner klar wurde, daß ihm nun selbst diese wenigen Empfindungen für immer genommen würden, überwältigte ihn ein Gefühl, das er niemals hätte beschreiben können, während ihm die Tränen über die Wangen liefen.

Nach einer langen Stille hörte der Kürschner, wie sich Schritte näherten und ihm die Binde von den Augen genommen wurde. Noch halb geblendet vom plötzlichen Sonnenlicht sah er Napoleons Augen vor sich, die tief und eindringlich in seine eigenen blickten – Augen, die in jeden Winkel seines Inneren einzudringen schienen. Dann sagte Napoleon leise: »Jetzt weißt du es.«

Steve Andreas

Mit den Augen eines Kindes

Ein alter Mann saß Tag für Tag in seinem Schaukelstuhl.

Wie festgenagelt saß er in seinem Stuhl und hatte sich selbst geschworen, sich nicht mehr von der Stelle zu rühren, bevor er nicht Gott gesehen hatte.

An einem schönen Nachmittag im Frühling schaukelte der alte Mann wieder in seinem Stuhl, unnachgiebig sich selbst gegenüber in seinem Streben, Gott zu sehen, als ein kleines Mädchen drüben auf der anderen Straßenseite spielte. Sein Ball rollte dabei in den Hof des alten Mannes. Sie rannte hinüber, um ihn wiederzuholen, und als sie sich bückte, um nach ihm zu greifen, blickte sie zu dem alten Mann auf und sagte: »Mr. Alter Mann, ich sehe dich jeden Tag in deinem Stuhl schaukeln und ins Nichts schauen. Wonach suchst du denn?«

»Ach, mein Kind, du bist noch zu jung, um das zu verstehen«, erwiderte der alte Mann.

»Vielleicht«, sagte das kleine Mädchen, »aber meine Momma hat mir immer gesagt, wenn mir was im Kopf herumginge, dann sollte ich darüber reden. Sie sagt, damit ich's dann besser verstünde. Meine Momma sagt immer: ›Miss Lizzy, teil deine Gedanken den anderen mit – immer‹, sagt meine Momma.«

»Hm, na ja, kleine Miss Lizzy, ich glaube nicht, daß du mir helfen kannst«, brummte der alte Mann.

»Kann schon sein, Mr. Alter Mann, Sir, aber vielleicht hilft's dir, wenn ich einfach zuhöre.«

»Na schön, kleine Miss Lizzy, ich halte nach Gott Ausschau.«

»Bei allem Respekt, Mr. Alter Mann, Sir, Sie schaukeln hier Tag um Tag in diesem Stuhl vor und zurück auf der Suche nach Gott?« fragte Miss Lizzy verblüfft.

»Nun, ja. Ich muß vor meinem Tod noch unbedingt glauben können, daß es einen Gott gibt. Ich brauche ein Zeichen, und bis jetzt habe ich noch keines zu Gesicht bekommen«, erwiderte der alte Mann.

»Ein Zeichen, Sir? Ein Zeichen?« sagte Miss Lizzy, nun vollends verwirrt durch die Worte des alten Mannes. »Mr. Alter Mann, Sir, Gott gibt dir doch ein Zeichen, schon wenn du den nächsten Atemzug machst. Wenn du frische Blumen riechen kannst. Wenn du die Vögel singen hörst. Wenn die Babys geboren werden. Sir, Gott gibt dir ein Zeichen, wenn du lachst und wenn du weinst, wenn du spürst, wie dir die Tränen aus den Augen rinnen. Wenn du jemanden umarmst und liebhast, ist es ein Zeichen aus deinem Herzen heraus. Gott zeigt sich im Wind und im Regenbogen und im Wechsel der Jahreszeiten. All diese Zeichen sind da, und du glaubst nicht an sie?

Mr. Alter Mann, Sir, Gott ist in dir und Gott ist in mir. Es muß keine Suche geben, denn er oder sie oder was immer es ist, ist doch die ganze Zeit über da.«

Und, die eine Hand auf die Hüfte gestützt, die andere in der Luft schwenkend, fuhr Miss Lizzy fort: »Momma sagt: ›Miss Lizzy, wenn du da nach was ganz Gewaltigem Ausschau hältst, dann hast du deine Augen nicht offen. Denn Gott schauen heißt einfache Dinge sehen, Gott schauen heißt, Leben in allen Dingen sehen.‹ Das sagt Momma.«

»Miss Lizzy, Kind, du weißt sehr viel über Gott, aber das, was du gesagt hast, reicht immer noch nicht ganz aus.«

Miss Lizzy trat auf den alten Mann zu, legte ihre Kinderhände auf sein Herz und flüsterte ihm ins Ohr: »Sir, es kommt von hier drinnen, nicht von dort oben.« Sie deutete auf den Himmel. »Finde es in deinem Herzen, in deinem eigenen Spiegel. Dann, Mr. Alter Mann, wirst du die Zeichen erkennen.«

Miss Lizzy kehrte auf die andere Straßenseite zurück, drehte sich noch einmal zu dem alten Mann um und lächelte. Dann, während sie sich bückte, um an den Blumen zu riechen, rief sie: »Momma sagt immer: ›Miss Lizzy, wenn du nach was ganz Gewaltigem Ausschau hältst, sind deine Augen nicht offen.«

Dee Dee Robinson

Ich weiß, er ist im Krieg

Ich kann nicht sagen, daß ich Gott jemals in der Kirche fand, und ich kann mich nicht erinnern, gefühlt zu haben, daß er mir nahe war, wenn ich dorthin ging.
Ich erinnere mich an viele freundlich lächelnde Gesichter und an die Leute in all ihren hübschen Kleidern.
Irgendwie fühlte ich mich dann unbehaglich – zu viele Leute und mir zu nahe.

Nein, ich erinnere mich nicht, Gott in der Kirche gesehen zu haben, aber ständig hörte ich dort seinen Namen.
Manche fragen: »Wurdest du wiedergeboren? Wenn ja – wann?«
Und ich verstand es nicht!

Aber ich spürte Gott in Vietnam – fast jeden Tag.

Ich spürte ihn, wenn er nach einem nächtlichen Feuergefecht die Sonne schickte, um den Regen zu verjagen; und der Regen kehrte dann wieder am nächsten Tag – in aller Erhabenheit.

Er war da, als ich, was von Sergeant Moore noch übrig war, in einen Leichensack packte.
Er war da, als ich den Brief an seine Witwe schrieb, um ihr zu berichten, wie er starb.
Er stand hinter mir, als ich Sergeant Sinks letzten Seufzer hörte.
Er half mir, Sergeant Swanson einen Berg hinabzutragen – es war im An-Loe-Tal.

Flüchtig sah ich Gott, als ich die Hitze des Napalms spürte.
Ich fühlte ihn bei mir, wenn der Kaplan die Gebete für unsere Toten sprach.
Ich sah seinen Widerschein in den Gesichtern meiner Leute, als ich ihnen riet, eine Kugel für sich selbst aufzubewahren, als uns bevorstand, überrannt zu werden, an einem heißen, schwülen Tag im fernen Vietnam.
Er ließ mich ein Vaterunser beten bei jedem Luftangriff, wenn feindliche Maschinen über den Baumwipfeln daherrasten.
Wenn wir unsere nächtlichen Verstecke ausbau-

ten und ich im Dunkeln meine eigenen Hände nicht sah, dann spürte ich seine Hände.

Er schickte Einsamkeit, um die Erinnerungen zu festigen, die später im Leben stets wieder auftauchen.

Nie vergesse ich die Kraft, die Gott den Waisen verlieh – den Kindern des Krieges.

Er machte sie stark, aber sie verstanden es nicht.

Nach all diesen Jahren weiß ich, wir schlafen unter dem gleichen Stern.

Er schickte Knaben in den Krieg; sie kehrten als junge Männer zurück, ihr Leben für immer verändert.

Ich weiß nicht, ob Gott in der Kirche ist, aber ich weiß, er ist im Krieg.

Dr. Barry L. McAlpine
First Squadron
Ninth U. S. Cavalry

Wir möchten den Herausgebern und Autoren für die Erlaubnis danken, das folgende Material nachzudrucken. (Die Geschichten, die anonym verfaßt sind, für die das Copyright abgelaufen ist oder die von Jack Canfield oder Mark Victor Hansen geschrieben wurden, sind nicht in diesem Verzeichnis enthalten.)

Der Zirkus und *Rettung auf hoher See.* Nachgedruckt mit Genehmigung von Dan Clark. © 1994 Dan Clark.

Chase. Nachgedruckt mit Genehmigung von Bruce Carmichael. © 1994 Bruce Carmichael.

Die zweihundertste Umarmung. Nachgedruckt mit Genehmigung von Harold Bloomfield, M. D. © 1994 Harold Bloomfield.

Einmal Erdbeermalz und dreimal Händedruck, bitte! Nachgedruckt mit Genehmigung von Larry James. © 1994 Larry James.

Die Porzellanscherbe und *Abschlußfeier, Erbschaft und andere Lektionen.* Nachgedruckt mit Genehmigung von Bettie B. Youngs. Aus: *Values of the Heartland – Stories of an American Farmgirl.* © 1994 Bettie B. Youngs.

Es braucht Mut. Nachgedruckt mit Genehmigung von Bill Sanders. © 1994 Bill Sanders.

Ich verzweifle nicht an der heutigen Jugend. Nachgedruckt mit Genehmigung von Dr. Hanoch McCarty. © 1995 Hanoch McCarty.

Die Blume. Nachgedruckt mit Genehmigung von Pastor John R. Ramsey. © Pastor John R. Ramsey.

Übe dich auf gut Glück in Freundlichkeit und schaffe Schönheit ohne tieferen Zweck. Nachgedruckt mit Genehmigung von Adair Lara. © 1991 Adair Lara. Dieser Artikel erschien ursprünglich in *Glamour*.

Das Herz und *Die Jahresbriefe* und *Komm, wir gehen im Garten spazieren.* Nachgedruckt mit Genehmigung von Raymond Aaron. © 1994 Raymond Aaron.

Tut es jetzt! Nachgedruckt mit Genehmigung von Dennis E. Mannering. Aus: *Attitudes Are Contagious ... Are Yours Worth Catching?* © 1986 Dennis E. Mannering.

Andys Martyrium. Nachgedruckt mit Genehmigung von Ben Burton. © 1994 Ben Burton.

Großmutters Geschenk. Nachgedruckt mit Genehmigung von D. Trinidad Hunt. © 1994 D. Trinidad Hunt.

Engel brauchen zum Fliegen keine Beine. Nachgedruckt mit Genehmigung von Stan Dale. © Stan Dale.

Die Zweidollarnote. Nachgedruckt mit Genehmigung von Floyd L. Shilanski. © 1994 Floyd L. Shilanski.

Wenn ich mein Kind noch einmal aufziehen müßte. Aus dem Buch *Full Esteem Ahead* von Diane Loomans und Julia Loomans. Nachgedruckt mit Genehmigung von H. J. Kramer c/o Global Learning. Box 1203 Solana Beach CA 92075. Alle Rechte vorbehalten.

Er ist nur ein kleiner Junge. Nachgedruckt mit Genehmigung von Bob Fox. © 1994 Bob Fox.

Aber du tatest es nicht. Nachgedruckt mit Genehmigung von Stan Gebhardt. © 1994 Stan Gebhardt.

Der Geist des Weihnachtsmanns trägt keinen roten Mantel und *Suki … Beste Freundin in allen Lebenslagen.* Nachgedruckt mit Genehmigung von Patty Hansen. © 1994 Patty Hansen.

Die kleine Dame, die mein Leben veränderte. Nachgedruckt mit Genehmigung von Tony Luna. © 1994 Tony Luna.

Zehnte Reihe Mitte. Nachgedruckt mit Genehmigung von Jim Rohn. © 1994 Jim Rohn.

Der weite gelbe Kittel. Nachgedruckt mit Genehmigung von Patricia Lorenz. © 1993 Patricia Lorenz.

Das Geschenk. Nachgedruckt mit Genehmigung von John Catenacci. © 1994 John Catenacci.

Sie erinnerte sich. Nachgedruckt mit Genehmigung von Lisa Boyd. © Lisa Boyd.

Geh ins Licht. Nachgedruckt mit Genehmigung von Donna Loesch. © Donna Loesch.

Geschichte eines Helden. Nachgedruckt mit Genehmigung von Frederick E. Pulse III. © 1994 Frederick E. Pulse III.

Erinnerung an Miss Murphy. Nachgedruckt mit Genehmigung von Beverly Fine. © 1994 Beverly Fine.

Tu es noch heute! Nachgedruckt mit Genehmigung von Robert Reasoner. © 1994 Robert Reasoner.

Heilmittel für ein gebrochenes Herz. Nachgedruckt mit Genehmigung von Meladee McCarty. © 1994 Meladee McCarty.

Also dann bis morgen und *Die magischen Steine* und *Der beste Stahl wird im heißesten Feuer geschmiedet.* Nachgedruckt mit Genehmigung von John Wayne Schlatter. © 1994 John Wayne Schlatter.

Die Liebe verläßt dich nie. Nachgedruckt mit Genehmigung von Stanley D. Moulson. © 1994 Stanley D. Moulson.

Der schönste Engel. Nachgedruckt mit Genehmigung von Ralph Archbold. © 1994 Ralph Archbold.

Lebenseinstellung – du hast die Wahl. Nachgedruckt mit Genehmigung von Bob Harris. © 1994 Bob Harris.

Wir sind die Blöden. Auszug aus *Dont't Waste Your Time With Those Kids* von Janice Anderson Connolly aus dem Buch *The First Year of Teaching*. Herausgegeben von Pearl Rock Cane. © 1991 Pearl Rock Cane. Nachgedruckt mit Genehmigung von Walker and Company, 435 Hudson St., New York, NY 10014, 1-800-289-2553. Alle Rechte vorbehalten.

Was ist mit der Jugend von heute los? Nachgedruckt mit Genehmigung von Marlon Smith. © 1994 Marlon Smith.

Eine einfache Berührung. Nachgedruckt mit Genehmigung von Nancy Moorman. © 1994 Nancy Moorman.

Was der Mensch sät ... Nachgedruckt mit Genehmigung von Mike Buetelle. © 1994 Mike Buetelle.

Ein kleiner Junge. Nachgedruckt mit Genehmigung von John Magliola. © 1994 John Magliola.

Traum eines kleinen Mädchens. Nachgedruckt mit Genehmigung von Jann Mitchell. © 1994 Jann Mitchell.

Eines Verkäufers erster Verkauf. Nachgedruckt mit

Genehmigung von Rob, Toni und Nick Harris. © 1994 Rob, Toni und Nick Harris.

Die Geschichte eines Cowboys. Nachgedruckt mit Genehmigung von Larry Winget. © 1994 Larry Winget.

Warum warten? ... Tu es einfach! Nachgedruckt mit Genehmigung von Glenn McIntyre. © 1994 Glenn McIntyre.

Neununddreißig Jahre – zu kurz – zu lang – lang genug. Nachgedruckt mit Genehmigung von Willa Perrier. © 1994 Willma Perrier.

Nichts als Probleme. Nachgedruckt mit Genehmigung von Ken Blanchard. © 1994 Ken Blanchard.

Engel sagen niemals: »Hallo!«. Nachgedruckt mit Genehmigung von Dottie Walters. © 1994 Dottie Walters.

Warum müssen solche Dinge geschehen? Nachgedruckt mit Genehmigung von Lilly Walters. © 1994 Lilly Walters.

Das Rennen. Nachgedruckt mit Genehmigung von D. H. Groberg. © 1994 D. H. Groberg.

Gipfel Amerika. Nachgedruckt mit Genehmigung von Lisa Manley. © 1994 Lisa Manley.

Ein unentdecktes Meisterwerk. Nachgedruckt mit Genehmigung von Charles A. Coonradt. © 1994 Charles A. Coonradt.

Wenn ich es kann, kannst du es auch! Nachgedruckt mit Genehmigung von Art Linkletter. © 1994 Art Linkletter.

Napoleon und der Kürschner. Nachgedruckt mit Genehmigung von Steve Andreas. © 1990 Steve Andreas.

Mit den Augen eines Kindes. Nachgedruckt mit Genehmigung von Dee Dee Robinson. © 1994 Dee Dee Robinson.

Ich weiß, er ist im Krieg. Nachgedruckt mit Genehmigung von Dr. Barry L. McAlpine. © 1994 Dr. Barry L. McAlpine.

Die Autoren

Jack Canfield ist Präsident der weltweit bekannten Foundation for Self-Esteem in Culver City, Kalifornien. Mehr als eine halbe Million Menschen in aller Welt haben bereits an seinen Seminaren zu persönlichem Wachstum teilgenommen.

Mark Victor Hansen ist Karriereberater für Menschen, die zu den zehn Prozent Besten ihrer Berufssparte gehören und die ihr Einkommen innerhalb von drei Jahren verdreifachen möchten.

Genussvoll lesen
Bücher in großer Schrift

Lieferbare Titel in Großdruck

Wahre Liebe und große Gefühle

JANET EVANOVICH, Kussfest
    416 S., ISBN 978-3-8000-9265-9

JULIE GARWOOD, Auf Befehl des Königs
    496 S., ISBN 978-3-8000-9238-3

JULIE GARWOOD, Geliebter Barbar
    616 S., ISBN 978-3-8000-9266-6

CHARLOTTE LINK, Sturmzeit
    848 S., ISBN 978-3-8000-9212-3

CHARLOTTE LINK, Wilde Lupinen
    928 S., ISBN 978-3-8000-9239-0

CHARLOTTE LINK, Die Stunde der Erben
    880 S., ISBN 978-3-8000-9267-3

SUSAN E. PHILLIPS, Bleib nicht zum Frühstück! 640 S., ISBN 978-3-8000-9213-0

AMANDA QUICK, Geheimnis der Nacht
    584 S., ISBN 978-3-8000-9268-0

UEBERREUTER

AMANDA QUICK, Liebe um Mitternacht
528 S., ISBN 978-3-8000-9214-7

NORA ROBERTS, Töchter des Feuers
624 S., ISBN 978-3-8000-9223-9

NORA ROBERTS, Töchter des Windes
720 S., ISBN 978-3-8000-9240-6

NORA ROBERTS, Töchter der See
608 S., ISBN 978-3-8000-9269-7

NICHOLAS SPARKS, Weit wie das Meer
448 S., ISBN 978-3-8000-9241-3

NICHOLAS SPARKS, Wie ein einziger Tag
272 S., ISBN 978-3-8000-9229-1

NICHOLAS SPARKS, Zeit im Wind
256 S., ISBN 978-3-8000-9270-3

DANIELLE STEEL, Die Liebe eines Sommers
512 S., ISBN 978-3-8000-9228-4

DANIELLE STEEL, Fünf Tage in Paris
384 S., ISBN 978-3-8000-9242-0

ROBERT JAMES WALLER, Die Brücken am Fluss. 224 S., ISBN 978-3-8000-9215-4

BARBARA WOOD, Lockruf der Vergangenheit
432 S., ISBN 978-3-8000-9216-1

UEBERREUTER

BARBARA WOOD, Himmelsfeuer
704 S., ISBN 978-3-8000-9243-7

BARBARA WOOD, Spur der Flammen
720 S., ISBN 978-3-8000-9271-0

Spannung pur!

DAVID BALDACCI, Das Labyrinth
1008 S., ISBN 978-3-8000-9272-7

DAVID BALDACCI, Der Präsident
896 S., ISBN 978-3-8000-9217-8

SANDRA BROWN, Betrogen
816 S., ISBN 978-3-8000-9244-4

SANDRA BROWN, Ein Hauch von Skandal
816 S., ISBN 978-3-8000-9273-4

MICHAEL CONNELLY, Der Poet
864 S., ISBN 978-3-8000-9224-6

MICHAEL CONNELLY, Die Rückkehr des Poeten. 640 S., ISBN 978-3-8000-9245-1

MICHAEL CONNELLY, Schwarzes Eis
600 S., ISBN 978-3-8000-9274-1

KEN FOLLETT, Die Brücken der Freiheit
832 S., ISBN 978-3-8000-9222-2

UEBERREUTER

KEN FOLLETT, Die Pfeiler der Macht
1040 S., ISBN 978-3-8000-9246-8

ELIZABETH GEORGE, Auf Ehre und Gewissen. 680 S., ISBN 978-3-8000-9275-8

ELIZABETH GEORGE, Gott schütze dieses Haus. 592 S., ISBN 978-3-8000-9218-5

JOHN GRISHAM, Der Klient
872 S., ISBN 978-3-8000-9276-5

JOHN GRISHAM, Die Akte
704 S., ISBN 978-3-8000-9227-7

JOHN GRISHAM, Die Firma
832 S., ISBN 978-3-8000-9247-5

LINDA HOWARD, Mister Perfekt
592 S., ISBN 978-3-8000-9248-2

P. D. JAMES, Ein Spiel zu viel
416 S., ISBN 978-3-8000-9225-3

STEPHEN KING, Atlantis
1072 S., ISBN 978-3-8000-9219-2

JAMES PATTERSON, Der 1. Mord
512 S., ISBN 978-3-8000-9220-8

UEBERREUTER

IAN RANKIN, So soll er sterben
816 S., ISBN 978-3-8000-9253-6

JOANNE K. ROWLING, Harry Potter und der Stein der Weisen
472 S., ISBN 978-3-8000-9249-9

JOANNE K. ROWLING, Harry Potter und die Kammer des Schreckens
512 S., ISBN 978-3-8000-9277-2

MINETTE WALTERS, Die Bildhauerin
592 S., ISBN 978-3-8000-9278-9

MINETTE WALTERS, Die Schandmaske
624 S., ISBN 978-3-8000-9250-5

MINETTE WALTERS, Im Eishaus
512 S., ISBN 978-3-8000-9221-5

Aufmunterndes und Motivierendes

DIE BIBEL – Das Neue Testament
1048 S., ISBN 978-3-8000-9202-4

JACK CANFIELD & MARK V. HANSEN, Hühnersuppe für die Seele
336 S., ISBN 978-3-8000-9231-4

UEBERREUTER

JACK CANFIELD & MARK V. HANSEN,
  Noch mehr Hühnersuppe für die Seele
  392 S., ISBN 978-3-8000-9259-8

DALE CARNEGIE, Sorge dich nicht – lebe!
  608 S., ISBN 978-3-8000-9200-0

DALE CARNEGIE, Wie man Freunde gewinnt
  448 S., ISBN 978-3-8000-9258-1

ERICH FROMM, Haben oder Sein
  400 S., ISBN 978-3-8000-9226-0

KHALIL GIBRAN, Der Prophet
  96 S., ISBN 978-3-8000-9201-7

LAOTSE , Tao Te King
  96 S., ISBN 978-3-8000-9232-1

SENECA, Vom glücklichen Leben
  416 S., ISBN 978-3-8000-9203-1

NEALE DONALD WALSCH, Gespräche mit
  Gott. Bd. I
  400 S., ISBN 978-3-8000-9204-8

NEALE DONALD WALSCH, Gespräche mit
  Gott. Bd. II
  496 S., ISBN 978-3-8000-9233-8

UEBERREUTER

Bestseller & Klassiker

JANE AUSTEN, Stolz und Vorurteil
640 S., ISBN 978-3-8000-9205-5

DONNA W. CROSS, Die Päpstin
1040 S., ISBN 978-3-8000-9251-2

ARTHUR CONAN DOYLE, Die vergessene Welt. 416 S., ISBN 978-3-8000-9206-2

ALEXANDRE DUMAS, Der Graf von Monte Christo. 480 S., ISBN 978-3-8000-9236-9

UMBERTO ECO, Der Name der Rose
1120 S., ISBN 978-3-8000-9207-9

JOSTEIN GAARDER, Sofies Welt
992 S., ISBN 978-3-8000-9252-9

ARNO GEIGER, Es geht uns gut
592 S., ISBN 978-3-8000-9261-1

NOAH GORDON, Der Medicus
1280 S., ISBN 978-3-8000-9208-6

ROBERT HARRIS, Pompeji
544 S., ISBN 978-3-8000-9254-3

MILAN KUNDERA, Die unerträgliche Leichtigkeit des Seins
488 S., ISBN 978-3-8000-9234-5

UEBERREUTER

FRANK McCOURT, Die Asche meiner Mutter
800 S., ISBN 978-3-8000-9209-3

ANNIE PROULX, Schiffsmeldungen
640 S., ISBN 978-3-8000-9210-9

ARUNDHATI ROY, Der Gott der kleinen Dinge. 592 S., ISBN 978-3-8000-9263-5

JOSÉ LUIS SAMPEDRO, Das etruskische Lächeln. 480 S., ISBN 978-3-8000-9211-6

RAFIK SCHAMI, Die Sehnsucht der Schwalbe
488 S., ISBN 978-3-8000-9235-2

ZERUYA SHALEV, Späte Familie
848 S., ISBN 978-3-8000-9264-2

BRAM STOKER, Dracula
576 S., ISBN 978-3-8000-9256-7

ANTONIO TABUCCHI, Erklärt Pereira
256 S., ISBN 978-3-8000-9237-6

Bestellen Sie die Bücher in großer Schrift beim Buchhändler in Ihrer Nähe oder besuchen Sie unseren Shop im Internet unter **shop.ueberreuter.at** und bestellen Sie ein Großdruck-Abo Ihrer Wahl. ÜBRIGENS: Großdruck-Abos kann man auch verschenken!

UEBERREUTER